橄榄枝图书 Olive Branch Books

中国国际战略丛书
BOOK SERIES ON INTERNATIONAL STRATEGY OF CHINA

银发中国

从全面二孩到成功老龄化

THE GRAYING OF CHINA:
FROM THE UNIVERSAL
TWO-CHILD POLICY TO SUCCESSFUL AGING

穆光宗◎著

中国出版集团
中国民主法制出版社
全国百佳图书出版单位

图书在版编目(CIP)数据

银发中国:从全面二孩到成功老龄化/穆光宗著. —北京:中国民主法制出版社,2016.6
(中国国际战略丛书)
ISBN 978-7-5162-1224-0

Ⅰ.①银… Ⅱ.①穆… Ⅲ.①人口老龄化—研究—中国 Ⅳ.①C924.24

中国版本图书馆 CIP 数据核字(2016)第 140815 号

图书出品人:刘海涛
出 版 统 筹:赵卜慧
丛 书 策 划:胡孝文
责 任 编 辑:胡孝文 陈棣芳

书名/ 银发中国:从全面二孩到成功老龄化
作者/ 穆光宗 著

出版·发行/ 中国民主法制出版社
地址/ 北京市丰台区玉林里 7 号(100069)
电话/(010) 63292534 63057714(发行部) 63055259(总编室)
传真/(010) 63056975 63055378
http://www.npcpub.com
E-mail:mzfz@npcpub.com
经销/ 新华书店
开本/ 16 开 710 毫米×1000 毫米
印张/ 21.25 **字数**/ 265 千字
版本/ 2016 年 7 月第 1 版 2016 年 7 月第 1 次印刷
印刷/ 三河市航远印刷有限公司

书号/ ISBN 978-7-5162-1224-0
定价/ 45.00 元

目　录 | CONTENTS

第一章
全面二孩政策：人口发展的里程碑

摆脱传统人口治理思路

全面二孩政策蕴藏着新人口红利

超低生育率是强国大患

重建大国人口观

2015 年 10 月 29 日闭幕的中共十八届五中全会公报宣布：促进人口均衡发展，坚持计划生育的基本国策，完善人口发展战略，全面实施一对夫妇可生育两个孩子政策，积极开展应对人口老龄化行动。一石激起千层浪，这一人口新政引发了国内外的高度关注和热议，可谓人同此心，心同此理，众望所归，势在必行。

摆脱传统人口治理思路

从 2013 年 11 月中旬我国宣示实施“单独二孩”政策到两年后“全面二孩”政策出台，可以说是具有里程碑意义的一次改革突破。它终结了代价巨大、古今无二的强制性独生子女政策，但并没有走出将计划生育等同于限制生育的传统人口治理思路。“全面二孩”政策这项具有转折意味的改革意义高于“单独二孩”政策，相比于“单独二孩”，可以说是锦上添花，相对于“一胎化”，则起到了不使人口风险扩大、不让问题雪上加霜的作用。

由于这项阶段性改革错过了我国育龄妇女处于优孕优生年龄区间的战略机遇期，所以对于实现适度生育水平、促进人口可持续平衡发展难以寄予厚望。“全面二孩”政策实际发挥的作用预期很小，并不能迎来想象中的“婴儿潮”，所以中国很难走出“选择性独生子女时代”和“超低生育率陷阱”，难以从根本上遏制少子老龄化、性别失衡和年轻人口亏损等人口危机。

“全面二孩”政策固然意义很大但实际作用不大，因为它错过了改革释放红利的机遇。一言以蔽之，这更多是一次“名义性改革”和“迟到的改革”，它本质上仍然是传统计划生育范畴中以限制生育为宗旨的低生育政策。70后育龄女性虽然有生育二孩愿望，但因高龄怀孕风险大、精力弱、条件差而错失了生育机会，基本上被阻挡在享受政策红利的大门之外。权利的回归不等于机会的回归。

这次生育制度的改革只是拓宽了生育权限却并不一定把握了生育机会，要转化为响应政策的积极生育行动还需要其他三项条件的配合，这就是生理上的生育能力、经济上的生育条件和主观上的生育意愿。生育政策虽然放开了，受益人群看上去比“单独二孩”的要多很多，但真正拥有生育机会并付诸生育行动却是小众人口。

“全面二孩”政策或将遇冷，不仅因为实际受益人群少，而且因为在大背景下中国已经形成了“低生育文化”，掉入了“超低生育陷阱”。“单独二孩”政策普遍遇冷，说明了对生育反弹的忧虑是完全多余的，昭示了中国生育危机的另一面：生育率过低而不是生育率反弹。总和生育率（Total Fertility Rate，简称TFR）是反映人口生育水平的关键指标之一，是指假设妇女按照某一年的年龄别生育率度过育龄期，平均每个妇女在育龄期生育的孩子数。其实，早在2000年第五次全国人口普查（以下简称“五普”）时，我国总和生育率已经低于1.3的超低水平，统计只有1.22；2010年第六次全国人口普查（以下简称“六普”）时进一步下降到1.18；近年数据也在1.5左右。事实胜于雄辩，中国早已跌入了“超低生育率陷阱”，而且是“内生性意愿性低生育率陷阱”而不仅仅是“外生性政策性低生育率陷阱”。因为错过了70后的黄金生育年龄战略机遇期（2000—2015年），所以“婴儿潮”恐怕是一去不复返了。“人口爆炸”就好像阳光灿烂前的一抹暗云，早已在70年代就散尽。我国总和生育率从1970年的5.81快速下降到1980年的2.24，其实1980年以后“一胎化”政策主推下的快速人口转变是不安全的、代价巨大甚至是得不偿失。

回望15年前，笔者在《中共中央关于控制我国人口增长问题致全体共产党员、共青团员的公开信》（1980年9月25日）发表20周年之际，曾经在《人口研究》杂志2000年第1期发表《“一胎化”政策的反思》的文章，提出，“需要反思的主要是两点：一是我们考虑到了严格控制人口的必要性，但对严格控制人口的合理程度和可行空间或者说可行性未予足够重视；二是我们过分重视和强调了人口增长的挑战性，却严重忽视了‘过犹不及’的古训，严重低估了迫使生育率快速下降的做法（从政策角度说，即‘一胎化’）同样有着巨大的风险”。结论是，从多角度审视，70年代的“晚、稀、少”人口政策应该是相对科学和贴近实际的。假设1980年中国继续执行70年代“柔性”计划生育的路线，试问此后能改变多少失独家庭的命运？能减少多少的人口风险和社会代价？又能给国家增加多少充满希望的年轻人口力量的储备？

在理论上，“全面二孩”政策作为一项被民意和国情推着走的“被动式改革”有“亡羊补牢”之功，然而“羊”跑了十分之一还是十分之九，其“补牢”效果必有云泥之别。是否错过“改革时机”，由此也可佐证。笔者认为，鉴于中国已经掉入意愿生育率较低、实际生育率更低的“内生性低生育陷阱”的判断，估计“全面二孩”政策和“单独二孩”政策一样会遭遇遇冷的尴尬。新浪网2015年11月对网民的调查发现，近65%的网民表示不会要二胎，似乎露出了些许端倪。根据有关调研，我国人口的生育意愿已经发生很大的改变，平均期望子女数大概在1.6—1.8之间。在同样的生育权限下，意愿生育率要转变成实际生育率即生育行动决策需要考量生育愿望、生育能力和生育条件三大因素。虽然全面放开二孩之后，大量的非独家庭获得了生育二孩的权限，也有生育二孩的愿望，但考虑到生育能力和生育条件，多数人会被迫放弃生育二孩的权利。具体看，70后女性虽然有生育愿望，但受到生育能力和生育条件的双重制约，真正付诸生育行动的将是一个为数不多的“小小众人口”，对总和生育率的推动十分有限，笔者预计今后两年总和生育率不会超过1.4，甚至继续低迷于1.3以下。80后女性的婚姻状况多数是双独或者单独，生育愿望弱于70后，非独是极少数。事实证明，“单独二孩”遇冷也说明了真正想要二孩的同样是“小小众人口”。开始进入恋爱婚姻的90后生育愿望更弱，生育率更低。这么看来，“全面二孩”政策同样会遇冷，只是看上去很美。这是低生育陷阱理论和生育行动决策理论都能够解释的。

事实正是如此。根据国家统计局2016年1月19日公布的数据，2015年出生人口总数为1655万人，比2014年减少32万人。2014年1月开始，全国“单独二孩”政策落地，预计2015年政策效应将释放，估计年出生人口会增加到1700万人甚至1800万人。但出乎意料的是，2015年出生人口不升反降。主要原因：一是育龄高峰期的女性数量在持续减少，根据2010年“六普”数据，2010—2020年我国22—29岁生育旺盛期女性将减少42%；二是适龄女性的生育意愿在降低。由此可见，中国已经出现严重的低生育危机。

人口发展具有长周期性和强惯性，船大要早掉头，中国应该未雨绸缪，通过制定《国家人口振兴计划》，全面鼓励生育，以繁荣和优化人口为第一要务和百年战略。改革是最大的红利，创造“婴儿潮”等于创造生生不息的新人口红利。进一步深化人口生育政策的改革必须只争朝夕，时不我待！人口生育改革的着力点是预防风险的积聚放大、消解难题的“雪上加霜”、遏制生育的独子化和人口的少子化以及老龄化。为此，要坚定不移地确立人口治理的四个价值取向：

首先是弱权力—强权利的价值取向。要正确处理公权力和私权利的关系，私权利神圣不可侵犯，公权力必须保护私权利，确立政策不得践踏权利的红线、底线，生育权乃天赋人权、自由人权、基本人权，应该成为国家共识，保护生命、尊重人权、家国和谐、持续发展、造福人民也应当是“国家共识”题中应有之义。及早、彻底还权于民，明确用“家庭自主的孕育计划”来替代“社会强制的孕育计划”。

其次是薄功利—厚福利的价值取向。要树立科学积极的人口观和生育观，人口是生态、资源和力量，生育是动力、希望和幸福，摒弃将人口数字化、工具化、分母化和“妖魔化”的错误认识，采取强有力的家庭福利政策为人口新政落地保驾护航，让孕育新生命成为人人有责、家家向往的“甜蜜事业”和“美好生活”。为此，需要向解决低生育陷阱困扰的发达国家学习生育政策福利化的做法，既要为弱势群体和困难家庭雪中送炭，也要为优势群体和优等家庭锦上添花。

再次是轻总量—重结构的价值取向。人口数量是人口问题的表象，人口结构是人口问题的内核。传统人口观线性单面消极地看待人口增长对于资源环境的压力和挑战，却忽视了内涵在其中的动力和机遇，忽视了科技进步的威力，也忽视了绿色的思维方式、生产方式、消费方式和生活方式可以改变人类人口的欲望表达和人口的力量性质——从反生态到亲生态可以重建天人和谐的关系。人口结构决定人口的关系、功能和力量。真正意义上的人口问题都需要从结构—功能的视角进行考量。

第四是去控制—求发展的价值取向。人口是社会生活的主体，是社会生存的基础，也是社会发展的动力。这一人口公理是我们治理人口问题的基本出发点和归宿点。一味控制人口出生的做法只会扭曲人口结构，导致人口生态失衡。只有优化人口发展才能调节和完善人口的性别年龄结构，焕发其生机和活力。中国需要用优化人口发展的加法和乘法来替代控制人口出生的减法和除法，用鼓励生育来发展人口，为中华民族的伟大复兴提供可持续的人口力量和人口动力。

全面二孩政策蕴藏着新人口红利

国际经验表明，在自由经济体制下，年轻人口数量与创业创新、经济发展呈正相关性。在低生育和少子化社会，年轻人口成为最重要的经济资产。年轻人口是最富朝气、活力、创造力、生产力、消费力和战斗力的人口，经济活力实际上是人口活力的反映。通过人口少子化和近年出现的经济下行关系的分析，我们可以重新发现人口的价值，重新发现年轻人的价值。年轻人口是我们谈了很多年的人口红利的最大创造者和提供者。所谓人口红利就是人口的价值贡献，它根源于人力资源和人力资本。人力资源和人力资本得到充分开发利用才能为社会提供人口红利，人口红利有早晚、有大小，但是不会消失，这个红利主要就在年轻人口身上。

所以，中国应该欢迎而不是惧怕“婴儿潮”，并为此努力创造一切必要的养育条件。婴儿人口是人力的储备，是动力、希望和未来，人口增长意味着潜在的红利增加。在生育率持续低迷的今天，人口发展必须逆势而上，未来的繁荣就寄托在今天的新生儿身上。

少年强则国强。发展经验显示，每一次“婴儿潮”主导的人口增长浪潮，都会对应出现一个经济繁荣期。创造“婴儿潮”等于创造生生不息的新人口红利。因此，在可能的条件下，要尽量释放“全面二孩”政策弥补少子化亏损的效能。

从“全面二孩”政策出台到省市区层面上实施会有一个过渡期，在各地落地也有一个时间差。所以，首先值得期待的是各地能抓住机遇、乘势而上，尽快落地实施，缩短过渡期也缩小时间差，以期充分释放政策效能，特别是让部分想生能生的70后抓住这最后的生育机会。非独群体主要是70后高龄人群，其中小部分可能会将二孩生育意愿付诸行动，如何科学备孕、助孕、优孕、降低风险是大家所关心的，需要国家卫生和计划生育委员会（以下简称国家卫计委）等有关部门提供相关的生殖健康优质公共服务，并开辟绿色服务通道。

其次，要采取配套政策措施，将生育权限政策和生育导向、生育服务和生育福利政策紧密结合，形成四位一体的政策合力，重建生育文化，降低生育成本，营造生育氛围，鼓励生育行为，创造“乐生、想生、敢生、优生”的二孩生育格局。

再次，要豁免对超生二孩行为的惩处和罚款，要建立“包容性二孩”、“包容性计生”和“人道主义计生”的新理念，超生虽然属于法外行为却在情理之中，借此努力弥补长期少子化所造成的年轻人口亏损和生育新政遇冷所带来的“婴童赤字”现象。

完整的生育政策包括了若干组成部分：

一是生育权限政策。就是政策赋予的生育权和生育选择空间，目前包括了汉族人口双独二孩、单独二孩、非独一孩及一孩半，以及少数民族人口更为宽松的生育政策。“单独二孩”政策是沉寂33年后的“一孩化”为主导的生育政策一次破冰式改革，2015年岁末出台的“全面二孩”政策则走到了生育政策改革的关键环节。

二是生育导向政策。就是宣传导向和利益导向是鼓励“一孩化”抑或“非一孩化”。2000年以来，我国的平均生育率持续低于1.3，掉入了内生性的“超低生育率陷阱”，就需要警觉巨大的政策惯性和人口惯性所带来的诸多弊端和危害，当务之急是要改变“一孩化”的生育导向政策，特别是宣传舆论导向要逐渐过渡到鼓励适度生育的方向上来。利益导向上则要停止对新增第二代独生子女“单独家庭”的奖励政策，采取老人老办法、新人新办法进行必要的历史切割。

三是生育的服务和福利政策。迄今为止，中国一系列的生育服务和保障政策都是围绕着“一孩化”建构起来的，也需要根据生育权限政策做适当调整和改变。应该看到，从生育权限政策到生育导向政策，再到生育的服务和保障政策，实际上是连带关系，这注定了下游改革必须与上游改革相呼应，下层改革必须为上层改革托底。

毫无疑问，生育权限政策决定了生育导向政策和生育服务及保障政策的走向。生育权限政策的改革只是系统性、综合性和联动性生育政策改革的第一步，我们有理由期待以人为本、以“尊重生命、保障权利”为核心的生育政策改革有进一步的行动。生育政策的改革深化需要走综合、联动、跟进的路线，配套的改革才能真正体现“二孩政策”的初衷，即有助于实现适度低生育水平、提高家庭抵御风险能力、增进社会和谐、促进人口长期均衡发展。

“二孩政策”放宽生育权限隐含着至关重要的人口价值观、生育价值观、孩子价值观的嬗变。这就是新增人口不是越少越好、出生率和生育率不是越低越好、孩子不是包袱而是希望。在持续的超低生育率的挑战之下，家庭友好、生育友好、孩子友好的生育政策才是未来的方向。

首先，生育导向政策需要做历史的切割，展现出破旧立新的改革勇气和当机立断的改革智慧。现今的生育导向政策已经被独生子女政策固化了，需要剥离和解套。我国需要为二孩以及未来更全面的生育权限建构起更明确、更新颖、更前瞻的生育导向政策。“一孩化”的限制生育时代终究要过去，多元化的自主生育时代一定会到来。全面二孩的政策取向需要宣传导向和利益导向政策的跟进，避免和减少选择性“独二代”高风险家庭的出现。

国内外经验都表明，比诸一孩家庭，二孩家庭才是“合适之家”，这一观点具有重要的人口学意义和社会学意义。从人口学角度看，笔者认为，“近更替水平生育率”（总和生育率 TFR 在 1. 8—2. 5 之间波动）是维系人口长期均衡发展的必要条件，而实际情况却是我国的总和生育率远低于更替水平而且持续处在超低的状态，既不利于人口的健康发展，也不利于国家的长治久安。长期的政策性“一孩化”积存了上亿之众的独生子女风险家庭，中国社会早已进入人口学意义的风险社会。从社会学角度比较来看，二孩家庭的结构和功能更加健全，社会细胞更加健康，自主发展能力和抵御风险能力更强，二孩生育选择更有利于社会的稳定、和谐、发展。所以在一个稳定的社会，主流的家庭形态应该以二孩之家居多。

其次，生育的服务和福利政策也要配合二孩政策作出调整。既然中国面临的人口形势早已不是出生太多而是出生太少、生育率不是太高而是太低的问题，所以在人口治理体系上要做重大的战略性调整，欢迎和鼓励一切有条件的家庭生育二孩，不仅生育二孩的产假待遇不减少，相反可以根据各地的条件有所增加，再结合其他的鼓励性措施，创造一切有利于二孩生育的政策环境和社会条件，释放一揽子综合改革的效能和红利，彰显出以全面系统改革谋人口发展优化的战略远见与历史责任。

同时，为准备生育第二孩的父母进行怀孕风险的评估，不仅做到适度生育，而且实现优化生育，提高优孕优育、母婴健康的比例，降低出生缺陷发生率，需要有高技术含量的生育服务，恰恰是我国卫生和计划生育两大部门合并之后大有可为的领域。目前的状况是，一些符合生育权限政策的单独家庭因为劣孕风险和高昂的生养成本而很可能被迫放弃第二孩的生育计划，这样的话，“全面二孩”政策对他们来说只是“看上去很美”，却无法实现梦想的政策待遇，而不是政策实惠。

“全面二孩”政策出台之后，中国需要考虑如何建构包括生育护航计划、生命成长计划和生活扶助计划为内容的人口治理体系来为适度生育、优化人口、家庭幸福、社会和谐、民族强盛开辟道路。

超低生育率是强国大患

“人口”这一概念看似简单其实深邃，包含着人口学的过去、现在和未来，一切问题、一切命题、一切答案。

人口是一定时间和空间条件下人类生命个体所组成的统计学总体，具有数量、素质、结构、分布和变化五个特征。家庭是人口发展最基本的单位。孟子曰：“国之本在家，家之本在身。”我们可以从人口学角度获得新的理解，即国之本在家，家之本在人，人之本在育。

人口是一个集成概念，包括了“人”与“口”两个分概念，“人”体现了人口的主体性、社会性和能动性；“口”体现了人口的数量性、规模性和统计性。“人”决定“口”，“口”影响“人”。“人”就是人类发展，“口”就是人口生态——包括了分人口或者亚人口的数量、构成、关系与功能，为此我们要树立以人为本、生态平衡、关系协调、可持续的人口发展观。

马克思说过，人是社会关系的总和。人具有社会属性和自然属性或者说生物属性。社会属性表明了人与人的关系、人与社会的关系和人与环境的关系，社会属性是制度和文化赋予的，即英国著名人类学家爱德华·

伯内特·泰勒在《原始文化》中所言：“人是文化的生物。”所以说人口问题的本质是发展问题，而发展问题的实质又是人的发展。所以我们要高度重视人的自由、全面、有保障的发展。生物属性表明了人类作为生命体的发展特征，表明了人其实是欲望的符号和载体，所以说人口问题的实质是需求问题，人类的生物学需求——食欲、情欲、知欲——是否以及如何满足，这一点很要紧，社会属性是生物属性的“文化外衣”，人性的本质和本能却在自然的和生物的属性中，涉及人类性情的欲望常常具有刚性的力量。

进一步，我们要确立有关人口的角色、地位和作用的三大基本判定或者说人口公理。首先，人口是社会生活的主体。这里的人口就是具有一定数量的人的概念。我们不能被人口的数量属性迷惑，而忽视人口的社会属性——人的存在，既要看到“森林”也要看到“树木”。其次，人口是社会生存的基础。社会是人的社会，没有一定数量、一定分工的人口，就难以成为人类社会。人口学有“最低人口”概念，生育决定人口的未来，所以需要维持一个“适度生育率”，确立生育率下降的底线伦理，或者说“底线生育率”。其实，二者是一个意思，就是“更替水平生育率”。最后，人口是社会发展的动力。有人口，就有需求。有需求，就要供给、保障、生产和发展。德国哲学家黑格尔说过，人类的欲求是历史发展的动力。印度圣雄甘地说过：“地球能满足人类的欲求，但满足不了人类的贪婪。”“人口问题的实质是需求问题”和“人口问题的本质是发展问题”两个命题相辅相成，互为因果。需要提醒的是，需求问题既包括了人类生存和发展的需求，也包括了经济社会发展对人口供给的需求。换言之，我们既要为社会经济发展创造良好的人口条件，也要为人口发展创造良好的环境条件。流传多年的“人口环境”的说法并不全面，容易将我们的认识引向将人口边缘化、数量化和非主体化的歧路。

35 年间，“一胎化”政策所引发的旷日持久的新人口危机，实为关系民族存亡、文明兴衰最为重大的国家安全问题。毋庸置疑，强制性的独生子女政策前无古人后无来者，是风险巨大、代价巨大、影响巨大的社会实践，需要大胆改革，以谋人口生机。

第一，“一胎化”政策加剧了权利贫困。国民的权利贫困是经济贫困和文明落后的根源。权利贫困是深度贫困，因为权利贫困意味着人口主体性的丧失，意味着人类发展的不足和失败。人口人口，一人一口，人代表了人口的主体性和社会性，口代表了人口的数量性和统计性。人决定口，口影响人，这就是人本主义人口观。人类现代文明史表明，对私权的高度尊崇和严格保护是“以人为本”的核心，也是制度文明的基石。人口安全是人口发展必须坚守的底线，生命安全又是人口安全的基础。“天地之大道曰生，如来之大德曰慈。”2004年，人权入宪，但生育权乃天赋人权这一全球通识在中国却奇怪地没有达成共识。国际社会对生育权的界定具有普适价值。1968年世界人权会议通过的《德黑兰宣言》早有答案：“父母享有自由负责地决定子女人数及其出生间隔的基本人权。”1974年，布加勒斯特召开首次联合国国际人口与发展大会并通过了《世界人口行动计划》，其中对于生育权作了如下定义：“所有夫妇和个人都有自由和负责任地决定生育孩子数量和生育间隔并为此而获得信息、教育和手段的基本权利；夫妇和个人在行使这种权利时有责任考虑他们现有子女和将来子女的需要以及他们对社会的责任。”这次里程碑的会议承认生育目标的多样性，因此不建议各国任何规范性的家庭人数标准，指出：“当低生育率业已成为事实或成为政策目标时，设法确保家庭人数仍有变动的可能。”其后的国际会议也一再重申“生育权是天赋人权”的基本观点。计划经济虽然进了历史博物馆，然而在生育权问题上，我国仍然滞步于强权专断的误区中。

计生问题的实质是强大的公权力限制和剥夺了弱小的私权利，强制计生的推行以生命和发展为代价。因为强制计生，有多少家庭家破人亡、妻离子散?！因为手术后遗症，有多少男人和女人遭遇不幸、痛苦终生?！因为强迫堕胎，有多少孕妇和产妇付出了极其昂贵的生命代价?！因为选择性流产，有多少女胎被扼杀于母腹中?！根据有关专家计算，1980—2010年中国共出生了29702万男孩、26129万女孩，男孩比女孩多3573

万。这样，若按正常性别比102—107计算，大约有1630—2991万女胎被剥夺了出生权利；按105均值计算，大约有2159万女胎被剥夺了出生权利。

第二，"一胎化"政策加速了大国空巢。生育"一胎化"加速了家庭规模的小型化和家庭结构的核心化进程。据统计，我国空巢老人数量2013年突破1亿大关，全国老年空巢率平均接近40%。实际情况将更为严重，独生子女父母空巢率将很高，因为独生子女外出求学、工作和生活，很多独生子女父母中年就已处空巢状况。由于生育的少子化和年轻人口外出，不少乡村出现空心化趋势，农村老人的空巢率将很高，代际居住的分离导致赡养—照料的"代际脱离"，老年安全问题将普遍出现。除了"未富先老"和"未备先老"外，"孤独终老"也是我国人口老龄化的重要特征，将贯穿21世纪，贯穿独生子女父母和独生子女自身两代人的生命历程，空巢空心，空巢无助，老无所依，晚年如何安顿、幸福如何保障？家庭养老名存实亡，社会养老又难以期待。空巢老人失养失助失亲现象日趋普遍。独生子女家庭将经历两三代"痛苦老龄化"的过程，这是一个全新的人道主义问题。"积谷防饥、养儿防老"，古有明训，于今更烈。无论是家庭养老还是社会养老，都必须依靠儿女子孙和年轻劳动力的支持。人口问题既需要外看，即人口与资源环境、经济社会的互动关系；更需要内观，即分人口或者亚人口（sub-population）之间的依赖关系。人口长期均衡发展的关键在于保护人口生态的内部平衡，人口失衡、人口崩塌将诱发社会危机。

第三，"一胎化"政策诱发了性别失衡。性别失衡所导致的婚姻挤压本质上是严峻的人口生态失衡危机，根本上是过于严格、狭小的生育选择空间和过于强烈、偏执的偏男生育意愿相互冲突和挤压的产物。由于20世纪80年代以来持续、普遍、严峻的出生性别比失调，导致婚配性别比失衡，迄今产生了至少3000万的男性光棍。根据原国家人口和计划生育委员会参与发布的《2012—2013年中国男女婚恋观调研报告》，中国80后非婚人口男女比例为136：100，70后非婚人口男女性别比则高达

206∶100。70后已成“剩男”重灾区，30—39岁男性中有1195.9万人处于非婚状态，而同年龄段女性中有582万人处于非婚状态。“剩男”问题正在持续发酵。在2013年“双十一”来临前，某团购网站推出“团购越南新娘”的活动，几万网友参与，昭示婚配难问题浮出海面。媒体报道，在广大农村地区，存在着一群找不到媳妇的“老大男”。河北省沧县某村人口数千，大龄未婚男子据称过百。“人往高处走”，农村女青年无论是考学还是打工，都愿意留到城市里生活，加剧了小区域的性别比失衡。

“剩男剩女”现象的蔓延降低了婚内生育率，进一步加剧了超低生育率，危及人口自身的可持续发展。此外，剩男问题具有“狼性人口”的自然属性，极可能诱发性犯罪等群体性行为，严重破坏社会稳定，危及经济社会的和谐发展。在我国人口性别比持续、普遍、严重失调的社会大背景下，即使“剩男”抱有天大的乐观，也无法化解“狼多肉少”严峻人口形势下择偶难、成家难、养老难的连锁问题。

第四，“一胎化”政策产生了人力短缺。持续的低生育率已经产生“青年赤字”，导致劳动力短缺和国防人力资源短缺，中国正逐步丧失人力资源相对充裕的优势，经济安全和国防安全凸显。人口大国早已突破“刘易斯拐点”，拉开了人力资源短缺的帷幕。国家统计局数据表明，我国劳动年龄人口连续四年绝对量下降，16周岁至59周岁的劳动年龄人口2012年比上年末减少345万人，2013年减少244万人，2014年减少371万人，2015年减少487万人。2015年底，我国现有劳动年龄人口91096万人，占总人口的比重为66.3%。严格的生育独子化和持续的人口少子化导致最富有创造力、生产力、消费力、威慑力和战斗力的年轻人口规模和比重的下降。据测算，我国18—22岁年龄段的青年人口，2008年达到峰值12540万人左右，以后逐渐下降，到2020年同年龄段的人口只相当于2008年的56.2%，只有7000万人左右。未来10年，中国18—22岁的人口将减少4000万人。1982年第三次全国人口普查（以下简称“三普”）时0—14岁人口占人口总量的33.6%，1990年第四次全国人口普查（以下简称“四普”）时降到27.86%，2000年第五次全国人口普查时降到22.8%，2010年“六普”时又下降到16.60%，28年间降低一半以上。0—14岁人口占比持续下降的趋势表明中国人口已经严重少子化。军队独生子女兵比例过高，严重影响战斗力，威胁到国防安全。人口年龄结构的老化和人口性别结构的失衡将导致“人口实力”“人口优势”“人口红利”的极大弱化，这将与大国复兴的伟大目标渐行渐远。

年轻人口是国家的最大资产。年轻人口具有显而易见的国家安全意义和战略资产价值。年轻人口包括少儿人口和青壮人口，其中青壮人口或者劳动年龄人口是国家的“实力人口”，其长期变动趋势深刻影响经济社会的发展。通过人口替代，少儿人口要成长为青年人口，生育少子化产生连波效应，少儿人口供给量的减少会导致青年人口的减少。从人口形势看，我国面临着人口资产大幅缩水的严峻挑战。年轻人口亏损危机现在处于潜伏状态，今后会不断深化、恶化、转化和显化，会像一颗颗“定时炸弹”定点爆炸。人口安全战略需要平衡代际人口的关系，通过人口年轻化来遏制人口老龄化，从长远看，即提振生育率到一个适宜的水平，从当前看，则需要吸纳劳动年龄人口。年轻人口今后将成为最稀缺、也最重要的资源，各地抢夺劳动力的大战即将拉开帷幕。

年轻型人口结构是生产型、活跃型、实力型、优势型的人口结构，保持平衡的男女比例、适当的老少比例是实现人口长期均衡发展的必然要求，而这一切，取决于能否保持住适度的生育水平（TFR保持在1.8—2.3为宜），不掉入总和生育率长期在更替水平以下的“低生育率陷阱”。在自主负责生育的大前提下，鼓励家庭生育两个孩子，规避独生子女风险，是生育政策必需守住的“红线”。令人扼腕的是，中国早已掉入“超低生育率陷阱”，不以为忧反以为喜，在人口负增长巨大惯性的驱使下，静静等待着人口“雪崩式”坍塌那一天的到来，中华文明的衰落很可能因此拉开序幕！中国要应对老龄化的诸多危机，必须从源头上遏制少子化趋势，提振生育率，鼓励二孩而不仅仅是开放二孩，这样在今后一定程度上可望增加劳动力，分担养老压力，提高年轻人口赡养能力，缓解养老照料等多重困境。

中华民族需要人口正见的思想导航——人口是社会生活的主体，是社会生存的基础，是社会发展的动力。人口是最宝贵的资源和财富，是民生之基、立国之本。人口协调均衡是社会稳定有序的基础，人口适度增长则是经济社会持续发展的前提。无论是着眼于人口的总量还是人口的分量，人口的真实含义都不是简单的“数字”，而是一个由不同性别、年龄和社会标识的人群（分人口）组合而成的互相支撑、互相需要、互相平衡的人口社会生态。

严峻的人口形势在呼吁：彻底还权于民，早日全面开禁，重塑中华文明的人口推力机制。终结生育限制是人民之幸，国家之福。短期内的生育反弹没有什么大不了，反倒是好事，是对持续多年的年轻人口亏损的有益补偿，其实一年多出生几百万也是杯水车薪、聊胜于无。我们要真正担心的是生育率恢复不到适度的水平上。由于小众人口被压抑的生育意愿得到释放，近年我国局部地区短期内会形成小的生育回潮，但人口增长的大势已去，由于我国已经形成意愿性、内生性的超低生育率，由于20世纪90年代积累起来的人口负增长惯性开始发挥作用，所以很快就会回落到更低的生育水平而难以自拔，从而深陷人口亏损、人口萎缩、人口老弱的巨大挑战。这已经是不以我们的意志为转移的人口大局和大势。

人口惯性强，船大早掉头。我们需要高举实事求是的旗帜，深刻反思“一胎化”政策的弊端，当机立断，集时代的大智慧勇于开辟优化人口发展、维护人口生态、促进人口均衡的新路线，确立“以民为贵、生态为本”的人口振兴国策，为中华民族的长治久安创造生生不息的人口动力。

重建大国人口观

根据国家卫计委预测，我国实施“全面二孩”政策之后，到2050年可增加约3000万名劳动力，使老年人口占总人口比重降低两个百分点，在一定程度上减缓人口老龄化进程。全国人口峰值将因此延后两年左右，2029年达到峰值14.5亿人。新增人口进入劳动年龄后，将使经济潜在增长率提高约0.5个百分点。这种理论的推测还需要今后的实践来检验，但至少说明了人多负担重的观点已经在决策层逆转。中国的确需要重建大国人口观和生育观。

科学的人口价值观、发展观、问题观和治理观决定了科学的人口治理机制的形成和运作。

第一，科学的人口价值观体现在人口是人的集合不是数的堆积。“人”是人口的本质，“口”是人口的表象。古今中外的人口都是社会生活的主体，是社会生存的基础，也是社会发展的动力，这是显而易见的人口公理。天地之间，莫贵于人。人口是力量的载体，是生产力、消费力、创造力、战斗力、制衡力、威慑力、保障力和支撑力等的集合。人口是动力、资源和财富，婴儿是希望、未来和保障。保护生命、尊重人权、家国和谐、持续发展、造福人民应当成为“国家共识”。

第二，科学的人口发展观体现在人口发展远比人口增长重要。人口发展重点在人口的结构、功能和关系。人口发展具有很强的周期性和惯性。人口的性别年龄结构构成了人口生态，其平衡性、多样性和持续性需要保护和优化。

第三，科学的人口问题观体现在尊重和认识人口问题转型规律。当下和未来中国人口问题表现为人口少子化为源头的人口亏损、人口失衡、人口风险和人口萎缩等新人口危机。

第四，科学的人口治理观体现在未来的人口政策要以人口安全、人口平衡、人口优化为导向，努力减少选择性独生和不生现象。无论是政策性还是选择性独生子女，都不是上佳的选择。中国不需要更多的独生子女。预期不久的将来，人口生育政策改革还将进一步深化，全面自主生育和全面鼓励生育或将成为中国实现人口长期均衡发展的人口新国策和百年战略。中国不仅要还权于民，而且要造福于民。

丹麦、德国、法国等发达国家经验表明，在进入内生性、文化性和意愿性“低生育陷阱”之后，提振超低生育率必须走家庭去负担化、国家高福利化之路。广而言之，只有自由生育政策、家庭福利政策、公共服务制度和社会保障体系“四位一体”来重建生育文化、促进人民福祉、引导人口行为、保护人口生态、优化人口发展才是统筹解决人口问题、焕发人口生机和红利的根本途径。

立足于以人为本，大国人口治理观不可或缺独特的人文视角。质言之，人口文化建设在宏观层面上需要倡导爱人、护生、平衡、发展，在中观层面上需要倡导服务、管理、关怀、保障，在微观层面上需要倡导健康、和谐、进取、贡献。

首先，在社会层面上，人口思想文化建设的关键词是：爱人、护生、平衡、发展“四位一体”。爱人是指爱护人民、爱护人类、爱护弱小。护生是指保护生命、生活和生态的“三生和谐”，而生育的保护和优化则是“三生和谐”的根本。平衡是指实现人口生态平衡。发展是指实现人的自由发展、人口的优化发展、家庭的幸福发展和社会的和谐发展，实现全面、有机、协同的发展。

保护和优化人口生态是深入贯彻落实科学发展观和优质人口建设的第一要义。党的十八大报告指出：“建设生态文明，是关系人民福祉、关乎民族未来的长远大计。面对资源约束趋紧、环境污染严重、生态系统退化的严峻形势，必须树立尊重自然、顺应自然、保护自然的生态文明理念，把生态文明建设放在突出地位，融入经济建设、政治建设、文化建设、社会建设各方面和全过程，努力建设美丽中国，实现中华民族永续发展。”

《易经》有一句话给人印象深刻：“天地之大德曰生。”《易经》所揭示的宇宙大道理是“天地人和，生生不息”，简称“和者生”。这里的“生”可以做广义的理解，包括了生生不息、繁荣昌盛、自强不息、永续发展等含义。进一步地，“和者生”才可能“和者进”，即天地人和谐共进的道理。将人口文化扎根于传统文化的丰厚土壤中，就一定可以收到老树抽新枝、文化新发展的效果。

“和者生”包含的意思有三层：

第一，尊重差异。和的前提是异，过程是易，结果是同。现代新儒学代表人物、哈佛大学教授杜维明就详细论证过三者的关系。杜教授认为：“同与和是有区别的，和的对立面是乱和同。异是和的必要条件。”“异”既表现在形式也表现在内涵，在功能上既可能互补也可能对立。

“异”的变化应该有两个路向：（1）异和同。异是前提，和是路径，同是结果。当“异”的互补性增强到一定程度，就会达到和生的境地。和是冲和，是互动，是转化。结果是你中有我、我中有你，是认同，是趋同，是大同。（2）异分乱。异是前提，分是路径，乱是结果。当“异”的对立性增强到一定程度，就会达到分离的境地。分是分开，是分别，是分离。乱是无序，是矛盾，是冲突。

差异代表了生态和文化的多样性。同不是简单的相同和统一，而是体现了和合的思想，有融合也有包容。我国社会学和人类学者费孝通教授曾经提出：“各美其美，美人之美；美美与共，天下大同。”古往今来的大同理想都体现的是和合的思想。

人口发展的潜力也在很大程度上取决于人口生态的差异性、多样性和复合性，这就是因地制宜、分类发展的重要性，这是人口发展的规律性表现之一。一方水土养一方人，生育首先是私权、是天赋人权，我们要尊重每一对夫妇和家庭自由而且负责地决定生育间隔和生育数量的权利。在确立这个大前提之后，政府和社会可以在文化和观念上倡导和追求适度生育和适度人口、优化生育和优化人口，同时在制度和行为上进行生育的风险干预（如安全分娩、预防出生缺陷、控制不安全生育的环境和行为）、提供优质公共服务、构造多层面的社会保障体系。

第二，包容融合。包容是一种态度、胸怀和格局；融合是一种变易、进化和发展。没有差别，就没有和合。实事求是地看待我国的人口问题，道法自然，有所为有所不为；因地制宜地促进我国人口文化的多元发展，尊重民情民意民俗，实施本土化和民族化战略，符合中华民族多元一体的发展路线。

第三，共生共进。人与社会、人与自然的和谐共存、和谐共进，是天地人和的本意。人口的发展也要道法自然，否则会违背规律、遭受惩罚。

“和者生”的前提是强调生态平衡和生态进化，或者说和谐共进。我们需要提出和强化三个主要概念，即人口适度、人口安全和人口优化。

人口安全是指人口生态平衡，男女老幼的人口规模和比例适度。在这个方面，中国面临着严峻的挑战，包括了性别失衡和少子高龄化两大问题。为此，我们需要倡导性别平等文化和社会孝养文化以及人口安全文化。无论是微观还是宏观层面，适当的生育储备和人口储备也是人口安全、人口适度的战略需要。

人口优化是指人口生态进化，人口要取得积极的成果，就要关注人口生态中不同性别和年龄的人的自由、全面、协调的发展，优先投资于人的发展，不断提高人口素质，不断优化人口的结构和功能。

其次，在社区层面上，人口思想文化建设的关键词是：服务、管理、关怀、保障“四位一体”。党的十八大报告明确提出要建立“服务型政府”。为人民服务是政府的永恒职责，包括“寓管理于服务”之中的提法和“寓关怀于服务”之中的体现。诺贝尔经济学奖得主、印度籍英国著名经济学家阿马蒂亚·森提出“以自由寻求发展”，我们提出“以自由寻求幸福”，当然是有秩序的自由、有道德的自由、有理性的自由才可能导向我们真实的幸福，但前提是“还权于民”。

人口优化是最大的民心民生工程。在强调政府责任的时代，人口发展不是一个自发的过程，而是始终处在政府的关怀、服务和保障的视野之中。

“人口环境”说要“反弹琵琶”，即要为人口的优化发展创造良好的外部环境、政策支持和制度保障。人类人口的发展要重新回到政府的决策中心。从生态学的视角看待以人为本，就是人口为本，但不是人数为本。人口发展文化包括了福利和保障，包括了服务和管理，从而提醒了政府的责任和取向。

“三关爱”是服务型人口工作、人文化人口工作的核心价值和灵魂所在。人性关爱是说要围绕“需求”做工作，人情关爱是说要带着“感情”去工作，人文关爱是说建设“文化”好工作。如果说人性关爱以公民的权利、尊严和发展为根本，即以公民的权利为本，那么人情关爱则以温馨周到、贴心可亲、合情合理的服务为路径，即以优质的服务为本，而人文关爱以培育生育责任、传播科学知识、建设生育文明为己任，即以文化的建设为本。

今后的努力方向是加强和完善生育的关怀、服务与保障，以此带动生育的计划自主和自由，这是提升计划生育和谐度和美誉度的重点。随着低生育水平的稳定，随着越来越多的计划生育家庭进入生命周期的中后期，随着计划生育老人群体的产生，我们其实已经进入了后计划生育时代、后人口控制社会。在这个意义上，生育的关怀、服务与保障要广覆盖（不同阶段的亚人口）、低门槛、福利性。

最后，在家庭层面上，人口思想文化建设的关键词是：健康、和谐、进取、贡献“四位一体”。发展以人为本，人以健康为本。从公民个体角度看，身心灵的“全人健康”是一个理想追求。从家庭发展角度看，健康包括了成员健康、关系健康和结构健康。

1994 年开罗会议就指出：“家庭易受社会和经济变动的压力，必须对处境困难的家庭提供援助。……近年来许多家庭的处境有所恶化。脆弱的家庭越来越多……”2004 年 12 月 8 日，在我国海南省三亚举办了世界家庭峰会，会议通过了《三亚宣言》，再次强调家庭作为社会最基本和最可延续的单位，在维护世界和平、安全、公正、团结与繁荣等方面的重要作用。家庭是个人成长获得支持的源泉，它对每个成员的幸福负有久远的责任，理应受到全面的保护与支持。

在社会发展过程中，特别要注意新的脆弱家庭的出现，如独生子女伤病残亡家庭、独生子女不成材家庭、独生子女老年空巢家庭、独生子女经济困难家庭等等，加强社会保护、减少家庭的脆弱性是一个国家社会经济发展的重要目标，也体现着社会的进步与文明。

当代中国家庭多数是计划生育家庭，家庭发展的问题主要是计划生育家庭特别是独生子女家庭的问题，包括结构脆弱、功能弱化、关系紧张和问题外溢等。

在人类学家的眼里，家庭是一个伸缩性很大的概念。正如美国著名人类学家摩尔根（1818—1881）在《古代社会》中所揭示的，家庭“是个能动的要素，它从来不是静止不动的，而是随着社会从较低阶段向较高阶段的发展，从较低的形式进到了较高的形式”。在中国，我们至少看到五个趋势：（1）家庭规模小型化。在20世纪50年代前，中国家庭户均人数基本上保持在5.3人，1990年缩减到3.96人，2000年“五普”时3.44人，2010年“六普”时3.10人。根据国家统计局数据，2012年中国居民家庭户的平均规模为3.02人。（2）家庭结构核心化。核心家庭占主体。2000年全国领取独生子女证的数量已达到5578万人，2007年国家卫计委曾公布中国累计出生9000万独生子女。2013年，中国社科院人口与劳动经济研究所人口预测专家王广州运用人口抽查数据和计算机仿真模型估计，2010年全国独生子女的总量在1.45亿人左右，2015年将达到1.76亿人。根据国家卫计委发布的《中国家庭发展报告（2015年）》，核心家庭已占到6成以上。到2050年我国累计将有3亿独生子女家庭。（3）家庭类型多样化。单亲家庭、重组家庭、丧偶家庭、空巢家庭等。（4）家庭关系离散化。异地分住的地理距离拉开和疏远了情感和心理的距离。（5）家庭问题复杂化。过于简单的结构导致家庭的脆弱。

从全生命历程出发看家庭人口发展的优化，包括了：（1）优境。优良的空气和水，零污染的食物，完备的政策环境等。（2）优婚。现代人认为，婚配的成功与否和性格志趣等有关，传统文化认为，婚姻的品质与两个人的生肖和出生时辰是否相合有关。（3）优孕。健康怀孕，适龄、适时生育，产前检查，提高婚检率，避免对胎儿的不良影响。（4）优生。避免出生缺陷，传统阴阳五行生命文化认为：出生时辰的选择包含着隐秘的遗传基因，极大关系生育质量和人生发展。生物遗传外，还有社会遗传。（5）优育。科学育儿（营养、锻炼、性格与认知四方面），促进0—3岁人口早期发展。（6）优教。素质教育，赏识教育，挫折教育，人格教育。（7）优材。如何看待人才？实现青少年人口的全面发展，特别是人格健康。（8）优活。倡导并实践科学的生活方式，避免生活方式病，实现健康生活、健康人生。

第二章
中国人口老龄化：趋势、特点和挑战

人口老龄化的历史进程
中国人口老龄化的趋势和特点
中国人口老龄化挑战的多重含义
老龄化问题的本质是发展问题
东亚三国人口老龄化的比较和启示

21世纪，全球社会人口迅速、普遍、严重老龄化成为影响人类生活和公共政策的重大社会问题，中国也不例外。联合国前秘书长科菲·安南曾在1998年10月1日国际老年人年发起日的献辞中指出："我们正在经历一场无声的革命，它大大超出了人口学的范围，给经济、社会、文化、心理和精神均带来重大影响……"

人口老龄化的历史进程

在1950—2050年这100年中，全球人口平均每年增长0.87个百分点，而老年人口年均增长2.38个百分点。人口老龄化速度快于总人口增长速度。据联合国统计，当前全球人口中十分之一是60岁以上的老年人，这一比例在2050年将达到五分之一。世界人口的老龄化趋势正在加快。预计2000—2050年期间，世界上60岁和60岁以上的人口比例将增加1倍以上，在全球总人口中的占比将从10%上升到22%。届时，这个比例将与0—14岁儿童所占比例相同。今后50年间，老年人数大概会翻两番，从6亿人增加到将近20亿人。到2050年，一些发达国家的老年人口将是儿童人口的两倍以上。目前，人们开始用"人口老龄化冲击""国际人口新秩序"这些新词汇来形容世界老年人口的激增。发展中国家的人口老龄化速度目前是全球最快的。但发展中国家应对人口老龄化挑战的资源却很有限，因此这些国家的政府以及国际社会应共同努力，确保人口老龄化不要成为他们社会发展的负担。

马耳他，一个美丽的地中海岛国，人口少面积小，20 世纪 60 年代最先感知到了“银色浪潮”的隐隐涛声。1969 年 8 月 16 日，联合国秘书长收到一份名为《年长与年老人问题》的说帖，提议在联合国第二十四届会议议程中增列年长与年老人问题的内容。这是世界范围内人口老龄化革命的第一声呼唤，从此这场无声的革命拉开了序幕。1969 年的马耳他刚刚独立五年，可是这个只有 30 多万人口的地中海小国那时有近 4 万人失业，而失业者中多为年长者。虽然当时的英、法、德、美等发达国家正在走向“高福利社会”，但由于从 1950 年到 1960 年全球人均寿命增加了近 20 岁，所以这些发达国家当时已经潜在着人口老龄化的问题。

马耳他的这一提议引起许多国家和联合国的重视。1978 年 12 月 14 日联合国第 33/52 号决议其中一项内容是举行第一次老龄问题世界大会，以唤起全世界注意世界人口中人数日增的老年人所受困扰的严重问题，以拟订出一项国际行动纲领来保证老年人得到经济和社会保障，并保证老年人有机会对他们本国的发展作出贡献。

表 2-1　人口年龄结构类型

	年轻型	成年型	老年型
0—14 岁人口	40% 以上	30%—40%	30% 以下
65 岁以上人口	4% 以下	4%—7%	7% 以上
老少比	15% 以下	15%—30%	30% 以上
年龄中位数	20 岁以下	20—30 岁	30 岁以上

资料来源：查瑞传主编《人口普查资料分析技术》，中国人口出版社 1991 年版，第 152 页。

虽然人类对人口老龄化问题的关注可以追溯到 20 世纪 50 年代，但从国际政治的角度看，应该开始于 1982 年。1982 年在维也纳举行的第一次老龄问题世界大会产生了一项行动计划，它呼吁以人道和发展的办法来解决老龄问题。1982 年《老龄问题国际行动计划》载有七个领域的行动建议：保健和营养、保护老年消费者、住房和生活环境、家庭、社会福利、收入保障和就业以及教育。1982 年 7 月 26 日，音乐之都维也纳迎来了 124 个国家的代表团和 162 个联合国的专门机构，1000 多位会议代表在这里第一次全面探讨了人类自身发展过程出现的老龄化问题 。第一次老龄问题世界大会提出了老龄问题包括发展问题和人道主义问题的重要观点。老龄问题不仅取决于人口老龄化的比例、规模和结构，而且取决于经济社会的发展程度。

所谓发展问题是说人口老龄化在经济上、社会上和文化上对发展进程的影响。譬如，会不会影响劳动力的供给？会不会影响劳动生产率和社会活力？会不会影响经济投资强度？会不会影响社会保障制度的承受能力？会不会影响代际之间的关系？

所谓人道主义问题是说老年人正当的需求能不能得到满足以及正当的权益能不能得到保障、能不能分享社会发展成果，老年人寿命的延长、老年人口的增多会不会导致老年的权益侵害问题、老年贫困问题、老年孤寂问题、老年照料等诸多问题。

2002 年 4 月，第二次老龄问题世界大会在西班牙的马德里召开，这次大会距 1982 年召开的维也纳第一次老龄问题世界大会已经整整 20 年了。在这段时期里，世界人口日趋老龄化。今天，每 10 个人中就有一个花甲老人。到 2050 年，每 5 个人中就有一个年纪较大的人，在一些发达国家和转型期经济国家，生育率降至更替水平以下，老年人比儿童还多。

然而，真正的人口老龄化冲击将发生在发展中国家，这些国家的人口势将在 21 世纪上半叶迅速老龄化。未来几十年间，发展中国家老年人数的增长最快。今后 50 年，预期这些国家的老年人口会翻两番。到 2050 年，老年人的比例预期将上升到 22%，儿童比例将从 33% 下降到 20%。这些数字就足以说明情况的严重性。更显紧迫的是，人口老龄化的步伐迅速，在不到 30 年的时间内，世界上的老年人口中将有四分之三生活在发展中国家。1982 年举行第一次老龄问题世界大会时，大多数老年人生活在发达国家。然而，在发展中国家，尽管城市化不断加速，但大多数老年人仍将生活在农村地区。每月已有近百万人跨过 60 岁的门槛，其中

80%生活在发展中国家。老年人口中增长最快的部分是80岁和80岁以上的耄耋人口。他们现有7000万人，在今后50年，其人数预期将增至目前的5倍。老年妇女的人数多于老年男子，而且年龄段越大相差越多。发展中国家将面临最严峻的资源挑战，因为它们将不得不同时处理快速发展和人口老龄化的问题。

中国老龄化是全球老龄化的一个组成部分，中国政府已经以积极的姿态投入到应对世界老龄化的革命中来。1999年10月1日，中国老年人达到全国人口的10%，这标志着中国开始步入老龄化社会。以65岁及以上老年人口比例从7%上升到17%所需要的时间比较，发达国家一般需要80—100年，而中国只需要不到40年的时间。

目前，我国60岁及以上的老年人口已经超过2亿人，占全国总人口的15%多。预计到2050年，老年人口将达到4.2亿人左右，占总人口近30%。中国人口迅速老龄化，已成为制约经济、社会发展的一枚“定时炸弹”。专家普遍认为，全球人口最多的国家正面临世界各国从未遇过的一场人口危机。中国人口老龄化特点是起步虽晚、速度较快、挑战很大。第一，人口老龄化速度快于全国总人口增长速度；第二，人口老龄化速度快于世界老龄化速度；第三，人口老龄化速度快于经济发展速度，呈现出“未富先老”[1]的特征。联合国估计，到下一代，中国的老龄化问题将比20世纪的欧洲严重，届时，中国将在经济尚不发达的情况下对付与人均国民生产总值高出自己数倍的国家类似的问题：老龄化引起的经济、社会、生产率挑战。也就是说，中国将在变富之前先变老。

根据2002年马德里第二次老龄问题世界大会通过的行动纲领，需要确保不同年代人之间的平等，鼓励老年人参与社会活动，促进不同年代人的相互理解与合作，以共同推动社会进步。

马德里第二次老龄问题世界大会提出了“积极老龄化”战略。概括

〔1〕“未富先老”是广为人知的中国人口老龄化的重要特点。邬沧萍教授在文章中提到：“未富先老”是在1982年全国人口普查资料发布后，他在学术会议上的发言、论文和文章中多次提出的命题。邬沧萍：《重新审视我国人口未富先老的命题》，《光明日报》2007年8月27日理论版。

说，积极老龄化的目标有二：一方面要让老年人的身心在和平、健康和有保障的情况下，充分、自由地安享晚年；另一方面研究人口老龄化对发展以及发展对老龄化的影响，以便使老年人的潜力能够得到充分发挥，并采取适当措施，减轻由此带来的任何消极影响。也就是说，一是老年保障，二是老年发展，三是社会发展。老年人潜力是未来发展的基础。这次老龄问题世界大会的政治宣言确认："老年人的潜力是未来发展的强有力的基础。社会依靠老年人的技能、经验和智慧，不但首先改善他们自己的条件，而且还能积极参与社会条件的改善。"在这次老龄问题世界大会的开幕式上，时任联合国秘书长安南讲到，如果没有老年人的话，年轻人可能既不知道自己是哪儿来的，也不知道自己到哪儿去，老年人是联系过去现在和将来的一个中介，老年人实际上是这个社会里面一个名副其实的生命线。所以，他在发言中特别提到，21 世纪我们会有更多的老年人，实际上我们需要老年人。总之，老年人不是负担、包袱、问题的代名词。

马德里第二次老龄问题世界大会呼吁：

- 使老年生活安全无虞，这涉及重申消除老年贫穷的目标，并遵循《联合国老年人原则》；
- 增强老年人充分和有效参与其所在社会的社会、经济和政治生活的能力；
- 为终身及晚年的个人发展、自我实现和幸福提供各种机会；
- 保障老年人的经济、社会和文化权利及其公民和政治权利；
- 承诺通过消除性别歧视确保老年人的性别平等；
- 认识到世代相互依存、团结和互惠对促进社会发展至关重要；
- 提供老年人所需的保健和支助；
- 促进各级政府、民间社会、私营部门和老年人自身彼此合作，将国际战略转变为实际行动；
- 尤其在发展中国家内利用科学研究和专门知识集中关注老龄化涉及的个人、社会和保健问题；

- 尤其在发展中国家内利用科学研究和专门知识集中关注老龄化涉及的个人、社会和保健问题。

中国是一个老年人口最多的发展中国家，实施积极老龄化战略具有重大的现实意义和深远的历史影响。在人类的智慧和能力所及的范围里，积极老龄化被公认为是一个重要的战略抉择，中国也不例外。但中国快速的人口转变和“未富先老”的特征决定了中国只能走自己的道路，发展出既遵循人口老龄化规律又具有本国特色的统筹解决老龄问题的中国模式和路径选择。积极老龄化战略的理论内涵和政策含义还需要结合具体国情进一步深化认识。

中国人口老龄化的趋势和特点

2000 年，我国 60 岁及以上老年人口已超过 1.3 亿人。在 21 世纪前半叶，老年人口规模将陆续扩大到 3 亿人甚至 4 亿人。未来预测期内老年人口的数量变化只受死亡率因素（下降）的影响，不同的生育率参数并不影响老年人数的变化，只是通过对总人口数的影响而改变老年人口占总人口的比例。根据中国人民大学第五次人口普查资料研究课题《中国人口老龄化国际比较研究研究报告》的预测，在死亡率假定方面，根据“五普”数据，2000 年我国人口的平均预期寿命男性为 69.63 岁，女性为 73.33 岁。根据各国的经验数据和模型生命表，预测假定到 2050 年我国男性人口的平均预期寿命将达到 79.4 岁，女性为 84.9 岁。根据中方案预测，假设总和生育率从 2000 年一直保持在 1.8 不变，这相当于维持在发达国家 20 世纪 80 年代的生育水平。预测结果显示，到 2050 年，60 岁及以上老年人口总数为 4.35 亿人，65 岁及以上老年人口总数为 3.22 亿人。在中方案中，到 2050 年，60 岁以上的老年人口将占到总人口的 30.7%，65 岁及以上老年人口将占到总人口的 22.7%。生育率更高的方案会降低人口老龄化程度。假设总和生育率从 2000 年开始逐步上升到 2025 年的 2.1，以后保持不变，到 2050 年，60 岁以上的老年人口将占到总人口的28.8%，65岁及以上老年人口将占到总人口的21.3%。但总的来说，未来生育率不管如何变化，人口老龄化的水平不会有太大的变化。

表 2-2 人口老龄化预测：2000—2050 年（中方案）

年份	人数（万人）				比例（%）						
	总人口	60岁+	65岁+	80岁+	0—14岁	15—59岁	60岁+	80岁+/60岁+	少儿抚养比	老年赡养比	总负担比
2000	126722	13012	8837	1200	24.3	65.4	10.3	9.2	37.2	15.7	52.9
2001	127711	13179	9015	1252	23.7	65.9	10.3	9.5	36.0	15.7	51.7
2002	128723	13370	9226	1305	23.0	66.6	10.4	9.8	34.6	15.6	50.2
2003	129748	13602	9461	1361	22.3	67.2	10.5	10.0	33.1	15.6	48.7
2004	130773	13901	9708	1419	21.6	67.8	10.6	10.2	31.8	15.7	47.5
2005	131789	14282	9964	1479	21.0	68.2	10.8	10.4	30.8	15.9	46.7
2006	132700	14519	10042	1541	20.7	68.4	10.9	10.6	30.2	16.0	46.2
2007	133584	14857	10163	1605	20.4	68.5	11.1	10.8	29.8	16.3	46.1
2008	134455	15309	10342	1671	20.2	68.4	11.4	10.9	29.6	16.7	46.2
2009	135331	15893	10598	1740	20.1	68.2	11.7	11.0	29.4	17.2	46.6
2010	136232	16616	10944	1812	19.9	67.9	12.2	10.9	29.3	18.0	47.3
2011	136845	17265	11203	1880	19.8	67.6	12.6	10.9	29.3	18.7	47.9
2012	137570	18041	11517	1950	19.7	67.1	13.1	10.8	29.4	19.5	48.9
2013	138400	18885	11899	2022	19.8	66.6	13.6	10.7	29.7	20.5	50.2
2014	139321	19706	12368	2097	19.8	66.1	14.1	10.6	30.0	21.4	51.4
2015	140319	20451	12930	2175	19.8	65.6	14.6	10.6	30.2	22.2	52.4
2016	141047	21047	13546	2241	19.8	65.3	14.9	10.7	30.2	22.8	53.1
2017	141731	21559	14242	2308	19.6	65.2	15.2	10.7	30.1	23.3	53.4
2018	142378	22057	14972	2378	19.4	65.1	15.5	10.8	29.8	23.8	53.6
2019	143000	22641	15662	2450	19.2	65.0	15.8	10.8	29.5	24.4	53.9
2020	143605	23374	16277	2523	19.0	64.8	16.3	10.8	29.3	25.1	54.4
2021	143744	23866	16500	2588	18.8	64.6	16.6	10.8	29.1	25.7	54.9
2022	144041	24636	16808	2654	18.7	64.3	17.1	10.8	29.0	26.6	55.6
2023	144469	25651	17239	2721	18.5	63.8	17.8	10.6	28.9	27.8	56.8
2024	145012	26872	17866	2790	18.2	63.2	18.5	10.4	28.8	29.3	58.1
2025	145655	28272	18727	2862	18.0	62.6	19.4	10.1	28.7	31.0	59.7
2026	145832	29390	19406	3013	17.8	62.1	20.2	10.3	28.6	32.5	61.1
2027	146038	30583	20192	3172	17.5	61.5	20.9	10.4	28.5	34.0	62.5

续表

年份	人数（万人）				比例（%）						
	总人口	60 岁 +	65 岁 +	80 岁 +	0—14 岁	15—59 岁	60 岁 +	80 岁 +/60 岁 +	少儿抚养比	老年赡养比	总负担比
2028	146254	31806	21063	3339	17.3	61.0	21.8	10.5	28.3	35.7	64.0
2029	146444	32987	21976	3516	17.0	60.4	22.5	10.7	28.2	37.3	65.5
2030	146545	34039	22864	3701	16.8	60.0	23.2	10.9	28.0	38.7	66.8
2031	146330	34783	23604	3939	16.6	59.6	23.8	11.3	27.9	39.9	67.8
2032	146211	35569	24473	4192	16.5	59.2	24.3	11.8	27.8	41.1	68.9
2033	146197	36387	25457	4462	16.3	58.8	24.9	12.3	27.6	42.3	69.9
2034	146294	37216	26528	4749	16.1	58.5	25.4	12.8	27.5	43.5	71.0
2035	146511	38048	27671	5054	15.9	58.1	26.0	13.3	27.3	44.7	72.0
2036	146245	38317	28365	5172	15.8	58.0	26.2	13.5	27.2	45.2	72.4
2037	146037	38519	29056	5293	15.7	57.9	26.4	13.7	27.1	45.6	72.7
2038	145879	38696	29715	5417	15.6	57.8	26.5	14.0	27.1	45.9	72.9
2039	145764	38911	30305	5544	15.6	57.7	26.7	14.3	27.0	46.2	73.2
2040	145687	39206	30808	5673	15.5	57.6	26.9	14.5	27.0	46.7	73.7
2041	145173	39162	30860	5975	15.5	57.5	27.0	15.3	27.0	46.9	73.9
2042	144790	39265	30917	6293	15.5	57.4	27.1	16.0	27.0	47.3	74.3
2043	144517	39532	31007	6628	15.5	57.2	27.4	16.8	27.1	47.9	74.9
2044	144335	39993	31176	6980	15.5	56.8	27.7	17.5	27.2	48.8	75.9
2045	144220	40652	31445	7352	15.4	56.4	28.2	18.1	27.3	50.0	77.3
2046	143639	41050	31394	7697	15.4	56.0	28.6	18.8	27.5	51.0	78.6
2047	143131	41655	31425	8059	15.4	55.5	29.1	19.4	27.8	52.5	80.2
2048	142680	42364	31561	8438	15.4	54.9	29.7	19.9	28.0	54.1	82.1
2049	142267	43026	31835	8835	15.3	54.4	30.2	20.5	28.2	55.6	83.8
2050	141867	43535	32249	9250	15.3	54.0	30.7	21.3	28.3	56.8	85.1

资料来源：中国人民大学第五次人口普查资料研究课题《中国人口老龄化国际比较研究研究报告》（邬沧萍、杜鹏负责），2003 年 6 月。

我国人口老龄化和老年人口的人口学特征如下：

一是老年人口规模大。根据国家统计局的统计，2015 年末，我国 60 岁及以上人口为 22200 万人，占总人口的 16.1%；65 岁及以上人口为 14386 万人，占总人口的 10.5%。2005 年底，中国 60 岁以上的人口已经达到 1.44 亿人，占亚洲老年人口的一半，占全球老年人口的五分之一，而且到2020年要比2005年纯增1个亿，要达到2.48亿人。2020年以后，几乎每10年要纯增1亿多，到2051年，达到最大值4.37亿人，占到当时总人口的30%以上。到2050年，我国老年人口总量超过4亿人，之后一直维持在3亿—4亿人的规模。[1] 根据联合国预测，21世纪上半叶，中国一直是世界上老年人最多的国家，占世界老年人口总量的五分之一；21世纪下半叶，中国也还是仅次于印度的第二老年人口大国。

二是老年人口增长快。我国老年人口占总人口的比例在1982年的时候是5%，属于成年型，到1999年就达到了10%，变成老年型。中国人口年龄结构从成年型转为老年型仅用了18年的时间，就完成了发达国家几十年甚至上百年才完成的人口年龄结构的历史性的转变。例如，瑞典完成这一过程大约用了40年，英国用了80年。而65岁以上老年人占总人口的比例从7%提升到14%，发达国家大多用了45年以上的时间，法国和美国分别用了115年和71年的时间，中国估计只用27年就可以完成这个历程，并且在今后一个长时期内都保持着很高的递增速度。

三是老年人口高龄化趋势明显。随着我国经济持续发展和人民生活水平的提高，我国人均预期寿命大大延长，我国人口老龄化已经表现出明显的高龄化趋势。近年来，我国80岁以上高龄老人以年均约4.7%的速度增长，明显快于60岁以上老年人口的增长速度。根据《中国老龄产业发展报告（2014）》，目前80岁以上老年人口达2400万人，约占老年总人口的11%。到21世纪下半叶，中国老年人口规模、老龄化程度以及高龄化程度都将在较高水平上保持基本稳定。老年人口总量虽有所下降，但仍然保持在3亿人以上，老龄化程度为31%左右，80岁及以上高龄老年人口规模将保持在8000万—9000万人。高龄化水平为25%—30%，重度老龄化和高龄化问题将显得越来越突出。

四是2030年到2050年是中国人口老龄化最严峻时期。一方面，这一阶段，老年人口数量和老龄化水平都将迅速增长到前所未有的程度，并迎来老年人口规模的高峰。另一方面，2030年以后，人口总负担比将随

---

〔1〕 国务院新闻办公室：《中国老龄事业的发展白皮书》，新华社，2006年12月12日。

着老年赡养比的迅速提高而大幅度攀升，并最终超过50%。

五是女性老年人口数量多于男性。根据全国老龄工作委员会（以下简称老龄委）办公室的预测，2049年我国老年人口中女性比男性多出2645万人，将达到峰值。21世纪下半叶，多出的女性老年人口基本稳定在1700万—1900万人，多出的女性老年人口中，50%—70%都是80岁及以上年龄段的高龄女性人口。

六是人口老龄化区域差异大。2010年，中国沿海地区老年人口达到5697.91万人，略低于中西部地区的总和，占全国老年人口总量的46.63%，而且从1990年至今，老年人口绝对量基本维持在全国总量的47%上下，其人口老龄化程度由1990年的6.16%增长到2010年的9.09%；沿海地区老年人口逐年加速增长，年均增加132.49万人，远高于中西部地区，只有在2005—2010年间，东中西部三大地带的老年人口年均增长量非常接近。[1]

中国人口老龄化发展具有明显的由东向西的区域梯度特征，因为东部沿海经济发达地区的人口转变要明显快于中西部经济欠发达地区。上海的人口年龄结构早在1979年就进入了老年型，而青海、宁夏等西部省区2010年左右才进入，相差约30年。

（一）绝对老龄化和相对老龄化

人口老龄化可以区分出绝对老龄化和相对老龄化。一般意义上的人口老龄化是相对意义上的人口老龄化，是指60岁或65岁及以上的老年人口占总人口的比例不断上升的过程，可以理解为“人口相对老龄化”。同时，我们将老年人口逐年增加的现象界定为“人口绝对老龄化”，从绝对数或者说总量的角度出发刻画了人口老龄化过程。

根据图2-1，我们大致可以将“人口绝对老龄化”的发展分成五个阶段：

第一阶段：2000—2005年为人口老龄化起步发展阶段。这5年间，60岁及以上的老年人口平均每年增加254万人。

---

〔1〕 王志宝、孙铁山、李国平：《近20年来中国人口老龄化的区域差异及其演化》，《人口研究》2013年第1期。

第二阶段：2006—2021 年为人口老龄化加快发展阶段。这 15 年间，60 岁及以上的老年人口平均每年增加大约 623 万人。

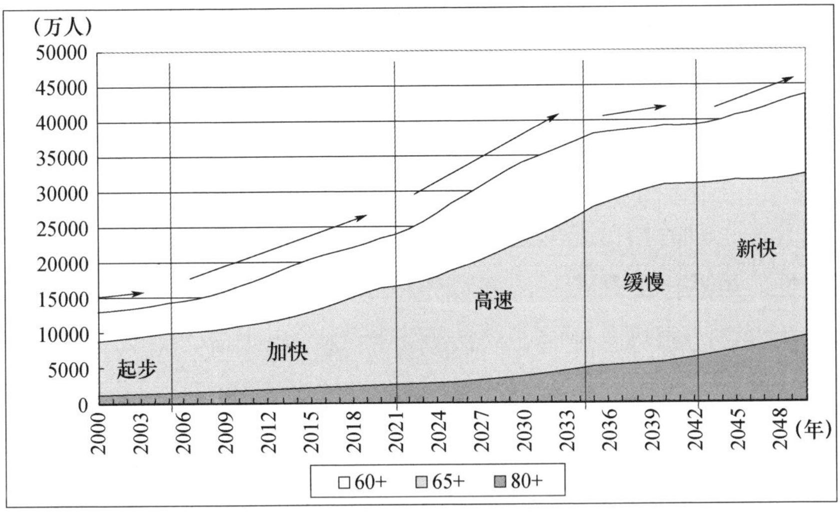

图 2-1　我国人口绝对老龄化发展趋势

资料来源：中国人民大学第五次人口普查资料研究课题《中国人口老龄化国际比较研究报告》，2003 年 6 月。

第三阶段：2022—2034 年为人口老龄化高速发展阶段。这 12 年间，60 岁及以上的老年人口平均每年增加大约 1048 万人。或者将第二、第三阶段合成一个阶段也可，即人口老龄化的加速发展阶段。

第四阶段：2035—2042 年为人口老龄化缓慢发展阶段。这 7 年间，60 岁及以上的老年人口平均每年增加大约 174 万人。

第五阶段：2043—2050 年为人口老龄化新快发展阶段。这 7 年间，60 岁及以上的老年人口平均每年增加大约 572 万人。比第二个阶段（加快发展阶段）稍快些，所以叫“新快发展阶段”。

老年人口在 20 世纪上半叶的变化是 1960 年或 1965 年前出生人口变化以及发展的一个结果，是人口增长队列效应的表现。过去的出生人口高峰会形成1960 年或者 1965 年之后的老年人口高峰。我们所看到的老年人口增长变化的趋势是 1940—1990 年出生人口在 60 年、65 年以后的一个变化结果。例如，1950 年出生的人口在 2010 年之后进入老年人口的行列。

如果是从65岁及以上和80岁及以上的老年人口增长趋势来看，大致同于60岁及以上老年人口的增长趋势。当然，中国地区差异大，所以不同的省市和地区会表现出不同的特点。但大的发展趋势应该是差不多的。

根据图2-2，我们能得出什么结论呢？首先映入眼帘的是，“人口相对老龄化”发展的大致趋势和阶段特征与“人口绝对老龄化”存在着惊人的吻合，人口的相对老龄化发展与绝对老龄化发展在阶段上具有很强的对应性。虽然这是基于一定假设条件下的预测，但还是大致说明了人口老龄化发展的趋势，说明5阶段划分的说法并非空穴来风，是有道理的。具体看：

（1）2000—2005年为人口老龄化起步发展阶段。这段时间，平均每年上升0.12个百分点。

（2）2006—2021年为人口老龄化加快发展阶段。这15年时间，平均每年上升0.38个百分点。

（3）2022—2034年为人口老龄化高速发展阶段。这12年时间，平均每年上升0.69个百分点。

（4）2035—2042年为人口老龄化缓慢发展阶段。这7年时间，平均每年上升0.16个百分点。

（5）2043—2050年为人口老龄化新快发展阶段。这7年时间，平均每年上升0.47个百分点。

根据发展速度排列，人口绝对老龄化阶段的排序依次是（3）—（2）—（5）—（1）—（4），人口相对老龄化阶段的排序依次是（3）—（5）—（2）—（4）—（1）。这说明绝对老龄化和相对老龄化的相似只是表现在趋势上，但在细节上各自遵循了发展的规律。随着老年人口的增多，不断涌现出新的问题，所以需要不断研究新的问题。这说明老龄科学是朝阳科学，老龄工作大有可为。

2007年10月25日，在第八届亚洲大洋洲地区老年学和老年医学大会上，全国老龄工作委员会办公室公布了对我国人口老龄化的发展趋势

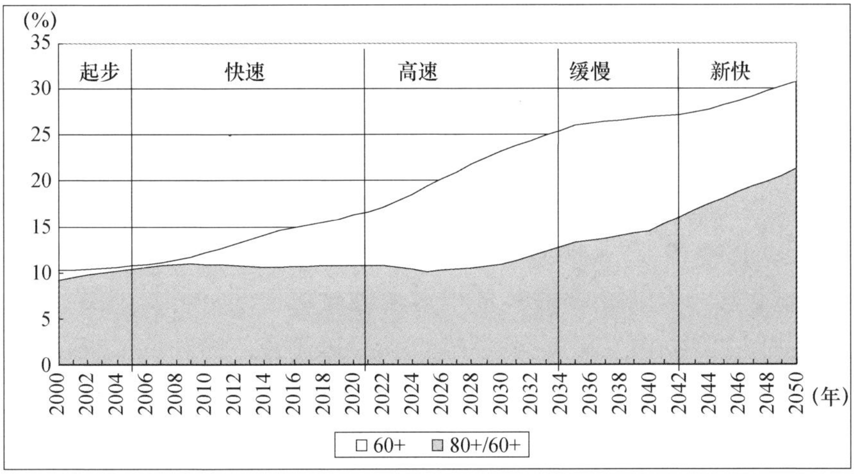

图 2-2　我国人口相对老龄化的发展趋势

资料来源：中国人民大学第五次人口普查资料研究课题《中国人口老龄化国际比较研究报告》，2003 年 6 月。

预测结果，结论是：21 世纪中国的人口老龄化将是一个不可逆转的必然趋势。从 2001 年至 2100 年，中国的人口老龄化演进可以划分为三个阶段：

第一阶段，从 2001 年到 2020 年是快速老龄化阶段。这一阶段，中国将平均每年增加 596 万老年人口，年均增长速度达到 3.28%，大大超过总人口年均 0.66% 的增长速度，人口老龄化进程明显加快。到 2020 年，老年人口将达到 2.48 亿人，其中，80 岁及以上老年人口将达到 3067 万人，占老年人口的 12.37%。

第二阶段，从 2021 年到 2050 年是加速老龄化阶段。伴随着 20 世纪 60 年代到 70 年代中期的新中国成立后第二次生育高峰出生的人群进入老年，中国老年人口数量开始加速增长，平均每年增加 620 万人。同时，由于总人口逐渐实现零增长并开始负增长，人口老龄化将进一步加速。到 2023 年，老年人口数量将增加到 2.7 亿人，与 0—14 岁少儿人口数量相等。到 2050 年，老年人口总量将超过 4 亿人，老龄化水平推进到 30% 以上，其中，80 岁及以上老年人口将达到 9448 万人，占老年人口的 21.78%。

第三阶段，从 2051 年到 2100 年是稳定的重度老龄化阶段。2051 年，中国老年人口规模将达到峰值4.37亿人，约为少儿人口数量的2倍。这一阶段，老年人口规模将稳定在3亿—4亿人，老龄化水平基本稳定在31%左右，80岁及以上高龄老人占老年总人口的比例将保持在25%—30%，进入一个高度老龄化的平台期。

（二）浅表老龄化和深度老龄化

进一步地，我们可以将人口相对老龄化区分出“浅表老龄化”和“深度老龄化”。这里，浅表老龄化是指60岁或65岁及以上人口的老龄化（如图2-1所示），深度老龄化是指80岁及以上老年人口的老龄化，表示老年人口的结构性变化（如图2-3所示）。一般来说，80岁及以上的高龄老人身体状况更差，自理自立能力更弱，对养老支持的依赖性也更强，所以被定义为“老老人”（相对于70岁以下的“少老人”和70—79岁的“中老人”而言）。观察和比较人口高龄化可以使我们对人口老龄化所带来的挑战有更具体的把握。系统论的基本观点是，结构决定功能。“老年人口高龄化”这一指标之所以重要，关键在于它反映了老年人口年龄结构的内部变化。

与浅表老龄化比较，深度老龄化的发展大致可以分出三个阶段：

（1）2000—2030年是人口高龄化发展停滞阶段。80岁及以上的高龄老人占60岁及以上的老年人口的比例在9%—11%之间变动。

（2）2031—2039年是人口高龄化发展加快阶段。80岁及以上的高龄老人占60岁及以上的老年人口的比例在11%—14%之间逐步上升。

（3）2040—2050年是人口高龄化发展高速阶段。80岁及以上的高龄老人占60岁及以上的老年人口的比例在14%—21%之间快速上升。

浅表老龄化向深度老龄化的发展同时伴随着“老龄化社会”到“老龄社会”再到“高龄社会”的社会转型。20世纪90年代初，美国社会老年学家Jordan I. Kosberg Editor提出过一个值得关注的观点，即65岁及以上的人口占总人口的比例等于和超过15%的国家可以看作是“老年型国家或者说老龄国家”（Aged Countries）。他将65岁及以上的人口占总人口的比例等于和少于4%的国家定义为“青春国家或者说少年国家”

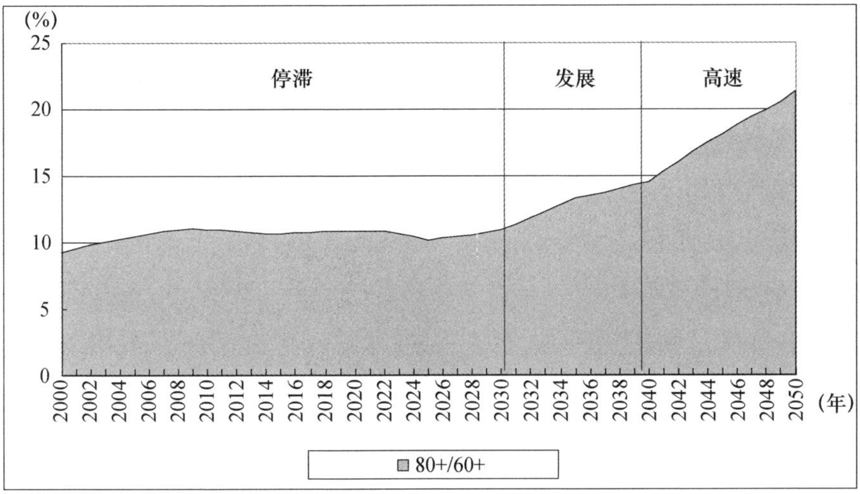

图 2-3 我国高龄人口相对老龄化的发展趋势

资料来源：中国人民大学第五次人口普查资料研究课题《中国人口老龄化国际比较研究研究报告》，2003 年 6 月。

(Young Countries)，将这种老年人口比例介于 5%—7% 的国家定义为“保持了青春的国家或者说青年国家”（Youthful Countries），介于 8%—10% 的国家定义为“成年国家”（Adult Countries），而在 11%—14% 之间的国家称为“壮年国家或者说成熟国家”（Mature Countries），而将老年人口比例等于和超过 15% 的国家看作是“老年国家或者说老龄国家”(Aged Countries)。[1]

人口高龄化的趋势是容易判断的，但进入高龄社会的门槛条件是什么，却是一个还没有定论的问题。65 岁及以上老年人口超过 21% 大致可以认为进入高龄社会或者超老龄化社会的人口学条件。日本政府公布的 2011 年《高龄社会白皮书》显示，截至 2010 年 10 月 1 日，日本 65 岁以上的老年人口已达 2958 万人，占总人口的比例增至 23. 1%，日本已进入“超老龄化社会”。而 75 岁以上的老年人口高达 1430 万人，已占总人口的 11. 2%。据日本国立社会保障和人口问题研究所估计，2015 年老龄人口比例增至 26. 9%，2030 年超过三分之一，2055 年将迎来老龄化顶峰，

〔1〕 参见 Jordan I. Kosberg Editor. 1992. “Preface”, in Family Care of The Elderly: Social and Cultural Changes, Sage Publications, Inc.

老龄化比例将高达40.5%，而且75岁以上老人将占到四分之一；到2100年，日本人口总数为4959万人，较2010年减少61.3%，其中65岁及以上老年人口占总人口的41.1%。

当65岁及以上老龄人口占总人口的比例从7%上升到14%，就是“老龄化社会”过渡到“老龄社会”的标志。中国65岁及以上的老年人口占总人口的比例从2000年的7.1%提升到2026—2027年左右14%的水平上，完成从“老龄化社会”向“老龄社会”的转轨。如果按照7%的增加幅度来划分老龄化社会的发展阶段，那么到2037年前后（65岁及以上老龄人口比例达到19.9%），中国就预期进入到“高龄社会”阶段。

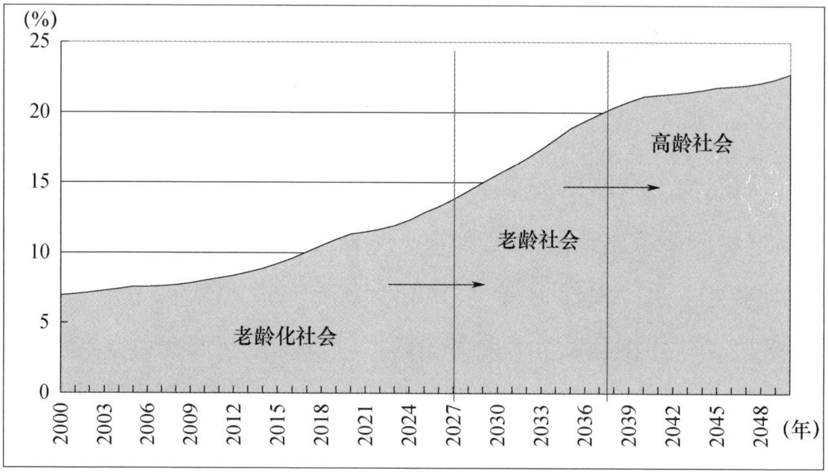

图2-4　我国65岁及以上老龄人口比重变化

资料来源：中国人民大学第五次人口普查资料研究课题《中国人口老龄化国际比较研究报告》，2003年6月。

（三）未富先老、未备先老和孤独终老

中国人口老龄化将伴随21世纪始终。早在1999年，我国就提前进入老龄化社会，是世界老年人口最多的国家，占全球老年人口总量的五分之一。根据“六普”公布的数据，2010年我国60岁及以上人口占13.26%，比2000年人口普查上升2.93个百分点，其中65岁及以上人口占8.87%，比2000年人口普查上升1.91个百分点。国家统计局发布的《2014年国民经济和社会发展统计公报》数据显示，2014年末我国60周岁及以上人口数为21242万人，占总人口比例为15.5%；65周岁及以上

人口数为13755万人，占比10.1%，首次突破10%。目前，我国处在老龄化社会（Ageing society）发展阶段。

2015年以后我国将进入人口老龄化迅速发展时期。预测显示，从2015年到2035年的20年时间里，中国老年人口比例将会增加1倍，达到20%；此后一段时间，老年人口将占中国人口的五分之一到四分之一。2020年，我国60岁及以上老年人口比例将超过17%，达到2.48亿人，其中80岁及以上高龄老人将超过3000万人。2020年后，进入加速和重度老龄化发展阶段。到2050年，老年人口总量超过4亿人，高龄老人达到9500万人。高龄老人占老年人比例将增长到2050年的约四分之一。2051—2100年，老年人口比例维持在30%以上，总量达到3亿—4亿人。

老年人口规模的估计和年龄标准有关，国际上一般用65岁来定义，一些发达国家提出推迟退休的制度安排，这都会影响老年人口的规模估计和他们实际发挥的作用。根据联合国人口预测，2011年以后的30年里，中国人口老龄化将呈现加速发展态势，60岁及以上人口占比将年均增长16.55%，2040年60岁及以上人口占比将达28%左右。在这30年里，中国开始全面步入老龄化社会。到2050年，60岁及以上老人占比将超过30%，社会进入深度老龄化阶段。根据经济合作与发展组织（OECD）的人口发展预测，到2030年，中国65岁以上人口占比将超过日本，成为全球人口老龄化程度最高的国家。整体而言，中国的人口老龄化程度将一直维持在一个较高的发展水平。

中国的人口老龄化是两个力量作用的结果：一个是人口出生率持续、快速的下降，另一个是经济社会进步导致老年人平均余寿延长。就第二个原因来说，人口老龄化是寿命革命的标志，是人口长寿化和社会进步的产物。在一个开放的人口（Open-population）中，人口流动迁移也影响“实有人口”的老龄化方向、程度和进程。古今中外，长寿健康，人所共求。人口老龄化是必然的人口发展趋势，是一种人口年龄结构老化引发社会经济结构和功能变化的过程。人口老龄化是一种宏观现象，生命老龄化是一种微观现象。两者是结合的，但角度不同。

2006 年 2 月 23 日，全国老龄工作委员会办公室发布了《中国人口老龄化发展趋势预测研究报告》，指出：中国的人口老龄化具有老年人口规模巨大、老龄化发展迅速、地区发展不平衡、城乡倒置显著、女性老年人口数量多于男性、老龄化超前于现代化等六个主要特征。综观中国人口老龄化趋势，可以概括为四点主要结论：

第一，人口老龄化将伴随 21 世纪始终；

第二，2030 年到 2050 年是中国人口老龄化最严峻的时期；

第三，重度人口老龄化和高龄化将日益突出；

第四，中国将面临人口年龄结构老化和老年人口规模庞大的双重排战。

与经济社会发展比较，我国的人口快速老龄化还有如下显著特点：

（1）高龄少子。根据国家统计局 2016 年 2 月 29 日发布的《2015 年国民经济和社会发展统计公报》，2015 年末全国大陆总人口 137462 万人，比上年末增加 680 万人。全年出生人口 1655 万人，出生率为 12.07‰；死亡人口 975 万人，死亡率为 7.11‰；自然增长率为 4.96‰。人均预期寿命 76.34 岁。0—15 岁（含不满 16 周岁）人口为 24166 万人，占比 17.6%；60 岁及以上人口为 22200 万人，占比 16.1%。少儿人口不断下降，老年人口不断上升，二者占比已经比较接近。回望历史，根据《中国统计年鉴》数据，1982—2014 年少儿人口每年减少 362.1 万人，而与此同时，65 岁及以上老年人口每年增加 277 万人，人口年龄金字塔底部老化和顶部老化同时发力，形成了中国特色的“高龄少子”人口演化格局。

表 2-3　中国人口少子化和老龄化进程（1982—2014 年）

年份	年末总人口数（万人）	0—14 岁少儿人口		65 岁及以上老年人口	
		人口数（万人）	比例（%）	人口数（万人）	比例（%）
1982	101654	34146	33.6	4991	4.9
1987	109300	31347	28.7	5968	5.4
1990	114333	31659	27.7	6368	5.6
1995	121121	32218	26.6	7510	6.2
1996	122389	32311	26.4	7833	6.4
1997	123626	32093	26.0	8085	6.5

续表

年份	年末总人口数（万人）	0—14 岁少儿人口		65 岁及以上老年人口	
		人口数（万人）	比例（%）	人口数（万人）	比例（%）
1998	124761	32064	25.7	8359	6.7
1999	125786	31950	25.4	8679	6.9
2000	126743	29012	22.9	8821	7.0
2001	127627	28716	22.5	9062	7.1
2002	128453	28774	22.4	9377	7.3
2003	129227	28559	22.1	9692	7.5
2004	129988	27947	21.5	9857	7.6
2005	130756	26504	20.3	10055	7.7
2006	131448	25961	19.8	10419	7.9
2007	132129	25660	19.4	10636	8.1
20008	132802	25166	19.0	10956	8.3
2009	133450	24659	18.5	11307	8.5
2010	134091	22259	16.6	11894	8.9
2011	134735	22164	16.5	12288	9.1
2012	135404	22287	16.5	12714	9.4
2013	136072	22329	16.5	13161	9.7
2014	136782	22558	16.4	13755	10.1

资料来源：《中国统计年鉴》（2010—2015 年）

（2）未富先老。与发达国家不同，我国的人口老龄化属于未富先老。发达国家进入老龄化社会时，人均 GDP 一般都在 5000—10000 美元以上。2000 年我国人均 GDP 为 856 美元，2003 年刚超过 1000 美元，2008 年超过 2000 美元，2014 年超过 7000 美元，到 2020 年才可能突破 1 万美元，在初始阶段应对人口老龄化的经济实力还比较薄弱。中国的少子老龄化已成为制约经济、社会发展的一枚“定时炸弹”，一方面 16—59 岁劳动年龄人口从 2012 年开始连年减少，2015 年减少 487 万人；另一方面，离退休人口和农村老年人口的增加导致养老负担急剧上升。

根据国际上一般模式，人口老龄化是经济社会现代化的产物。中国也遵循这个规律，但我国人口老龄化提前出现，和人口控制密切相关。中国人口老龄化比一般国家严重。很多中国老年人缺乏社会养老保障，有保障的则是低水平保障。随着青壮年人口的大量外流，农村留下了一个规模巨大的“空巢留守老人”[1]。农村老年人的生活堪忧，大部分人没有足够的养老金或者医疗保险。为了应对未富先老，政府需要倡导和实现生产性、有效益的老龄化，做大财富蛋糕，而不仅仅是积极老龄化。我们要为幸福老龄化奠定物质和财富基础。

（3）未备而老。[2] 我国人口老龄化的出现似乎很突然，人力、物力、财力、认识和制度等准备不足，养老保障制度缺位严重，养老服务体系发展滞后，养老服务市场供给缺口巨大。根据民政部发布的《2014年社会服务发展统计公报》，2014 年我国各类养老服务机构和设施 94110 个，其中：养老服务机构 33043 个，社区养老服务机构和设施 18927 个，互助型的养老设施 40357 个，军队离退休干部休养所 1783 个；各类养老床位 577.8 万张，比上年增长 17.0%（每千名老年人拥有养老床位 27.2 张，比上年增长 11. 5%），其中社区留宿和日间照料床位 187.5 万张；年末收留抚养老年人 318.4 万人，比上年增长 4.2%，远远低于西方国家每千名老年人平均 50—70 张床位。2014 年 11 月发布的《北京市养老机构发展研究报告》提到，北京市养老机构床位缺口为 3.12 万张。首善之区尚且如此，遑论其他？2014 年底，我国 80 岁及以上老人已经达到 2400 万人，丧失生活自理能力的老人（包括完全失能与部分失能）数量接近 4000 万人。为了应对未备先老，政府需要倡导和实现有准备的或者说有保障的老龄化，加大基础养老设施的投资力度，为未来的老龄化社会减负。国家“十三五”养老服务规划的目标是达到每千名老年人拥有养老床位数 35—40 张，日间照料服务设施要覆盖所有的城市社区和 50% 以上的农村。

（4）孤独终老。根据国家卫计委发布的《中国家庭发展报告（2015

---

[1] 叶敬忠、贺聪志：《静寞夕阳——中国农村留守老人》，社会科学文献出版社 2008 年版。

[2] 2009 年 2 月 19 日，在民政部召开的“中国养老服务体系研讨会”上，笔者第一次提出“未备先老”的说法，试图透过社会建设和老人增加的不平衡性来概括我国人口老龄化面临的严峻挑战和重要特点。参见穆光宗等：《加快养老服务体系建设时不我待》，《中国社会工作》2009 年 5 月 15 日。

年）》显示，目前家庭规模小型化，2人、3人家庭成为家庭类型主体。同时，家庭类型多样化，核心家庭占六成以上，单人家庭、空巢家庭不断涌现。空巢老人占老年人总数的一半，其中，独居老人占老年人总数的近10%，仅与配偶居住的老人占41.9%。预计到2030年我国老年人口将近3亿，而空巢老人家庭比例或将达到90%，这意味着届时将有超过两亿的空巢老人。目前，我国独生子女人口估计在1.5亿人以上，有的估计超过两个亿。孤独终老是无偶无后老龄化，老龄化与少子化、空巢化、残疾化和无偶化结合在一起，最后导致了一些老年人的老无所依、老无所养，特别是其中孩子夭折、配偶离世的孤寡独居的“计划生育老人”，他们是最需要关心的弱势群体和奉献群体，以避免产生面积广大的人道主义危机。[1]

中国人口老龄化挑战的多重含义

人口老龄化带来了持续、深刻的挑战，主要表现在三个方面：（1）从宏观社会的角度说，人口老龄化会带来经济压力和社会活力问题。在经济上主要依靠社会养老的现时代，人口老龄化意味着将给国家财政预算带来压力，因为养老金的负担会随着老年人口的增多而增大。同时，人口老龄化到一定程度会导致两代人赡养比例的变化，从而影响到劳动力的供给，影响到在业人口的劳动产出率问题。这是人口老龄化的宏观效应。（2）从通观（宏观—中观—微观）结合的角度说，人口老龄化特别是高龄化会带来一个广义的生活照料问题。在老年人失能的情势下，社会如何提供专业性的医护照料？家庭如何提供非专业的生活照料？如何使老年人的生活有保障、有尊严？这是人口老龄化的通观效应。（3）从微观个体的角度说，伴随人口老龄化而来的还有一个老年发展的问题，就是如何使老年人过上有欢乐、有价值、有创造的生活。归根结底，这是老

〔1〕 桂世勋：《独生子女父母年老后的照顾问题》，华东师范大学出版社1996年版；穆光宗：《挑战孤独—空巢家庭》，河北人民出版社2002年版。

年人的发展性需求和价值性需求所决定的，可以理解为人口老龄化的微观效应。

老年人口的养老负担问题、代际关系问题以及价值实现问题是影响中国未来可持续发展的三个关键性问题，下面从三个角度简要论述，主要是提出问题。

（一）经济学视角：生之者寡和食之者众

老年赡养比的变化在一定程度上可以说明问题。老年赡养比是指15—59岁劳动适龄人口（分母）与60岁及以上老年人口（分子）的比。有时候，老年赡养比也称作老年抚养比，其实是不准确的。少儿人口有一个抚养问题，老年人口则是一个赡养和负担问题，应该善加区别。仅仅局限在老年人口学的角度，如果我们以每增加10个百分点作为一个发展阶段的话，那么我们就可以根据表2-2的数据将我国未来老年赡养比的变化分成五个阶段：

第一阶段处在2000年到2012年之间，老年赡养比在20%之内；

第二阶段处在2013年到2024年之间，老年赡养比在20%—30%；

第三阶段处在2025年到2031年之间，老年赡养比在30%—40%；

第四阶段处在2032年到2044年之间，老年赡养比在40%—50%；

第五阶段处在2045年到2050年之间，老年赡养比在50%以上。

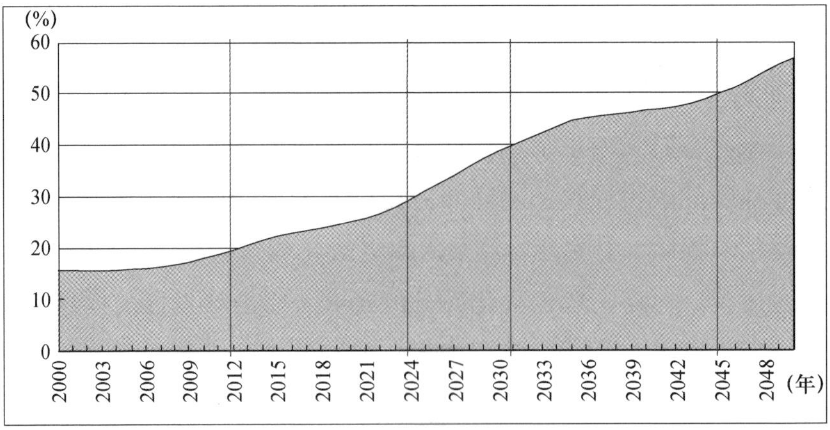

图2-5 我国老年赡养比前瞻

资料来源：根据表2-2数据绘制

从图2-5来看，老年赡养比是上升的过程。老年赡养比常常被用来衡量人口老龄化所带来的压力和挑战。这个指标在最一般的意义上是有道理的，表示潜在的生产性人口和潜在的消费性人口的比例关系。但从人口经济学和老年经济学的角度看，就不一定，至少要做一些修正。

主流观点认为，中国的人口老龄化超前于经济发展，“未富先老”挑战大。理由是，欧美一些发达国家在进入老年型社会时，人均GDP一般在5000—10000美元，而我国2000年进入老年型社会时人均GDP尚不足1000美元，是典型的“未富先老”国家。[1] 2015年，中国人均GDP达到8000美元左右，仍属于中等收入水平的国家。改革开放以来，我国经历了由计划经济向市场经济的转变，计划经济体制下缺乏养老资金的战略储备，历史欠账较多。这是我国人口老龄化问题相对于其他国家来说远为严峻的一个特点。

2004年，中国基本养老保险的支出总额达到3502亿元，比2000年增加了65.5%，中央财政对基本养老保险的补贴支出攀升到522亿元。离休、退休、退职费用也呈现连年猛增的趋势。政府、企业、社会都已经感到养老保障方面的压力正在显著加大。老年人消费的医疗卫生资源一般是其他人群的3—5倍。2004年，中国基本医疗保险基金支出达862亿元，占基金收入的75.5%，比上年增长31.6%。在1990年的时候，中国在职职工和退休职工比例是10∶1；而在2003年，13年以后，这个比例下降到3∶1。根据全国老龄工作委员会办公室预测，到2020年，还要继续下降到2.5∶1，造成了养老保障负担的日益加重。我国现行养老保

---

〔1〕 杜鹏、杨慧认为，早期的研究文献已经注意到人口老龄化与经济发展的相对关系问题。例如，我国著名人口学家和老年学家、中国人民大学社会与人口学院教授邬沧萍曾经在1986年出版的《漫谈人口老化》一书中，把我国人口老龄化和经济发展水平与发达国家进行了对比，并且指出：发达国家的人口老化是在工业化、现代化出现以后，人口出现明显老化时，这些国家工业化程度、劳动生产率和人均国民收入都已达到相当高的水平。所以，人们普遍认为人口老化是发达国家特有的人口问题，是“富国的人口病”（邬沧萍：《漫谈人口老化》，辽宁人民出版社1986年版）。到20世纪80年代末，邬沧萍教授在多次讲演中使用了“未富先老”一词。数据表明，到2000年末，我国65岁及以上老年人口占总人口的比例达到7%，开始进入老龄社会，但同年我国人均GDP达到855美元。参见杜鹏、杨慧：《“未富先老”是现阶段中国人口老龄化的特点》，《人口研究》2006年第6期。

险体系的供养比例和资金支付压力很大，据原国家劳动和社会保障部统计，1980 年我国在职职工与退休人员的供养比是 13 ∶ 1，1990 年为 10 ∶ 1，而到 2003 年这个比例已经锐减到 3 ∶ 1，并预测到 2030 年将突破 2 ∶ 1，“生之者寡、食之者众”的格局将长期存在。

（二）社会学视角：代际冲突和价值实现

人口老龄化既是一种具有必然性的人口现象，是生育率持续下降和平均期望寿命不断提高的历史产物，又是社会结构的一个重大变革，是总体可持续发展必须认真考虑的战略性问题。社会的可持续发展要求社会结构的健康和稳定，要求社会系统的功能能够正常发挥。而人口老龄化恰是社会结构的一种重组，涉及资源和财富的社会再分配，多少会影响到系统功能的运作。所以，这种结构性重组和资源再分配会不会影响到代际关系的质量、会不会影响到社会的稳定和发展的绩效，就成了社会发展越来越值得重视的突出问题。

首先，“以人为本”的可持续发展观和 1999 年国际老年人年都提出了“让老年人分享社会成果”的普遍性要求。老年人不仅要求一定的社会保障，而且保障水平要随社会的进步而有所提高。从社会财富分配的角度看，主要问题有三：一是老年人群中的分配不合理，处在不同的单位体系中的中国老年人分享社会发展成果的程度非常不同，一个更大的区别是老年人被纳入了社会保障制度的安排之内还是被抛弃在保障制度之外；二是处在社会保障网络中的老年人所享有的社会保障水平偏低；三是社会保障覆盖面不宽，游离于社会保障体制以外的老年人为数众多。

其次，就需求实现来说，随时代的进步，老年人的需求是不断扩张的、重点是不断转移的，需求的实现和保障是人性的基本需要，而且每一种正常需求的满足都具备了比较积极的社会意义——譬如老有所学、老有所为、老有所用和老有所成的需求实现的同时，也就意味着老年人力资源开发和价值实现，对于丰富老年人的晚年生活和促进社会的进步均有十分重要意义。但我们要注意到一点，在老年人的需求结构中，精神文化需求的满足要放在特别重要的位置上来对待。这是因为老年人的精神需求并不是社会发展到了高级阶段才有的事情，对于老年人的生活质量来说，重要的与其说是物质上的需求满足，不如说是精神上的需求满足。当然，这并不是说物质的和经济的需求不重要。只是我们要看到，在影响老年人生活质量的因素中，精神满足的状态的影响日趋强烈了。

老年人的精神需求是不能被压抑的。否则可能会以某种不利于社会稳定和发展的方式释放出来。老年人群虽然在竞争性的社会体制可能沦落为弱势群体，但其社会政治影响却可以非常巨大，因为这个人群的一大特点是“有闲”，他们剩余的能量需要释放和转化。老龄化时代的到来标志着家庭内的老龄问题开始逐渐向社会转移，进入一个社会性老龄问题全面爆发并逐步升级的阶段。

最后，就代际关系而言，老龄化社会的可持续发展需要积累积极有效的“关系资源”。对社会的可持续发展来说，资源的概念不仅仅局限于自然资源的范畴，而是必须包括人际关系的状况和质量。社会的可持续发展需要建筑在代际关系等社会资源可以有效动员、积极开发的基础之上。任何一个社会需要健康发展，不能没有道德的建设和文明的秩序，而“关系资源”恰恰表征着道德的进化水平。没有健康的代际关系，社会系统运行的功能就会受损。代际关系文化是社会结构的黏合剂，为什么我们担心“孝文化”的失落？因为它在破坏“关系资源”，从而以某种非常隐蔽的方式损害着可持续发展的道德资源和社会基础。

代际关系有几种类型，即互助型、分离型和冲突型。互助型是最理想的，说明代际关系具有黏合力，这有利于社会的稳定和发展。分离型次之，代际关系黏合力不强，社会结构松散，不利于“关系资源”的开发和利用。

代际关系是通过财富流和资源流联结的。可持续发展要求构建互助互惠型的代际关系。一方面是社会和家庭要尊重老年人，另一方面是老年人要自重。“尊老”与“敬贤”说法的区别已经说明了上述两方面的努力缺一不可。老年人问题实质是需求能不能得到尊重和实现的问题，其中最核心是“健康增进问题”和“价值实现问题”。

（三）人口学视角：弱势老人的比例上升

随着我国人口生育率的持续下降，计划生育家庭的养老问题越来越突出。据推算，在1973—2001年间实行计划生育的农村独生子女和双女结扎家庭，夫妻年满60岁以上的：2003年为152万人，2021年为1166万人，2047年达到峰值，为4815万人。实际数据可能超过预测值。

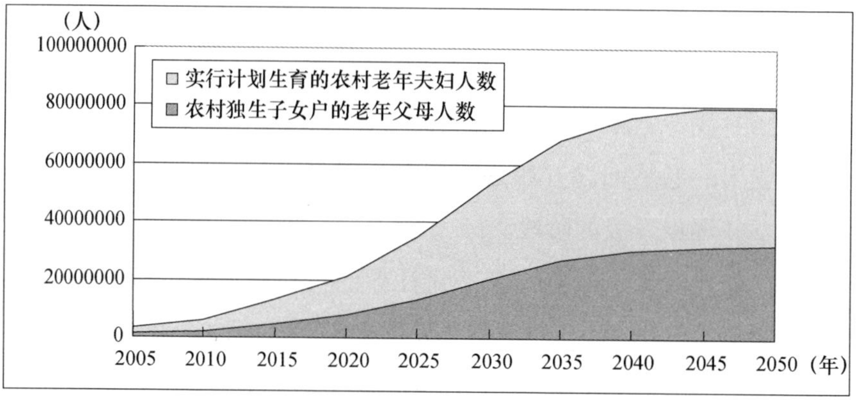

图2-6　我国农村实行计划生育的老年父母和独生子女老年父母人数预测

资料来源：《2003—2050年农村实行计划生育的老年夫妇人数变动预测》（郭震威、郭志刚、王广州），《人口研究》2005年第2期，第6页。

今后中国会出现大量的“计划生育老人”（以下简称计生老人）。计生老人是指为中国的计划生育作出过贡献但有现实困难和后顾之忧的老年人或者准老年人。计生老人是有特定性质和数量界定的老年群体。狭义来说，是指曾经在行为符合政策、实行计划生育但进入老年的群体。广义来说，还包括另两类，一类是生活在奉行计划生育家庭中的老年群体，一类是过去奉行过计划生育但现在退出育龄期，正处在待老年期的准计生老人。提出计生老人概念的意义还在于，国家各级政府和部门要凸显人口计生公共服务的公益性和福利性。

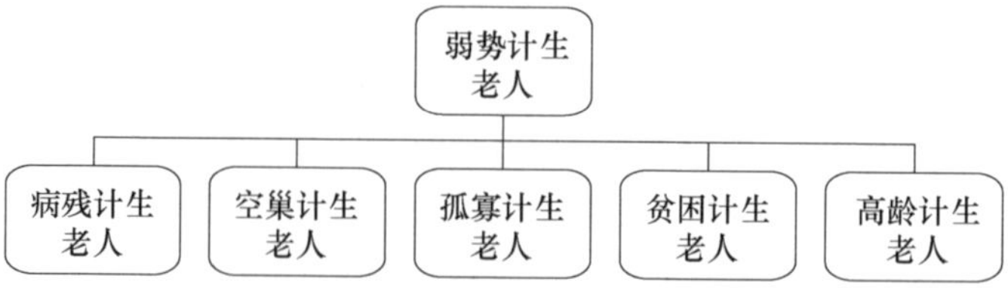

图2-7　我国需要重点帮扶的弱势计生老人

——病残计生老人：如实行计划生育结扎手术因留下后遗症所形成的病残计生老人。过去每年冬、春两季要做结扎手术，广大农村育龄妇女普遍有一种恐惧感，用板车或者拖拉机将育龄妇女拉到手术处，结扎条件恶劣，留下了很多手术后遗症，一些妇女本来是硬邦邦的劳动力，后来成了废人，她们就是病残计生老人、困难计生老人。

——空巢计生老人：身边没有子女，与儿女分开居住，得不到儿女照顾的计生老人将是大量的。

——孤寡计生老人：如独生子女伤病残亡、丧偶、孩子不孝的计生老人；

——贫困计生老人：如少生没有快富、晚年收入和物质缺乏保障的计生老人；

——高龄计生老人：如进入老年中后期的计生老人。

在今后一段时期内，我国人口老龄化面临的最大挑战是家庭养老功能严重弱化的同时替代性的养老支持还没有建立。2012 年，中国 80 岁及以上的高龄老年人 2300 万人，需要照料的老年人口数量惊人，但为老社会服务的发展却相对滞后。我国从 20 世纪 70 年代后期开始实行计划生育政策，第一代独生子女已陆续进入婚育年龄，其家庭模式普遍为“4—2—1”，即 4 个老人，1 对夫妻，1 个孩子。也就是说 1 对夫妻要同时赡养 4 位老人。特殊的“4—2—1”家庭模式的出现，让成年后的独生子女遭遇了前所未有的养老压力和现实困难。

农村养老安全问题尤其严重。发达国家人口老龄化的历程表明，城市人口老龄化水平一般高于农村，中国的情况则不同。农村的老龄化水平高于城镇，这种城乡倒置的状况将长期存在，这是中国人口老龄化不同于发达国家的重要特征之一。

一旦农村人口老龄化超过其自我更替的能力，意味着人口稀少和短缺问题将成为新的挑战，日本的经验和中国“386160”现象（即只有妇女、儿童和老人留守）相互佐证了人口增长保持人口活力的重要性。据 2007 年日本放送协会报道，日本国土交通省等对全国 6 万个地区进行调查后发现，在老龄化的影响下，今后10年内将没有人继续居住，村落本身有可能消失的地方，在日本四国岛和中部等地区达到了423个。此外，有一天也许会消失的村落超过了2200个。在这些村落中，有680个村落的老龄化现象非常严重，65岁以上的老龄人口比例超过了75%。[1]

我国人口城镇化进程在加快，流动人口数量巨大。根据《2015年国民经济和社会发展统计公报》，2015年末全国城镇常住人口7.7116亿人，占总人口比重（常住人口城镇化率）为56.10%，比上年末提高1.33个百分点。全国人户分离的人口2.94亿人，其中流动人口2.47亿人。农村出现了大量的独居或只与配偶生活在一起的留守老人和老年村庄。随着农村人口流动迁移规模和半径的扩大，农村家庭的养老功能进一步弱化，农村大批老人将面临贫困、孤独、病痛和无助的多重挑战，农村老年人口的养老安全将成为一个面积广大的人道主义问题。随着农村人口老龄化进程的加快，农村所面临的养老、医疗等方面的压力相对城镇来说将更加突出，西部和贫困地区尤为严峻。

表2-4　城乡少子化和老龄化比较

年份	0—14岁人口比例（%）		65岁及以上人口比例（%）	
	城镇	农村	城镇	农村
2000	18.42	25.52	6.42	7.50
2005	16.60	21.95	8.49	9.55
2010	14.08	19.16	7.8	10.06

数据来源：2000年第五次全国人口普查数据、2005年全国1%人口抽样调查以及2010年第六次全国人口普查数据。

展望未来，空巢老人大量增加，“孤独终老”挑战严峻。空巢老人是指独居老人和仅与配偶居住在一起的老年人。家庭规模小型化，家庭结构核心化，三代同堂式的传统家庭越来越少，“4—2—1”的家庭人口结构愈加增多，两代分开居住的越来越多，生活在孤独无助中、缺乏亲情滋养的老年群体在扩大。随着城市化的发展和生活方式的变化，空巢老

[1]《日本420多个村落面临消失　老龄化问题严重》，中国新闻网，2007年11月9日，http://news.sohu.com/20071109/n253145267.shtml。

年人口比例还将进一步提高。

人口老龄化是21世纪的中国主导性的人口趋势，对社会发展的方方面面必然产生深刻的影响。在一定程度上，老龄问题的实质就是一个需求问题，就是老年人的生存性需求和发展性需求能否以及如何得到满足的问题。伴随人口的老龄化和高龄化，养老金的经济负担问题、健康需求引发的医疗保障问题、高龄老人和病残老人的照料问题、老年人的正当需求得不到满足可能引发的社会稳定问题等等，都会接踵而至，这些都可以看作是人口老龄化挑战的具体表现。中国作为一个“先老后富”的国家，人口老龄化带来的挑战是长期的、多样的。

（四）各年龄组人口变化对人口老龄化贡献的测量

在理论上，人口老龄化程度的增加直接受到三个亚人口变量的影响，分别是老年人口、劳动年龄人口和少年儿童人口。对这三类人口变化贡献率的测量是有意义的，它可以帮助我们定量地认识顶部老化、腰部老化和底部老化对总体老龄化的作用强度。例如，1982—2014年，我国65岁及以上老年人口增加了8864万人，占比提高了5.2个百分点。如何估计老年人口增加对提高5.2个百分点的贡献率？由此引出的另一重要话题是，1982—2014年，我国少儿人口减少了11588万人，0—14岁人口减少即人口少子化对老龄化水平的提高又有多大贡献？

根据美国霍布金斯大学生物统计学博士黄文政先生给出的公式，下式可以测量和分解三类亚人口变化对于人口老龄化增量贡献的程度：

$$O2/(Y2+L2+O2)-O1/(Y1+L1+O1)=[O2/(Y2+L2+O2)-O2/(Y1+L2+O2)]+[O2/(Y1+L2+O2)-O2/(Y1+L1+O2)]+[O2/(Y1+L1+O2)-O1/(Y1+L1+O1)]$$

式中，设定O是65岁及以上的老年人口数量，L是15—64岁劳动年龄人口数量，Y是0—14岁少年儿童人口数量；1代表初期，2代表末期。上面等式右边的三项可以解释为少年儿童人口变化、劳动年龄人口变化和老年人口变化对老龄化的贡献。

1982—2014年，我国人口老龄化水平提升了5.2个百分点。1982年末总人口 101654 万人，0—14 岁少儿人口 34146 万人，65 岁及以上老年人口 4991 万人；2014 年分别是 136782 万人，22558 万人和 13755 万人。赋值（< -）如下：Y1 < -34146，O1 < -4991，L1 < -101654 - Y1 - O1，P1 < - Y1 + L1 + O1；Y2 < -22558，O2 < -13755，L2 < -136782 - Y2 - O2，P2 < - Y2 + L2 + O2。

黄文政博士认为，将指标归整化之后，理论解释会更合理。归整化的意思是，假设总人口成比例增加，如果各年龄组人口增加的比例与总人口增加比例相同，那么贡献都是零。归整化方法是重新计算 Y2，L2 和 O2。例如，旧的 O2 是 2014 年的老年人口，新的 O2（即 O22）是假定 2014 年的总人口与 1982 年一样，根据 2014 年老年人口的比例计算所得的老年人口估计数。

这样，假设 P1 < - Y1 + L1 + O1，P2 < - Y2 + L2 + O2；对期末人口归整化之后，重新赋值可以得到：

Y22 < - Y2 × P1/P2

L22 < - L2 × P1/P2

O22 < - O2 × P1/P2

人口老龄化的增加程度则为：

[O22/P1 - O1/P1] ×100

各个年龄组人口比例变化对老龄化的贡献：

A < - O22/(Y22 + L22 + O22) - O22/(Y1 + L22 + O22)

B < - O22/(Y1 + L22 + O22) - O22/(Y1 + L1 + O22)

C < - O22/(Y1 + L1 + O22) - O1/(Y1 + L1 + O1)

式中，A 代表 0—14 岁少儿比例变化对老龄化增加程度的贡献，B 代表 15—64 岁人口比例变化对老龄化增加程度的贡献，C 代表 65 岁及以上老年人口比例变化对老龄化增加程度的贡献。

根据前面提供的数据推算：

A =0.01468378

B = -0.009761829

C =0.04654161

因此，1982—2014 年之间，0—14 岁年龄组人口减少对人口老龄化程度提高了 5.2 个百分点的贡献率是：A/(A + B + C) =0.2853238；15—64 岁年龄组人口对人口老龄化的负贡献率为：B/(A + B + C) = -0.189684312；65 岁及以上人口对人口老龄化的贡献率为：C/(A + B + C) =0.9043604729。

结论是，根据黄文政的公式，0—14 岁年龄组人口减少对人口老龄化程度的提高发挥了间接促进作用，32 年间贡献率达到 28.53%；15—64 岁年龄组人口对人口老龄化程度的提高起了间接的延缓作用，贡献率为 -18.97%；65 岁以上人口的增加对人口老龄化程度的提高起了直接的促进作用，贡献率为 90.44%。到目前为止老年人口增长是老龄化的主要推动力。也就是说，1982—2014 年，中国的人口老龄化属于顶部老化类型和绝对老龄化类型。

考虑到中国人口老龄化通常被认定为开始于 2000 年，而数据表明此后中国人口进入了持续的超低生育率发展阶段。直觉告诉我们，2000 年以后人口少子化对于人口老龄化的相对提升作用似乎在增强。笔者通过黄文政的公式来验证一下，2000 年末总人口为 126743 万人，0—14 岁人口为 29012 万人，比例为 22.9%；65 岁及以上人口为 8821 万人，比例为 7.0%。

计算结果是：

A′ =0.00604746

B′ = -0.0030272

C′ =0.02794368

2000—2014 年之间，0—14 岁年龄组人口减少对人口老龄化程度 3.1 个百分点的提高贡献率达到 19.53%；15—64 岁年龄组人口对人口老龄化程度的提高贡献率为 -9.78%；65 岁以上人口的增加对人口老龄化程度提高的贡献率为 90.25%。与此对照，1982—2000 年，不同年龄组人口的贡献率分别是：0—14 岁年龄组人口减少对人口老龄化程度 3.1 个百分点的提高贡献率达到 32.82%；15—64 岁年龄组人口对人口老龄化程度的提高贡献率为 -26.00%；65 岁以上人口的增加对人口老龄化程度提高的贡献率为 93.18%。

分阶段看，1982—2000 年的少儿人口比例下降了 10.7 个百分点，2000—2014 年下降了 6.4 个百分点。所以，少儿人口在 1982—2000 年比 2000—2014 年对人口老龄化的相对促进作用要大。劳动年龄人口的减缓作用在明显弱化，今后将更加明显，甚至 2012 年以后劳动年龄人口的绝对减少会改变其作用方向，从延缓转向促进。老年人口增加的推动作用也在弱化。

（五）生育率下降对人口老龄化的影响

必要的前提性讨论是，我们要善加区分人口的绝对老龄化与相对老龄化，以及它们所带来的不同效应。正如前面提到的，前者是指老年人口规模的扩张，后者是指老年人口比例的变化。当我们说老年人口规模扩张带来的问题时，实际上是在讨论人口绝对老龄化的规模效应，2033 年前人口老龄化的规模效应与 20 世纪 70 年代以来四十余年人口政策的推行和生育率的迅疾下降没有任何关系，因为我们所统计的老年人口至少出生于 60 年前。而当我们说老年人口比例上升带来的问题时，却是在讨论人口相对老龄化的结构效应，它们与生育率变动密切相关。更进一步，展望未来发展的不同时期，我们会发现：人口老龄化的结构效应存在着明显而有趣的阶段性差别。

如果我们将我国因为人口政策因素所导致的生育率下降起始年份定位在 1973 年，而将我国进入老龄化国家的开始年份确定在 1999 年，那么至少在理论上，我们可以清晰地看到生育率下降对于未来一个长时期内人口老龄化所发挥的阶段性效应：

第一种是“结构性提升效应”，这是一种相对影响，即在 2033 年之前生育率下降体现出一种人口增长减少的时期效应，1973 年以后人口生育率的下降提升了 1999—2033 年期间老年人口占总人口的比例，虽然 60 岁甚至 65 岁及以上的老年人口是在几十年前出生的，他们的存在和规模只受死亡率的影响，与出生率和生育率无涉，但 1973 年之后生育率的快速下降减少了总人口中年人口增量，从而相对减少了作为分母的总人口，结果相对提升了这一时期老年人口在总人口中的比例。

同时应该看到，在可预见的将来，由于我国人口过多的国情难以在短期内改变，所以只要人口政策因素作用下的生育率下降或者低生育水平维持在一个比较低的水平上，那么政策约束条件下的人口增量和人口总量一定会小于自由放任条件下的人口增量和人口总量，意味着生育率下降或低生育水平所产生的分母效应具有持久的效果，所产生的“结构性提升效应”将超越2033年，存续很长时期。

第二种是“结构性减弱效应”，即生育率下降在2033年之后将体现出一种人口增长减少的队列效应，开始于1973年因为人口严格控制、生育率持续下降大背景下出生的人口60年之后逐渐进入老年人口行列，时间的力量是奇妙的，一些人口在继续扮演分母角色的同时也逐渐演变成分子的新角色。过去的增量相对小，未来的分子也相对小，结果生育率下降客观上在2033年之后会发挥降低人口老龄化程度的作用。考虑到1973年推行“晚、稀、少”到1980年“提倡一对夫妇只生一个孩子”人口政策上有明显的变化，总和生育率也有明显的变化，所以2033—2040年人口生育率下降的队列效应最为显著；也就是说，生育率下降所表现出的潜在分子效应——降低老龄化程度的作用最强烈。

从上面的讨论可以看出，确切说，我国人口政策实施以来生育率下降对人口老龄化纯粹的“提升效应”或者报刊媒体常说的“加速作用”只显化在1999—2033年之间的34年中。2033年之后，生育率下降对人口老龄化的“提升效应”固然仍继续存在，但同时人口增长减少的队列效应也开始展现出一种老龄化程度的“减弱效应”。因此，2033年之后人口生育率的下降或低生育水平的长期存在恰似一柄“双刃剑”，对人口老龄化的影响是“提升效应”和“减弱效应”长期共存、互相牵制。但作用谁主谁次，尚待历史分解。

第三种是生育率快速下降和持续的低生育水平所带来的“养老功能弱化效应”。我国人口老龄化带来的最大挑战是能否以及如何为广大的老年人口提供完备的养老保障。人口老龄化的规模效应主要表现在养老保障的负担正日益沉重。

微观层面的养老挑战同样不可忽视。甚至可以说，生育率下降和人口老龄化之间的结构性负效应主要表现在家庭养老功能的弱化上。家庭规模小型化、家庭结构核心化成为社会现代化的重要特征，我国家庭平均人口规模从1982年的每个家庭4.41人减少到2000年的3.44人，2010年“六普”时进一步降至3.10人。独生子女家庭成为城市家庭主要类型，2015年已经超过2亿个。独生子女特殊脆弱的家庭结构所引发的家庭养老支持问题，越来越严峻地挑战千家万户和中国政府。

在家庭的层面上，1980年普遍推开“一胎化”政策之后，如果父母平均初育年龄是25岁，那么2015年之后独生子女父母将陆续步入晚境。不可抗拒的生命周期力量将使生育率急速下降和超低生育水平（总和生育率低于1.3）后遗症一一显现。简单说，少子老龄化、独子老龄化和无子老龄化对传统的“家庭—儿女—亲情”养老支持系统带来了巨大挑战。独生子女家庭到了家庭生命周期的中后期所遭遇的孩子夭折、人生失败、关系恶化等诸多问题将在很大程度上消解家庭养老、儿女家庭、亲情养老的传统。随着老年人口高龄化时代的到来，需要照料的老年人口规模只会不断扩大，但照料的人力资源呢？独生子女们可以期待吗？目前被推崇备至的居家养老方式在一些社区助老功能较弱的地区，将因为缺乏家庭养老起码的人力支持而难以为继。很多前瞻性的研究和证据都证明了，我国人口生育率的持续下降对独生子女家庭养老功能的弱化作用是普遍而且显著的。

生育率持续下降历史背景下提出的“养老安全”问题是影响我国社会21世纪和谐发展和持续发展的重大话题。

老龄化问题的本质是发展问题

人口老龄化作为21世纪最具冲击力的人口问题，同样具有人口问题的一般属性，就是“相对性”。人口老龄化之成为问题和挑战，在很大程度上是社会经济支持系统出现了问题。只有在相同或者相似的社会经济条件下，人口老龄化规模的扩大和比例的提高才意味着人口老龄化挑战的增大。所以，不能否认，人口老龄化作为一个相对独立的发展过程，本身也会发挥出积极或消极的影响。

在阐述我国人口老龄化与经济发展关系的时候，有两大命题引起了注意：一是“未老先富”，二是“边富边老”。这两大命题关涉人口老龄化形势、阶段和特点的总体判断，具有纲举目张的作用。

（一）“未富先老”与“边富边老”

“未富先老”命题的提出有重要的历史背景，就是我国人口老龄化是在快速的人口转变过程中实现的。生育率下降和人口老龄化存在着密切联系。在法国，超过65岁的人口比例从1865年到1980年，经过100多年才从7%上升到14%。泰国、马来西亚、中国和巴西等国只要20—25年就会出现这种情况。发展中国家的人口老龄化正在加快。人口老龄化给发展中国家带来的冲击力将大于发达国家。从人口学的角度前瞻未来几十年，重大的问题不在于所谓的“人口爆炸”，而是人口老龄化的速度和程度前所未有。2000年，生育率低于更替水平的国家有68个；到2015年，这种情况恐怕超过120个国家。2000年，世界卫生组织人口老龄化与保健署署长卡拉什指出：“简括地说，在接下来二三十年里，我们会看到发展中国家在富裕起来之前，人口早已老龄化。”[1]

始于20世纪70年代初叶，我国快速的生育率下降引发了世界上最为独特、最为快速、最大幅度的人口转变，到了20世纪90年代，人口转变到了低出生、低死亡、低自然增长的“三低”阶段。早在20世纪90年代初期，我国人口的总和生育率就达到了更替水平以下。计划生育政策在成功实施人口控制的同时，也催生出一个超越经济社会现代化的老龄化中国。

中国人口已经老龄化这是一个不争的事实，而中国迄今还是一个并不富裕的国家，这同样是一个事实。世纪之交时，我国进入老龄化社会。

---

〔1〕《世界卫生组织官员：发展中国家应发挥老年人作用》，《联合早报》，2000年2月16日。

其时，未纳入社保体系的老年人口为数众多，老年人口中有相当比例和规模的低收入人群和绝对贫困人口。据2000年中国城乡老年人口状况一次性抽样调查，城乡合计大约有三分之一的老年人口经济状况不佳，总数在4200万—4800万人之间，其中特别贫困的大约500万人。我国贫困老年人口的特征表现为：高龄、丧偶、疾病困扰、低文化程度、低（无）社会保障、无子女或者儿女贫困、在偏远乡村居住。2000年中国城乡老年人口状况一次性抽样调查数据分析也展示了“未富先老”的事实，43.0%的农村老年群体担心“没有生活来源”，49.8%的担心“生病没钱治病”，38.8%的担心“需要时没人伺候”；城市老年群体相对应的担心人群分别为47.5%、56.7%和40.8%。庞大的老年群体给老年照料医疗和老年社会服务等方面都带来了巨大的压力。高龄老人长期照料服务是人口老龄化过程中可能暴露最晚、问题最多、解决难度最大的老龄问题。

“未富先老”命题的提出说明了人口老龄化的一个基本特点，意味着人口老龄化的发展超前于经济的发展，老龄化社会提前到来。这个判断的依据是国际通行的人口老龄化的门槛条件。简单说，就是60岁及以上的老年人口占总人口的比例达到10%以上或者65岁及以上的老年人口占总人口的比例达到7%以上。但应该看到，经济发展并不完全受制于人口条件，转变经济增长方式之后，经济发展也可能超越人口发展。

“未富先老”说明的是发展与老龄化的关系的先后次序，“边富边老”则说明了两者关系的数量演变。“未富”是说我们能力不足，“先老”是说面临的挑战巨大。一先一后，凸显出人口老龄化挑战的严峻性。“边富边老”命题的提出进一步细化和发展了“未富先老”命题，体现了与时俱进的时代精神，可以增强我们解决养老问题的信心。这一命题概括了新的事实，即在中国进入人口老龄化行列之后，老年人口增多的同时经济也的确在持续发展，快速的经济发展积累了庞大的社会财富和养老资源。与发达国家相比，中国固然在可预见的将来还是一个发展中的国家，富裕程度有限。但是从自身发展的历史比较来看，我们的财富蛋糕是在不断做大的，那么“边富边老”的命题就提醒我们不要忽视老年人分享社会发展成果的权利保障。这两大命题与其说是一个对立关系，不如说是一个补充关系。

“未富先老”命题的提出提醒我们，一个老龄化的中国其实是一个中等偏低收入的发展中国家，应对人口老龄化的经济实力还比较薄弱。而且，受计划经济低工资的滞后性影响，我国一些老年人的基本养老保险待遇不高甚至很低。根据2006年6月全国老龄委组织的“中国城乡老年人口状况追踪调查”，在北京这样发达的城市，依然有18.5%的老年人认为自己经济上缺乏保障（城市人口9.6%，农村人口49.8%）。城市老年人月均收入为1643元（2000年719元），农村老年人月均为316元（2000年244元）。总体来看，老年人把“参加社会养老保险”作为其养老经济保障方式的第一选择，把“自己储蓄养老”作为第二选择。北京城乡老年人离退休金覆盖率分别为92.7%和6%。城市老年人月平均为1487元，比农村的871元高出616元。72.8%的北京老年人有离退休金，离退休金的月平均水平是1345元，低于2006年北京市职工月平均工资2734元。农村老年人对家庭的经济依赖性较强，农村老年人的经济收入中的14.5%来自家庭资助，而城市这一比例为5.1%。我国多层次、广覆盖的养老保险体系尚未形成。城镇离退休人员的增加、养老负担系数的提高给养老保险基金带来潜在的支付风险。农村养老保障体系建设相对滞后，养老保险制度建设不完善，保障水平相对较低，农民参保积极性不高。

所以，加快养老资源的积累成为老龄化中国最重要的议题。人口问题的本质是发展问题，老龄问题的本质同样是发展问题。发展是硬道理。中国在人口老龄化的过程中还有巨大的发展空间和潜力，这一点则是“边富边老”命题的认识贡献。从人口学角度看，与老龄化最严重的发达国家相比，我国人口老龄化的情形尚不严重，还有时间调整和发展。在应对人口老龄化挑战的过程中，养老问题首当其冲。养老问题的解决既需要养老资源的积累，达到充裕的程度，同时需要恰当的养老制度的安排，实现共享共生。解决“未富先老”难题的根本之道，是转变经济增长方式，使社会财富的增长速度大大高于人口老龄化的速度，增强应对人口老龄化挑战的能力储备。根据第一次和第三次“中国城乡老年人口状况追踪调查”，2000—2010年，我国城乡老年人认为收入大致够用的比例分别由58.5%和46.7%上升到61.7%和52.8%。

目前，我国上海、北京等大城市户籍老年人口比例已经远远超过全国平均水平，如上海市，2014年60岁及以上老年人口已经达到了414万人，占比28.2%，80岁及以上老人超过75万人，占60岁及以上老年人口18.2%，但为什么老龄化程度最高的地方老龄问题却不是最严重呢?上海市是我国第一个老龄化城市，自1979年步入老年型城市行列以来，老年人口占总人口中的比例一直平稳上升，上海市的老龄问题早在1982年“三普”时就因为其相对较高的人口老龄化程度引起了学者的关注。1982年，上海市60岁及以上老年人口已近12%，1998年达16%，接近发达国家水平。据统计，2000年末，全市户籍人口为1321.6万人，其中60岁及以上的老年人口达到241.73万人，占总人口的18.29%；80岁以上高龄老人30.55万人，占老年人口的12.64%，占总人口的2.31%；百岁老人324人，其中女性272人、男性52人。上海的老年人口占总人口比例逐年增长，第一次全国人口普查（以下简称“一普”）到第二次全国人口普查（以下简称“二普”）期间每年递增2.7%，“二普”到“三普”期间每年递增3.0%，“三普”到“四普”期间每年递增3.8%，“四普”到“五普”期间每年递增4.0%。进入21世纪，上海快速老龄化的特征持续显现。

我国的人口老龄化不仅仅是因为生育率的下降，也与经济社会的发展所带来的医疗卫生条件的改善、养生文化的发展、生活条件的改善以及老年人余寿的延长不能分割。上海市一直得地利之厚，时利之先，地处黄金长三角，历史文化积淀深厚，改革开放比较早，所以人口老龄化出现早后来程度高都是在意料之中的。世界各国人口老龄化的历程显示，当人口老龄化发展到一定阶段时，必然会出现老年人口高龄化的特征，上海市也是如此。高龄老人占老年人口中的比例从“二普”的4.4%，到“三普”的7.9%，到“四普”为9.6%，并且在1996年超过10%，进入老年人口高龄化阶段，到2000年达到12.6%。2014年底，上海市人口预期寿命为82.29岁，已经连续5年保持在82岁以上，长寿城市的特征突显。根据上海市老龄科研中心预测，到2018年，上海市户籍60岁及以上老年人口总数突破500万人，2020年总数将达到540万人。“十三五”期间，80岁及以上高龄人口平稳增长，平均每年约增长0.82万人，人口高龄化将不断加深。

（二）人口老龄化与老龄问题

老龄问题本质上是发展问题。从这个判断出发，老龄问题的严重程度就不能仅仅从人口老龄化的程度这一单一的人口学角度来衡量。上海市虽然人口老龄化程度比较高，但经济社会发达程度也高，社会养老保障体系相对完善，所以仅仅就养老问题而言，其严重程度也要弱于人口老龄化程度要低得多的欠发达地区。从老龄经济学的框架出发，我们观察老龄问题一要从老年人的需求出发，二要从社会和家庭的养老支持条件出发。只有从需求和供给的对应组合出发，我们才能真实不虚地理解老龄问题的本质和表现。老龄化程度最高的城市却不是老龄问题最严重的城市，这是一个更接近上海市实际的判断。

上海市人口是一个开放的人口系统，人口压力如果有的话，那是人口流动和迁徙所带来的集聚效应，与生育率无涉。依靠生育率的下降或者说低生育水平的维系来实现上海市人口的适度目标，无疑是舍近而求远，因为主导上海市人口发展的与其说是人口的生育率，不如说是人口的流迁率。在这个意义上，显然地，上海市要调整的与其说是生育政策，不如说是人口政策。

无论是上海市还是其他城市，人口老龄化的出现不能仅仅归因于生育政策影响下的生育率下降——“控制生育率”的下降只是在相对于“自然生育率”下降的意义上提升了人口老龄化的程度，经济社会的发展所引发的寿命延长才起了决定性的作用，越来越多的老年人不仅活到了老年，而且保持了自主、自立、自理的尊严。“十三五”期间上海市人口老龄化进一步深化，2018年户籍60岁以上老年人口总数将突破500万人，2020年户籍60岁以上老年人口总数达到540万人。从中长期变动来看，人口高龄化将不断加深。2010—2025 年的 15 年间，上海户籍 60 岁及以上老年人口年均增长 18.5 万人，2025—2050 年新增的老年人口都将进入 80 岁以上高龄阶段。[1]

没有疑问的是，以上海市为首的很多城市已经拉开了“超低生育率时代”（在假设一代人的情形下，育龄妇女终其一生平均生育的子女数不超过 1.3 人，即总和生育率小于 1.3）的帷幕。笔者以为，生育政策需要未雨绸缪进行调整的最大理由就是要平衡人口发展的现在和未来的关系，要消除人口发展内在的结构性风险，促进人口的健康发展，维护人口的生态安全。独生子女家庭本质上是风险家庭，其风险概率的爆发是一种不以人类的意志为转移的生命周期现象。至于批评日多的独生子女现象更是令人担忧未来中国的发展前景。从尊重人权的角度出发，那么未来的景象必然是对“生育私权”越来越多的尊重。如果说“生育私权”是众所周知的“家庭计划”（family planning），那么我们同样毫不陌生的“生育公权”其核心的空间就是要提供知情的、优质的“生育服务”（services for childbearing）。“家庭计划”加上“生育服务”，这是笔者对人们的生育意愿已经低于更替水平的城市计划生育新的解读，同时也完全可以看作以人为本的“人文中国”未来的发展方向，而核心的生育政策的调整问题也将在这么一个框架里找到自己合适的位置。

东亚三国人口老龄化的比较和启示[2]

全球人口老龄化的浪潮中，亚洲因其人口最多而引人关注。联合国发布的《世界人口展望：2015 年修订版》报告预计，世界人口将在 2030 年之前达到 73 亿人，2050 年达到 97 亿人，2100 年达到 112 亿人。其中发展中地区特别是非洲增长最快。印度 2022 年将成为第一人口大国，尼

---

〔1〕 参见上海市老龄科学研究中心、上海市民政科学研究中心主任殷志刚 2015 年 6 月 27 日在上海“智能 + 养老高峰论坛”上的发言，见中国新闻网报道。

〔2〕 鸣谢中国人民大学人口学硕士邹智勇、顾荣对本文的贡献。

日利亚人口将在2050年超越美国。世界各国人口增速将会下降，老龄人口比例将会上升。由于人口增长速度因出生率下滑而下降，导致老龄人口比例上升。全球60岁以上人口将在2050年增长一倍，到2100年增长两倍。世界多数地区在未来数十年间将面临老龄人口比例明显上升问题，到2050年，欧洲60岁以上人口比例将增至34%。拉丁美洲、加勒比地区及亚洲60岁以上人口比例将从目前的11%—12%增至2050年的25%以上。2015年岁末，世界银行报告指出，亚洲的人口老龄化速度超过世界任何其他地区，到2040年，人口老龄化将导致韩国的工作年龄段的人口缩减15%，而中国、日本的工作年龄人口缩减10%。报告称，养老金制度改革迫在眉睫，同时亚洲国家必须鼓励更多的妇女进入劳动市场，特别是通过托儿制度的改革。亚太地区人口老龄化的加速，是因为过去几十年中该地区迅速发展的经济导致生育率急剧下降，而更高的收入和更好的教育延长了人们的寿命。

2004年9月20日，由上海大学东亚研究中心主办、日本高龄化社会综合研究中心协办的“东亚人口老龄化与发展”研讨会在上海大学召开。会议研讨了人口转变所带来的少子老龄化等社会问题，以及如何推进健康老龄化，建立和完善与老龄化社会相适应的社会福利、保障体系，保持社会经济发展的后劲，成为战略性议题。

2007年10月16日，由中国人口学会、吉林大学主办，日本综合研究中心和韩国保健社会研究院低生育高龄社会研究中心协办的中国、日本、韩国人口与发展国际学术会议在长春举行，三国人口老龄化问题再度引起关注。从20世纪50年代到90年代，各国相继实现了人口转变，日本是最早实现人口转变的国家，其次是韩国，再次是中国。目前，中、日、韩三国面临的人口问题，既有相似之处，也有不同之处。从日本来看，由于快速的工业化和城市化，生育率持续下降，“少子高龄化”问题突出，人口出现了减少的趋势，面临着劳动力资源短缺等问题。韩国从20世纪60年代开始，实施了政府主导的家庭计划，进行了积极的人口控制。此后，生育率持续下降，在不久的将来，韩国人口也将出现减少的趋势，相关问题更加突出。[1]

中、日、韩三国具有相似的文化背景，三国人口老龄化的结构变化主导着东亚的人口发展，所以，对三国的人口老龄化趋势进行比较是有益的。

（一）三国人口老龄化趋势

根据联合国的数据，从1950—2050年，中国、日本和韩国三国60岁及以上的老年人口比例，最高为日本，其次是韩国（2000年以后）。但是，这并不意味着中国的老龄问题最轻。因为人口老龄化和老年人问题是相对于经济社会发展来说的，具有相对性和变异性。

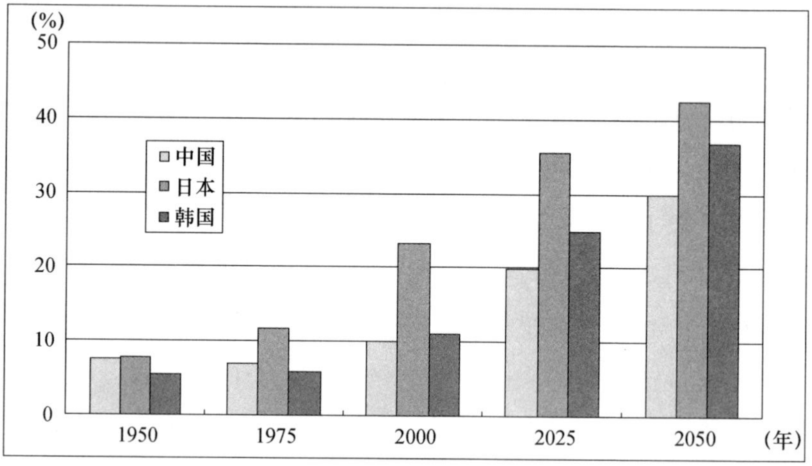

图2-8　中、日、韩三国60岁及以上老年人口比例变化

资料来源：联合国人口司

从图2-8可见，中国和韩国人口年龄结构的变动非常相似。1950—1970年间，中国0—14岁人口比例略有上升，从1950年的33.5%上升到1970年的39.7%，之后开始持续下降，预计到2050年将下降到16.1%。韩国在1950—1970年间0—14岁人口比例基本稳定在42%左右，之后也开始持续下降，预计到2050年将下降到13.8%。15—64岁人口比例的变化趋势也呈现出相似的变化趋势，中国15—64岁人口比例在1950—1970年间略有下降，1970—2010期间这一比例逐步上升，到2010年上升到最

〔1〕 傅苏、王晓璐：《中国、日本、韩国人口与发展国际学术会议综述》，中国人口学会网页首页，2007年10月25日，http：//www.cpirc.org.cn/rkxh/rkxh.htm。

高点71.6%之后开始下降，到2050年将下降到61%。韩国15—64岁人口比例在1950—1970年间基本持平，1970—2010年间也呈上升趋势，到2010年这一比例达到72.5%，之后又开始下降。到2050年将下降到55.6%。1950—2000年间，中国65岁及以上老年人的比例从4.5%上升到6.8%，而韩国从3%上升到7.1%，今后两国的65岁及以上老年人比例都将继续上升。到2050年，中国65岁及以上人口将上升到22.9%，韩国将上升到30.5%。

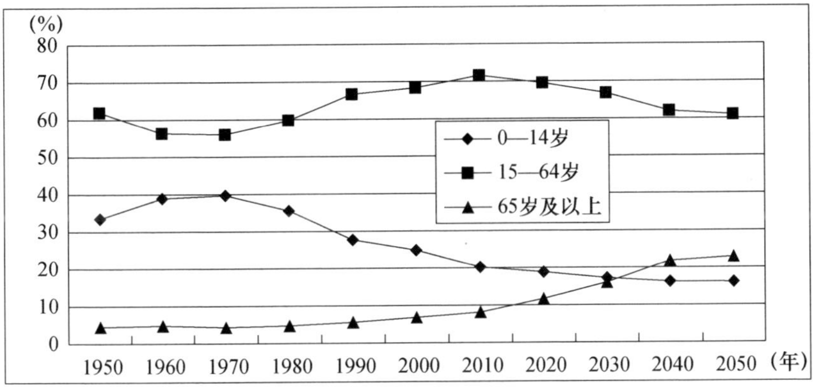

图2-9　中国人口年龄构成变化

资料来源：联合国人口司

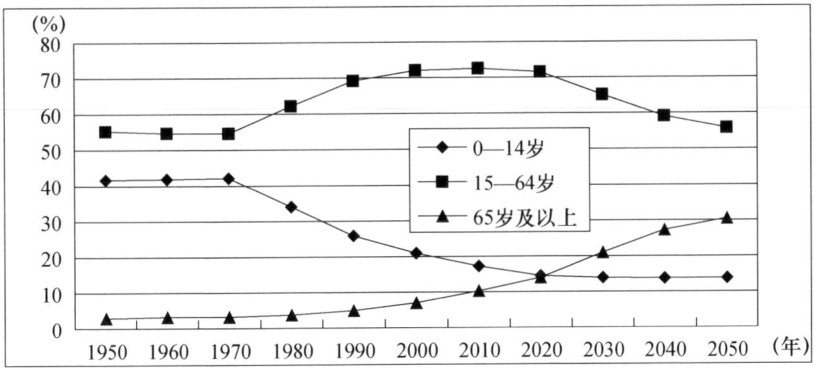

图2-10　韩国人口年龄构成变化

资料来源：联合国人口司

日本由于人口老龄化的发生时间比较早，所以其人口年龄结构的变动与中、韩两国有些差别。1950—2000年间，日本0—14岁人口比例呈持续下降趋势而没有中国和韩国那样一段缓冲期，到2000年，日本0—14

岁人口比例已经下降到14.6%。这段时间，日本15—64岁年龄段人口比例也相应地从60%左右上升到70%左右，而65岁及以上老年人口比例从4.9%上升到17.2%，上升幅度大于中国与韩国。2000—2050年，日本0—14岁人口比例将继续下降，到2050年将下降到13%。15—64岁人口比例也将从2000年的68.2%下降到2050年的50.4%。到2050年，其65岁及以上人口比例也将高于中国与韩国，大约为36.5%。一个值得关注的现象是到2030年前后，中国65岁及以上老年人口比例将在历史上第一次超过0—14岁人口比例。而韩国大约在2020年实现这个历史性的转变，比中国早10年左右，日本早在2000年以前就实现了这一转变，比韩国早了20多年，比中国早了30多年。

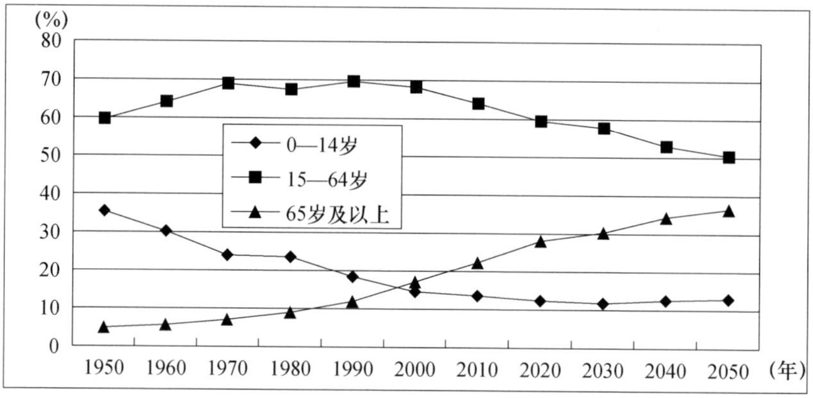

图2-11 日本人口年龄构成变化

资料来源：联合国人口司

1950—2000年间，世界的老龄化指数从24上升到33，亚洲的老龄化指数从19上升到29。[1] 在未来的半个世纪中，世界平均老龄化指数将上升到106，是2000年的3倍多；亚洲的老龄化指数将上升至123，是2000年的4倍多。

将中、日、韩三国的老龄化指数与世界平均水平和亚洲平均水平比较，我们可以发现，其上升幅度之快是很少见的。1950年中国的老龄化

---

〔1〕 老龄化指数，是指每100个0—14岁人口所对应的60岁以上老年人口数，计算公式为：老龄化指数＝60岁以上人口数/0—14岁人口数×100。

指数为22；到2000年上升到41，是1950年的2倍左右；到2050年将上升至186，将是2000年的4倍左右；1950—2000年间，韩国的老龄化指数从13上升到53，上升了4倍多；到2050年将上升至267，是2000年的5倍左右。日本的上升幅度就更为惊人了，1950—2000年间其老龄化指数上升了7倍多，到2050年，其老龄化指数将上升到326，也就是说到2050年，日本每一个0—14岁的少年儿童将对应3个60岁以上老人，这一数值将是世界平均水平的3倍多。

表2-5　人口老龄化指数比较

年份	世界	亚洲	中国	日本	韩国
1950	24	19	22	22	13
1975	23	17	17	48	15
2000	33	29	41	160	53
2025	62	64	109	298	179
2050	106	123	186	326	267

资料来源：联合国人口司

中、日、韩三国人口老龄化过程中一个非常值得关注的事实是老年人口高龄化。1950年，中国80岁以上人口占60岁以上人口的比例为4.0%，日本为5.2%，韩国为3.7%。到2000年，中国这一比例上升为8.9%，韩国上升为9.1%，日本上升为16.3%，将近中国两倍。在今后近半个世纪中，各国80岁以上人口占60岁以上人口的比例还将大幅度增加。到2050年，中国与韩国80岁以上人口占60岁以上人口比例将超过20%，达到23.3%，韩国将达到27.6%。而日本将超过30%，达到36.6%，比世界平均水平高出了17个百分点。

表2-6　80岁以上人口占60岁以上人口比例的变化（单位:%）

年份	世界	亚洲	中国	日本	韩国
1950	6.1	4.4	4.0	5.2	3.7
1975	9.3	7.6	8.7	9.4	6.9
2000	11.0	9.1	8.9	16.3	9.1
2025	13.3	11.6	10.6	30.1	14.0
2050	19.6	18.9	23.3	36.6	27.6

资料来源：联合国人口司

中、日、韩三国百岁以上老人的比例增加。2000年中国百岁以上老人为1.2万人，日本为1.3万人，韩国还不到1000人。到2030年，中国百岁老人的数量将增加到13.4万人，日本将增加到35.7万人，其增长速度大大快于中国。韩国人口基数小，但到2030年，其百岁老人数目也将增加到9000人。预计到2050年，中国百岁以上老人数量将达到47.1万人，韩国也将达到3.7万人，而日本将超过100万人。到那个时候，日本将拥有世界上最多的百岁以上老人。如此巨大的百岁以上老人数量，既是寿命革命的福音，又必然给家庭和社会赡养带来严峻挑战。

表2-7　中、日、韩三国百岁以上老人数量（单位：千人）

年份	中国	日本	韩国
2000	12	13	0
2005	21	27	1
2010	30	53	1
2015	42	95	2
2020	64	148	3
2025	95	237	6
2030	134	357	9
2035	190	493	14
2040	248	621	21
2045	317	788	28
2050	471	1016	37

资料来源：联合国人口司

（二）人口老龄化的成因

2002年，日本65岁以上的老人占总人口的18.5%，成为世界上老年人口比例最高的国家，中国2003年的这一比例为7.5%，韩国2004年这一比例为8.2%。三国老龄化的突出特点都是速度快，人口老龄化的速度一般以65岁及以上人口比例由7%增长到14%所用时间来衡量。完成这一进程，日本用了24年，预计中国将用27年，韩国将用22年。

生育率下降是人口老龄化的最主要因素。在过去的半个世纪中，亚洲地区的总和生育率从5.9下降到2.7，下降了差不多一半。在21世纪上半叶，亚洲地区的总和生育率将普通下降到更替水平（2.1）以下。

中国的总和生育率在20世纪50年代高达6.2。70年代以后，随着计划生育政策的全面实施，生育率大幅度下降，1980—1985年间总和生育率已经下降到2.6，到2000年以后，总和生育率下降到1.22，显著低于更替水平。回顾历史，我国20世纪70年代实现了快速的生育率下降，1980年总和生育率为2.3左右，下降了50%还多。国外称之为“人口学之谜”。谜底有二：群众有节制生育的愿望。降低非意愿生育率是很多人的共同愿望，这在20世纪50年代初就有了呼声。此外，社会主义特有的政权体制显示了强大的社会动员和控制功能。到了20世纪80年代，生育率的下降出现了比较明显的反弹和波动的特点。到了20世纪90年代，生育水平结束了多年的徘徊，开始了新的下降。

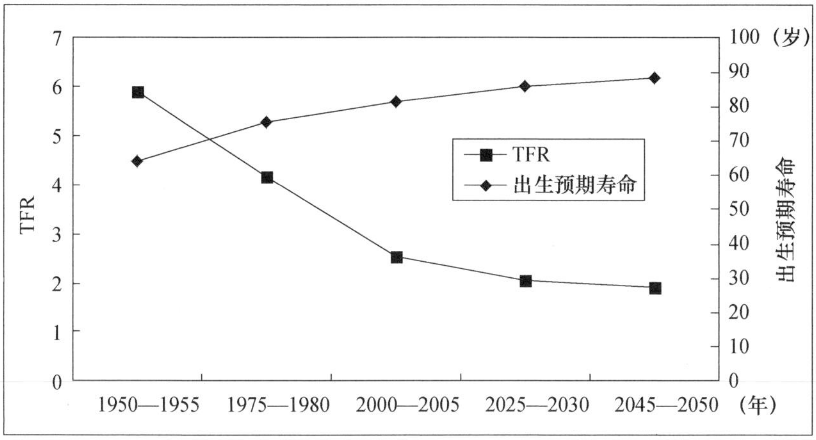

图2-12　亚洲平均总和生育率和出生预期寿命变化

资料来源：联合国人口司

在实践中，我国逐步形成了多元化的政策生育格局，政策生育率1.47。（1）城镇地区和北京、天津、上海、重庆、江苏、四川等6省、市的农村，基本实行汉族居民一对夫妇生育一个孩子。（2）除上述6省、市外，对农村居民有5个省、区规定可以生育两个孩子，有19个省、区规定第1个是女孩时，间隔几年可以再生育1个孩子。（3）有26个省、市、区规定夫妇同为独生子女的可以生育两个孩子，其中有5个省（不含上述农民普遍生二孩的5个省）还规定农村夫妇一方为独生子女间隔几年可以生育两个孩子。（4）各地条例还对少数民族、残疾、再婚、归侨、特殊职业等各种情况作出具体规定，可以生育两个或更多孩子。

根据专家估计，目前绝大多数中国家庭普遍的生育意愿平均为1.6—1.8。不要孩子和想要更多孩子的家庭都是少数。即便在一些并不发达的农村，也有很多家庭主动放弃或者推迟了二胎生育。1991年中国社会科学院“中国家庭经济与生育研究”的抽样调查结果显示：城市妇女平均期望生育数为1.65左右，农村妇女平均期望生育数为1.89左右。1997年国家计划生育委员会组织的全国人口与生殖健康抽样调查的结果显示：城市妇女平均期望生育数为1.56左右，农村妇女平均期望生育数为1.80左右。上述调查从不同侧面在不同程度上支持了同一个结论：20世纪90年代以来，多数群众的意愿生育水平并没有超过两个，而且有继续下降趋势。如丁克家庭的出现、晚婚晚育率的上升以及高龄产妇的增加，等等。

2002年4—10月，国家计划生育委员会宣教司和北京零点研究咨询集团合作，进行了一次重要的全国城乡居民生育意愿调查，调查对象主要分布在20—49岁（占被调查对象的73.2%）。结果发现，城乡居民生育意愿平均为1.53个孩子，其中农村居民平均为1.82个，城市、小城镇居民平均为0.91个。显然，进入21世纪初，我国人口已经形成低生育文化。

表2-8　分市、镇和乡意愿生育子女平均数

地区	有生育政策意愿子女数（个）	无生育政策意愿子女数（个）
城市	1.39	1.70
小城镇	1.53	1.78
农村	2.01	2.23
总体	1.78	2.04

资料来源：《当代择偶与生育意愿研究——2002年城乡居民生育意愿调查》（陈胜利、张世琨主编），中国人口出版社2003年版，第120页。

韩国的生育率下降与中国非常相似。20世纪50年代其总和生育率也高达5.4，由于战后生育高峰的影响，1960—1965年间上升到5.6。但是20世纪60年代开始推行的人口控制政策对生育率的下降起了相当大的作用。

到 1980—1985 年间，总和生育率已经下降到 2.2，略高于更替水平。日本的情况与中国和韩国有所不同。由于日本的现代化早于中国和韩国，生育率下降比较快速，1950—1955 年间，总和生育率为 2.8；1950—1960 年间，总和生育率下降到 2.0。1955—1975 年的 20 年间，总和生育率基本维持在 2.0 左右，之后继续下降。到 21 世纪初，其总和生育率已经下降到 1.3。

表 2-9　各国总和生育率的变动

年份	世界平均	亚洲平均	中国	日本	韩国
1950—1955	5.0	5.9	6.2	2.8	5.4
1960—1965	5.0	5.6	5.7	2.0	5.6
1970—1975	4.5	5.1	4.9	2.1	4.3
1980—1985	3.6	3.7	2.6	1.8	2.2
1985—1990	3.4	3.4	2.5	1.7	1.6
1990—1995	3.0	3.0	1.9	1.5	1.7
2000—2005	2.7	2.6	1.8	1.3	1.4
2010—2015	2.5	2.3	1.9	1.4	1.4
2020—2025	2.3	2.1	1.9	1.5	1.5
2030—2035	2.2	2.0	1.9	1.7	1.7
2045—2050	2.0	1.9	1.9	1.9	1.9

资料来源：联合国人口司

注释：这里 2000 年以后的中国数据显然被高估了。笔者估计中国的低生育率将长期超低，2000—2010 年大概平均在 1.4，2010—2050 年则将长期低于 1.3，甚至低于不可忍受的灾难性极低生育率 1.0 以下。假定更替水平生育率是 2.1，那么 1.3 的生育水平意味着下一代人口比这一代要减少近 38%。

表 2-10　联合国估算的和中国官方公布的生育率比较

中国官方公布的生育率		联合国估算的中国生育率				
年份		年份	中方案	高方案	低方案	
1980	2.24	1980—1985	2.69	2.69	2.69	2.69
1981	2.63	1985—1990	2.87	2.87	2.87	2.87
1982	2.87	1990—1995	2.05	2.05	2.05	2.05
1983	2.42	1995—2000	1.56	1.56	1.56	1.56
1984	2.35	2000—2005	1.55	1.55	1.55	1.55
1985	2.2	2005—2010	1.63	1.63	1.63	1.63
1986	2.42	2010—2015	1.66	1.91	1.41	1.63
1987	2.59	2015—2020	1.69	2.09	1.29	1.63
1988	2.31	2020—2025	1.72	2.22	1.22	1.63

续表

中国官方公布的生育率		联合国估算的中国生育率				
年份		年份	中方案	高方案	低方案	
1989	2.25	2025—2030	1.74	2.24	1.24	1.63
1990	2.31	2030—2035	1.76	2.26	1.26	1.63
2000	1.22	2035—2040	1.78	2.28	1.28	1.63
2005	1.33	2040—2045	1.8	2.3	1.3	1.63
2010	1.18	2045—2050	1.81	2.31	1.31	1.63
2011	1.04	2095—2100	1.88	2.38	1.38	1.63

资料来源：联合国《世界人口展望：2012 年修订版》和中国国家统计局。

注释：根据 1992 年全国生育率抽样调查，1990 年的总和生育率已经下降到更替水平 2.1 左右。1992 年调查结果还显示出 1991 年的总和生育率仅为 1.65。

随着生育水平从高到低的转变，死亡率的下降尤其是高年龄组死亡率的下降在人口老龄化中的作用也越来越明显。尤其是在日本这样的发达国家，低生育水平已经维持了很长一段时间，其老年人口比例的增加主要是由于老年人口死亡水平的降低。在上半个世纪中，中、日、韩三国的出生预期寿命都大大延长。其中，中国增幅最大，从 40.8 岁增加到 71 岁，增加了 30 岁左右；韩国从 47.5 岁增加到 75.5 岁，也增加了 28 岁。由于日本的起始水平为 63.9 岁，远远高于中国与韩国，所以增幅没有中国和韩国那么明显，其出生预期寿命从 63.9 岁增加到 81.6 岁，增加了 18 岁左右。而同期世界平均出生预期寿命增长了 19 岁左右，亚洲平均出生预期寿命增长了 23 岁左右。应该说中国与韩国的出生预期寿命增幅是相当大的。从增长速度来看，中国在上半个世纪出生预期寿命的增长速度快于日本与韩国。根据联合国人口司的预测，到 2045—2050 年间，中国、韩国与日本人口的出生预期寿命分别增加到 76.7 岁，82.2 岁和 88.1 岁。同期世界与亚洲平均出生预期寿命也将增加为 74.3 岁和 76 岁。中国的水平与亚洲平均水平差不多，而日本、韩国大大高于亚洲平均水平。

2007 年 10 月长春会议上，日本国立社会保障与人口问题研究所研究员佐佐井司在《日本少子高龄化现状及未来展望》论文中分析了日本人口增长影响因素。从出生率角度看，2005 年日本总和生育率是 1.26，各年龄别或分孩次的生育呈现低水平。深一层看，日本未婚人口的比例上升降低了生育率，日本 50 岁未婚人口的比例快速增长，50 岁未婚人口中男性占 16%，女性占 7%。同时，女性的平均初婚年龄逐渐推迟也是重要原因。总之，日本少子化、低生育率的影响因素是晚婚、未婚、离婚比例上升及生育年龄的退后，还有整体的高学历化、社会工作生活方式的转变等。从死亡率角度看，与其他国家不同，死亡率对日本人口今后的影响非常重要。对日本人口的预测表明，日本人口金字塔由以前的基座大、顶尖小的形状，变为中间层青壮年人口数逐渐减少。50 年后，65 岁以上的老年人口占总人口的比例达到 40% 以上。

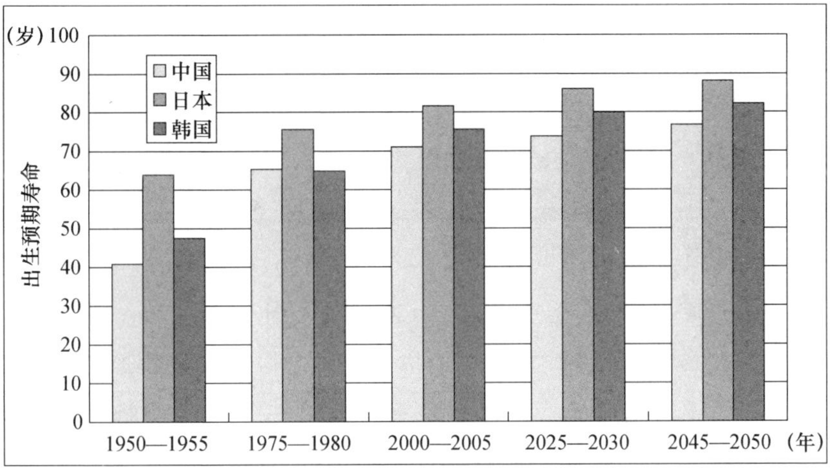

图 2-13　中、日、韩三国出生预期寿命的变化（1950—2050 年）

资料来源：联合国人口司

韩国保健社会研究院研究员鲜于惠在《韩国低生育水平及对策》报告中指出，2005 年韩国总和生育率达到 1.08，2006 年为 1.13，低于日本。韩国育龄妇女生第一胎时的平均年龄超过 30 岁，高的未婚率和初婚年龄提高是低生育水平的主要原因。韩国年轻一代的价值观正在发生转变，仅有 71% 的未婚男性和 49.1% 的未婚女性对结婚认可，这也导致生育水平的降低。韩国未满 25 岁育龄妇女平均有 2.1 名子女，25—29 岁结婚的育龄妇女平均有 1.93 名子女，30—34 岁结婚的育龄妇女平均有 1.37 名子女。随着初婚年龄的提高，育龄妇女的生育年龄也在提高。低生育水平的社会经济原因是家庭的经济收入不稳定。韩国在金融风波后失业率不断增加，这对家庭生育第二胎有直接的影响。

生育的机会成本上升，韩国妇女如果要孩子就得放弃工作，在生育和工作中二选其一，这是女性不愿生育孩子或要第二胎的重要原因。随着25—29岁女性的社会经济活动参与率的大幅度提高，家务、养育子女由谁来承担也成为问题。韩国的经验表明，公民的生育决策属于有限理性假定下的条件决策和经验决策模式，即生第一胎后考虑到子女的教育费、养育费过高，因而放弃生育第二个孩子。出生婴儿健康水平的恶化（死产、流产等），也是人口减少的原因。[1]

（三）人口老龄化的挑战

从人口学的角度说，人口老龄化的挑战主要反映在老年人口的负担系数上。根据联合国数据，从总负担系数来看，1950年韩国的总负担系数最高，为80.8%，日本其次为67.6%，中国为61.3%。到2000年，中、日、韩三国的总负担系数都有较大幅度的下降，中国下降到46.3%，日本的总负担系数与中国非常接近，为46.6%，而韩国则已经降低到低于中国和日本的水平，为38.9%。在这期间，中、日、韩三国总负担系数的动态变化是不一样的，中国在1950—1975年间总负担系数呈上升趋势，之后持续下降；日本人口的总负担系数是先下降到1975年的较低的水平，之后基本保持不变；而韩国的总负担系数是持续下降的，所以韩国总负担系数从1950年的三国中的最高下降到2000年的三国中最低的水平。2000—2050年间，中、日、韩三国的总负担系数都将大幅度回升。到2050年，中国与韩国的总负担系数都将回升至1950年的水平。而日本的总负担系数到2050年将达到98%，远远高于1950年的水平。

尽管到2050年中国与韩国的总负担系数与1950年的水平差不多，但总负担系数的构成却将发生极其深远的转变。中国1950年总负担系数90%左右是由少儿负担系数构成的，到2000年仍有80%左右是由少儿负担系数构成，但到2050年总负担系数中的60%将由老年负担系数构成。韩国的情况与中国相似，1950年总负担系数90%以上是由少儿负担系数构

〔1〕 傅苏、王晓璐：《中国、日本、韩国人口与发展国际学术会议综述》，《人口学刊》2007年第6期。

成，到2000年仍有70%以上是由少儿负担系数构成，但到2050年70%左右将由老年负担系数构成。日本的变化更为明显，1950年总负担系数中老年负担系数仅占10%左右，但到2000年老年负担系数的比例已经超过一半。到2050年，日本的总负担系数将有70%以上由老年负担系数构成。

总负担系数构成的变化主要缘于老年负担系数的不断增加。如图2-14至图2-17所示，中、日、韩三国的老年负担系数都大幅度增加。1950—2000年间，中国的老年负担系数从7.3%上升到10%，韩国从5.4%上升到9.9%，而日本则从8.2%上升到25.2%，上升幅度远大于中国与韩国。到2050年，中国的老年负担系数将上升到37.5%，韩国将上升到54.7%，而日本将上升到72.4%，成为仅次于西班牙（74%左右）的世界上老年负担系数第二高的国家。

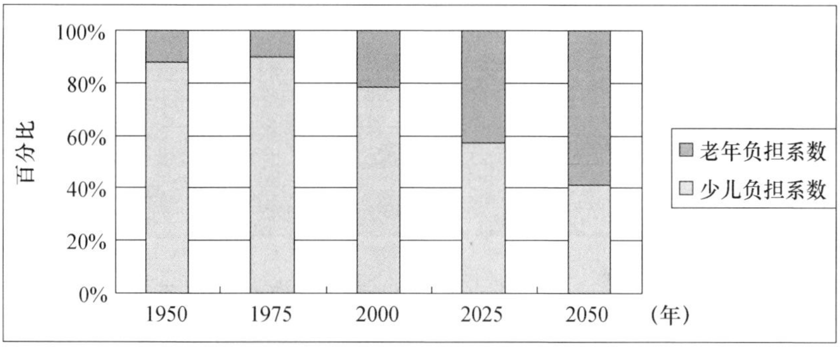

图2-14　中国总负担系数构成的变化

资料来源：联合国人口司

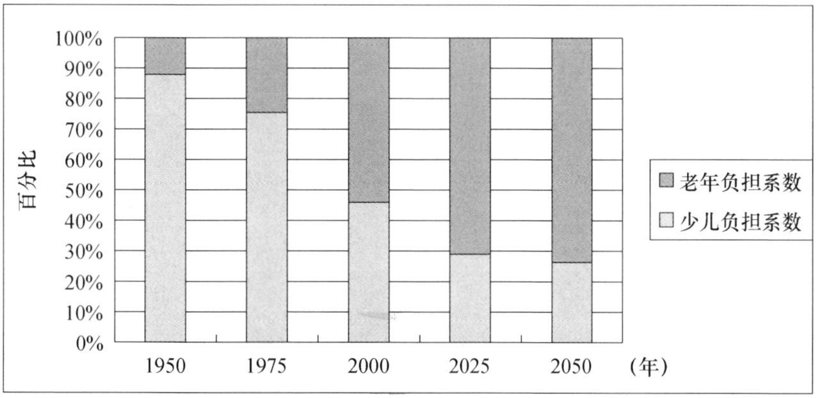

图2-15　日本总负担系数构成的变化

资料来源：联合国人口司

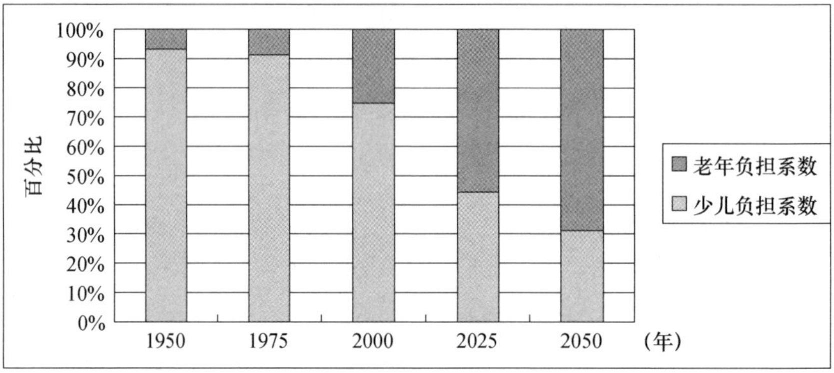

图 2-16　韩国总负担系数构成的变化

资料来源：联合国人口司

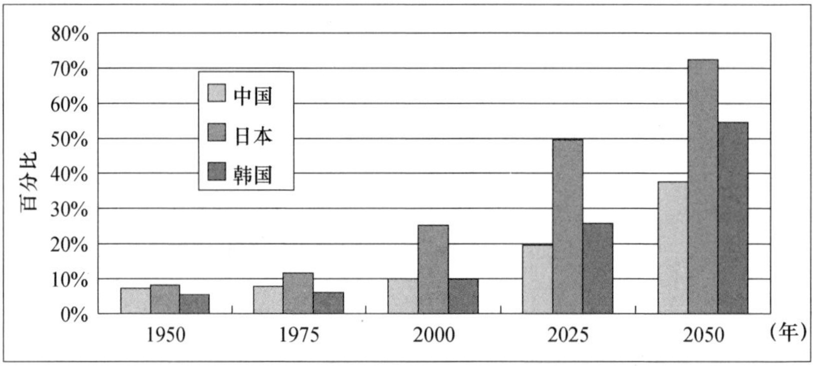

图 2-17　中、日、韩三国的老年负担系数

资料来源：联合国人口司

潜在抚养比（Potential Support Ratio）是老年负担系数的倒数，是形容经济活动人口与需要供养的老年人口之间数量关系的另一种说法，计算公式为：潜在抚养比 = 15—64 岁人口数/65 岁及以上人口数。在过去的半个世纪中，世界平均潜在抚养比从 11.6 下降到 9.1，下降了约 20%。中、日、韩三国的下降幅度都大于世界平均水平。中国从 13.8 下降到 10.0，下降了 27% 左右；韩国在 1950 年的时候潜在抚养比最高，为 18.4，但到 2000 年已经下降到跟中国差不多的水平，下降了 45% 左右；日本在 1950—2000 年间的下降幅度是最大的，其潜在抚养比从 1950 年的 12.2 下降到 2000 年的 4.0，下降了 67%，远远超过中国与韩国。在未来的 50 年中，中、日、韩三国的潜在抚养比都将继续下降到3.0以下。到2050年，中国的潜在抚养比将下降到2.7，韩国将下降到1.8，日本将下降到1.4，远低于世界平均水平4.0。

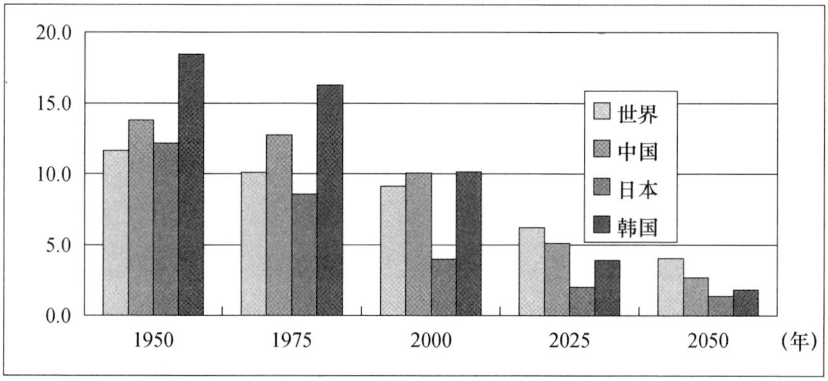

图2-18　中、日、韩三国及世界平均潜在抚养比变化

资料来源：联合国人口司

父辈抚养比（Parent Support Ratio）是指每100个50—64岁老年人所对应的85岁以上老年人的数量。当85岁以上人口达到高龄的时候，其子女们也将达到50—64岁。由于人们的预期寿命越来越长，他们患慢性病的机率也越来越大。因此越来越多的年龄较大的成年人将必须照顾他们体弱多病的高龄老年父母或亲戚。于是人们找到了一个反映这种趋势的指标：父辈抚养比。这一指标只能作为一个较粗略的反映家庭抚养体系的指标，因为分子、分母所对应的人口不一定具有血缘关系。

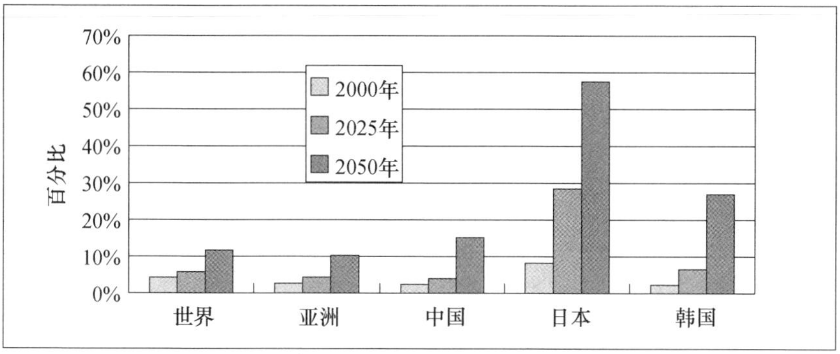

图2-19　父辈抚养比（2000—2050年）

资料来源：联合国人口司

2000年，中国和韩国的父辈抚养比都低于世界平均水平（4.2），约为2.4；日本则为8.2，约为世界平均水平的2倍。到2025年，中国与韩国的父辈抚养比的变化幅度都不是太大。中国的父辈抚养比将上升到4.0，仍低于世界平均水平；韩国的父辈抚养比将超过世界平均水平，达到6.6。但到2050年，中国与韩国的父辈抚养比都将急剧升高，中国将达到15.2，韩国将达到27.0。而日本的父辈抚养比在此期间更是会发生很大的变化，到2025年，日本的父辈抚养比将上升到28.5，到2050年将上升到57.5，是世界平均水平的5倍多，届时日本将拥有世界上最高的父辈抚养比。

全球老龄化对全球繁荣的挑战是一个普遍的、空前的和潜在的不安定因素。全球大部分地区将经历相似的发展历程，在未来岁月迈入“银色经济”。国际战略研究委员会的全球老龄化研究机构发表报告称，亚洲社会的老龄化进程要大大快于欧美国家，与老龄社会息息相关的社会保障和医疗保健等重要环节现在普遍薄弱，亚洲国家亟须改革现有的社会保障机制。当前的财政状况对保障基金的承受能力明显不足。以韩国和日本为例，韩国政府在退休金方面的支出占GDP比例将从2000年的2.4%达到2050年的10.5%。日本预计在2025年从事劳动的人口与享受退休金的人口比例将从现在的4∶1上升到2∶1，日本政府设立公共养老基金所承受的压力更加沉重。[1]

2005年10月，亚洲开发银行理事会第35届年会上，专家指出：人口老龄化将使亚洲在未来几十年间面临严峻挑战，如不采取相应措施，势必成为影响地区经济发展的重要因素。首先，随着人口老龄化，退休人员数量将逐年上升，养老问题日益突出，养老金制度需要大力改进，需要采取措施解决养老金的来源问题，以便负担不断增多的退休人员。其次，东亚的青壮年人口比例正在下降，如果这一地区的经济不从劳动密集型转向技术密集型，其增长速度将有可能减缓。

中国的挑战则远为复杂，除了养老金和医疗的社会保障问题，还有独生子女时代必然提出的老年照料的儿女支持问题，老年孤独的精神赡养问题，等等。

---

〔1〕 陈辅、章文峰：《发展威胁：“银色经济”将主导亚洲》，《国际金融报》2001年8月28日。

（四）人口老龄化的应对

经济社会的现代化是推动人口转变和人口老龄化的根本力量。中、日、韩三国人口指标变动开始的先后次序与三国经济进入快速发展期的先后次序相同，变动发生的时间相隔也大致相同，总的变动趋势也大体相同。这表明经济发展是决定三国人口变动的内在力量。三国的人口转变和人口老龄化遵循着相似的规律。所以，总结和借鉴东亚文化背景下韩国和日本对人口老龄化的认识和政策举措，对于人口老龄化大国的中国来说，有特别的意义。

第一，“少子高龄化”现象是中、日、韩三国，也是亚洲各国今后都要面对的共同挑战。将持续的生育率下降和持续的人口老龄化结合起来认识和对待不仅是一个基本的认识方法，也是一个重要的解决路径。换言之，生育问题不是单纯的生多生少的问题，更关系到晚年的保障和养老的安全，所以统筹解决人口问题必须将生育控制和养老安全放在“少子高龄化”的框架里思考才能找到出路。

第二，日本和韩国的经验表明，越是及早对“超低生育率”的潜在危害保持清醒的认识，未雨绸缪及时采取有效的措施予以应对，越是能够争取到人口健康、协调、持续发展的战略机遇。借鉴日本和韩国的经验，中国必须尽早讨论清楚什么是“适度的低生育率”并在政策和制度上及早安排“实现适度低生育率的路径选择”。这对于在战略上应对21世纪逐渐严峻的老年人口高龄化挑战极其重要。

第三，日、韩的经验和教训表明，回调生育率需要时间上的提前量，需要高度关注“适度生育文化”的建设战略。日本对少子高龄化采取的对策，包括恢复生育水平、增加国际人口迁移等综合性措施。在经济合作与发展组织国家中，韩国的总和生育率最低，韩国对超低生育率作出的反应是明确和快速的。2005年9月，韩国制定了“低生育高龄社会基本法”；2005年11月，设立总统直属的防止低生育高龄化社会委员会；2006年7月，又制定了“低生育高龄社会基本计划”。日本和韩国对超低生育率问题的敏感性和所作出的快速政策回应是值得中国借鉴的。历史留给中国的时间不多了。

第四，要继续推进促进老年发展和老年保障的社会公共政策建设。生育问题和老龄问题的综合治理既是政府有效推动的结果，也是社会共同关注和公民参与的产物。

第三章 全球人口发展趋势[1]

全球人口增长态势

全球人口老龄化

人口增长的政治影响

鼓励人口增长：低生育国家的选择

控制人口增长：印度和埃及“柔性计生”的经验

人口老龄化的政治影响

国际迁移的政治影响

人口：影响世界政治格局的重要力量

---

〔1〕 本章是笔者负责的提交北京大学国际战略研究中心的课题报告，北京大学人口研究所游允中教授（已故）、张团博士、王磊博士、李成波硕士、李祥专硕士、黄清香硕士为本章作出了不同程度的贡献，特此鸣谢。

人口发展是影响人类社会发展重要的结构性力量。21 世纪是全球人口增长趋缓的世纪，是人口普遍老龄化的世纪，也是人口移动全球化的世纪，人口发展的诸多态势必将深刻影响世界政治的走向。有关人口的议题许多次出现在国际论坛上，进入政治家的视野之中。

全球人口增长态势

国内外大量研究发现，人口生育率下降、人口快速老龄化以及国际新移民增加正在成为内在联系紧密的全球人口发展新趋势。根据联合国《世界人口展望报告：2015 修订本》，目前世界上共有 73.49 亿人口，在 2100 年将突破 100 亿大关，达到 112.13 亿人。而中国作为人口大国，在 2100 年，人口总数将降至 10 亿人左右。人类预期寿命近年来发生着显著改善。在全球范围内，2005 年，女性的预期寿命是 69 岁，男性为 65 岁；而到 2015 年，女性的预期寿命已增长到 73 岁，男性的预期寿命则增长到 68 岁。最不发达国家近年来人口的预期寿命也有显著增加。从最近 6 年的数据来看，最不发达国家的人口预期寿命从 56 岁已经上升到 62 岁，其上升速度是其他国家的近两倍。这个差距将继续持续下去。生育率降低使人口增长放缓，人口老龄化问题加重。未来几十年，世界各主要地区也将经历显著的人口老龄化。在欧洲，60 岁以上人口已经占 24%，并且到2050年，该比例预计将达到34%。在拉丁美洲和加勒比地区，2015年60岁以上人口的比例为11%，2050年将达到26%。同样，亚洲地区现在60岁以上人口比例为12%，到2050年将达到25%。北美地区将从21%上升到28%，而大洋洲将从16%升至23%。到2050年，非洲地区将有最年轻的年龄分布。未来35年人口将迅速老龄化，全球60岁以上人口占比将从5%上升到9%。

当今，世界各国对本国的人口生育政策大致分为三类。第一类实行鼓励生育的国家，包括德国、俄罗斯、法国、挪威、意大利、西班牙、日本、韩国、新加坡等发达国家和地区；第二类是倡导计划生育的国家，包括中国、印度、埃及等国；第三类是自由自主生育的国家，包括美国及多数发展中国家。

一、人口增长

20世纪中叶以后，世界人口在1950—1970年进入了人口转变增长时期，俗称“人口爆炸”。但随着人口转变的深化[1]，目前世界人口的增长已经明显放慢，当前的增长速度只有1.1%。目前，大概每年要增加约8000万人，略多于一个泰国或土耳其的人口数。就世界主要地区来看，除去非洲的人口还在以2.0%以上的速度增长外，欧洲、北美拉丁美洲和东亚洲的增长都在1.0%以下，大洋洲和其他亚洲地区[2]也都在1.5%以下（见表3-1）。

世界人口增长最快的时期是在1965—1970年间，当时的人口增长曾经超过2.0%，到达了人类历史上最高增长水平。其他主要地区高人口增长时间不完全一致：非洲在1975—1990年到达过2.8%，东亚洲以外地区（其他亚洲）在1965—1985年一直维持在2.4%，东亚洲也在1965—

---

〔1〕人口转变是指人口生命统计指标即粗出生率、粗死亡率和粗自然增长率三率组合类型的演进过程，经典的三段论认为，人口转变早期阶段特征是高出生、高死亡、低自然增长，中间经历一个高出生、不断下降的死亡率和高人口增长的阶段，再到低出生、低死亡和低自然增长阶段。一些国家和地区出现了出生率低于死亡率的现象，国外称之为“第二次人口转变”。

〔2〕东亚洲包括了中国、日本、韩国、朝鲜、蒙古几个国家。这些国家的人口发展与其他亚洲国家截然不同，所以把这些国家从亚洲国家中单独分列出来。其他亚洲国家统称为其他亚洲。

1970 年到达过 2.4%，拉美洲在 1960—1965 年上升到 2.8%。欧洲的增长是较低的，曾经在 20 世纪 50 年代到达过 1.0%（见表 3-1）。但是世界上人口增长数最高的时候是在 1985—1990 年间，当时每年平均增长数约为 9800 万人。

表 3-1　世界各地区人口增长率（%，1950—2050 年）

年份	世界	非洲	其他亚洲	东亚洲	欧洲	拉美洲	北美洲	大洋洲
1950—1955	1.77	2.18	1.97	1.80	1.00	2.71	1.71	2.15
1955—1960	1.80	2.35	2.18	1.54	0.98	2.73	1.78	2.16
1960—1965	1.94	2.46	2.30	1.97	0.96	2.76	1.41	2.26
1965—1970	2.02	2.59	2.35	2.44	0.68	2.55	1.07	1.98
1970—1975	1.94	2.65	2.38	2.11	0.60	2.42	0.94	1.61
1975—1980	1.77	2.82	2.37	1.42	0.49	2.30	0.95	1.50
1980—1985	1.76	2.85	2.39	1.36	0.40	2.07	0.96	1.59
1985—1990	1.75	2.77	2.22	1.49	0.39	1.91	1.17	1.61
1990—1995	1.54	2.57	2.01	1.09	0.18	1.73	1.19	1.52
1995—2000	1.36	2.41	1.78	0.84	-0.02	1.55	1.20	1.40
2000—2005	1.26	2.34	1.64	0.65	0.08	1.31	1.01	1.48
2005—2010	1.18	2.29	1.49	0.56	0.09	1.12	0.96	1.31
2010—2015	1.11	2.20	1.35	0.53	0.03	0.99	0.91	1.23
2015—2020	1.00	2.03	1.19	0.42	-0.03	0.86	0.82	1.14
2020—2015	0.86	1.85	1.03	0.24	-0.10	0.73	0.72	1.05
2025—2030	0.73	1.70	0.87	0.07	-0.16	0.60	0.63	0.95
2030—2035	0.62	1.56	0.73	-0.05	-0.20	0.47	0.54	0.84
2035—2040	0.53	1.43	0.61	-0.15	-0.22	0.33	0.47	0.74
2040—2045	0.44	1.29	0.50	-0.25	-0.24	0.21	0.41	0.66
2045—2050	0.34	1.14	0.38	-0.36	-0.26	0.09	0.37	0.59

资料来源：United Nations，2009A

按照人口预测，在 2035 年左右，世界人口将增长到 86 亿人（低预测是 80 亿人，高预测是 92 亿人）。那时每年人口增长数将下降到 5200 万人，与 1955—1960 年每年人口增长 5100 万人相当。在世界各地区间，欧洲和东亚洲人口总数将开始下降，按照中预测，欧洲人口自 2010 年起就开始下降，东亚洲自2030年才会开始下降。非洲人口虽然还正以2.2%的高速在增加，但增长率也在开始下降。其他拉美洲、北美洲、大洋洲和其他亚洲地区人口还会缓慢增加（United Nations，2009A）。根据联合国《世界人口展望报告：2015修订本》的预测，随着时间的推移，非洲将成为人口贡献最多的洲。到2100年，预计这10个非洲国家人口将至少增加5倍：安哥拉、布隆迪、刚果（金）、马拉维、马里、尼日尔、索马里、乌干达、坦桑尼亚和赞比亚。而印度、尼日利亚、巴基斯坦、刚果（金）、埃塞俄比亚、坦桑尼亚、印度尼西亚、美国和乌干达这9个国家在未来35年间预计将贡献超过一半的世界人口。

表3-2 世界各地区总人口与各年龄组的增长率（%，2005—2050年）

年份	总人口	0—14岁	15—29岁	30—44岁	45—59岁	60岁+	年龄中位数*
欧洲							
2005—2010	0.1	-0.5	-1.0	-0.4	0.9	1.3	40.2
2010—2015	0.0	0.2	-1.9	-0.1	0.2	1.5	41.5
2015—2020	0.0	0.0	-1.9	-0.1	-0.2	1.5	42.7
2020—2015	-0.1	-0.6	-0.6	-1.0	-0.4	1.4	44.0
2025—2030	-0.2	-0.8	0.2	-1.8	0.0	1.0	45.3
2030—2035	-0.2	-0.7	0.0	-1.8	-0.1	0.8	46.4
2035—2040	-0.2	-0.2	-0.5	-0.5	-1.0	0.6	46.9
2040—2045	-0.2	0.2	-0.8	0.2	-1.7	0.5	46.8
2045—2050	-0.3	0.2	-0.6	0.0	-1.7	0.3	46.6
北美洲							
2005—2010	1.0	0.3	1.0	-0.6	1.7	2.7	36.9
2010—2015	0.9	0.5	0.4	0.5	0.3	2.9	37.5
2015—2020	0.8	0.3	0.2	1.0	-0.5	2.9	38.3
2020—2015	0.7	0.1	0.2	1.0	-0.4	2.4	39.1
2025—2030	0.6	0.0	0.4	0.4	0.5	1.5	40.0
2030—2035	0.5	0.0	0.3	0.1	1.0	1.0	40.7
2035—2040	0.5	0.2	0.1	0.2	1.0	0.8	41.3
2040—2045	0.4	0.3	0.0	0.4	0.4	0.8	41.7
2045—2050	0.4	0.3	0.0	0.3	0.2	0.8	42.1

续表

年份	总人口	0—14 岁	15—29 岁	30—44 岁	45—59 岁	60 岁 +	年龄中位数*
东亚洲							
2005—2010	0. 6	−1. 4	0. 5	−0. 6	2. 7	3. 1	35. 2
2010—2015	0. 5	−0. 4	−0. 5	−1. 4	2. 5	3. 7	36. 6
2015—2020	0. 4	0. 1	−2. 3	−0. 1	2. 0	2. 6	38. 2
2020—2015	0. 2	−0. 5	−1. 4	0. 5	−0. 5	3. 1	40. 0
2025—2030	0. 1	−1. 2	−0. 4	−0. 5	−1. 3	3. 2	42. 0
2030—2035	−0. 1	−1. 3	0. 1	−2. 3	0. 0	2. 2	43. 7
2035—2040	−0. 1	−0. 7	−0. 5	−1. 4	0. 5	0. 6	45. 0
2040—2045	−0. 2	−0. 3	−1. 2	−0. 4	−0. 5	0. 6	45. 7
2045—2050	−0. 4	−0. 3	−1. 3	0. 1	−2. 2	1. 0	46. 0
拉丁美洲							
2005—2010	1. 1	−0. 4	0. 5	1. 6	3. 2	3. 3	27. 7
2010—2015	1. 0	−0. 6	0. 3	1. 4	2. 5	3. 7	29. 6
2015—2020	0. 9	−0. 8	0. 1	1. 1	2. 1	3. 6	31. 4
2020—2015	0. 7	−0. 7	−0. 2	0. 7	1. 7	3. 5	33. 3
2025—2030	0. 6	−0. 7	−0. 6	0. 4	1. 5	3. 1	35. 1
2030—2035	0. 5	−0. 7	−0. 8	0. 2	1. 1	2. 8	36. 8
2035—2040	0. 3	−0. 7	−0. 7	−0. 2	0. 8	2. 5	38. 6
2040—2045	0. 2	−0. 7	−0. 7	−0. 6	0. 5	2. 1	40. 2
2045—2050	0. 1	−0. 6	−0. 7	−0. 7	0. 3	1. 7	41. 7
其他亚洲							
2005—2010	1. 5	0. 1	1. 3	2. 2	3. 5	2. 8	25. 2
2010—2015	1. 3	0. 2	0. 7	2. 1	2. 6	3. 9	26. 7
2015—2020	1. 2	0. 0	0. 4	1. 9	2. 4	3. 9	28. 3
2020—2015	1. 0	−0. 3	0. 2	1. 4	2. 3	3. 7	30. 0
2025—2030	0. 9	−0. 5	0. 2	0. 7	2. 3	3. 4	31. 6
2030—2035	0. 7	−0. 6	0. 0	0. 4	2. 0	3. 1	33. 2
2035—2040	0. 6	−0. 5	−0. 2	0. 2	1. 5	2. 9	34. 7
2040—2045	0. 5	−0. 4	−0. 5	0. 2	0. 8	2. 8	36. 2
2045—2050	0. 4	−0. 3	−0. 6	0. 0	0. 5	2. 5	37. 6

续表

年份	总人口	0—14 岁	15—29 岁	30—44 岁	45—59 岁	60 岁 +	年龄中位数*
非洲							
2005—2010	2.3	1.9	2.3	3.0	2.7	3.0	19.7
2010—2015	2.2	1.7	1.9	3.2	2.6	3.2	20.4
2015—2020	2.0	1.3	1.9	3.1	2.8	3.3	21.2
2020—2015	1.9	0.8	2.0	2.5	3.2	3.2	22.2
2025—2030	1.7	0.5	1.8	2.1	3.5	3.1	23.4
2030—2035	1.6	0.4	1.4	2.0	3.3	3.3	24.6
2035—2040	1.4	0.4	0.9	2.1	2.7	3.6	25.9
2040—2045	1.3	0.2	0.6	2.0	2.2	3.7	27.2
2045—2050	1.1	0.0	0.5	1.6	2.1	3.6	28.5
大洋洲							
2005—2010	1.3	0.6	1.4	0.2	1.9	3.2	33.0
2010—2015	1.2	0.6	1.0	0.7	1.3	2.9	33.9
2015—2020	1.1	0.6	0.7	0.8	1.0	2.9	34.7
2020—2015	1.1	0.4	0.6	1.4	0.2	2.7	35.5
2025—2030	0.9	0.3	0.6	1.0	0.7	2.1	36.4
2030—2035	0.8	0.2	0.6	0.7	0.9	1.8	37.2
2035—2040	0.7	0.1	0.4	0.6	1.4	1.2	37.9
2040—2045	0.7	0.1	0.3	0.6	1.0	1.2	38.5

* 本时期末的年龄中位数（岁）。
资料来源：United Nations，2009A

人口下降将会是未来世界人口发展的一个自然趋势，这也是各国人口在过去为了促进社会和经济的发展以及提倡计划生育和其他方法努力减少新出生人口的结果。这样的新趋势对未来社会、政治、经济和人口的发展需要有新的认识和了解，相对于过去过快和过多的人口增长而言，适度的人口下降是有利的。

在封闭人口条件下，人口生育水平在很大程度上决定了人口增长。当今世界，发达国家人口生育水平较低，大多数国家（美国例外）远低于更替水平；大多数发展中国家（中国例外）人口生育水平较高。

由图 3-1 可以发现：（1）生育水平最高的国家集中在非洲，尤其是非洲中部，总和生育率平均在5.0左右；（2）接近半数国家的总和生育率在更替水平（TFR =2.1）以下，这些国家包括几乎全部发达国家和中国及巴西这两个发展中国家；（3）印度人口总和生育率在3.0左右，是当前所有大国中生育水平最高的。

2002年联合国发表了世界人口报告，对世界人口发展态势作了回顾和预测展望。报告总结认为，1950—2000年，世界人口增长的主要来源来自发展中国家，发达国家人口增长异常缓慢。同时，报告预测2000—2005年，发展中国家人口增长对世界人口增长贡献的份额继续加大，而发达国家的人口总量将会出现明显下降。经济发达并不一定刺激生育率的上升，相反地，经济现代化、女性就业参与率的提高是生育率下降的重要推动力。

图3-1　2000年全球各地区总和生育率

资料来源：UN，World Population Prospects（the 2002 Revision），New York，2003

作为世界第一人口大国的中国，人口规模相对平稳，占世界人口总量的比例不断下降，由1950年的超过20%，下降到2050年的大约15%。人口规模庞大仍是中国的显著特点，从1990年开始中国人口总量与发达国家人口总量持平，2000年开始反超。预计到2050年，中国人口将比全世界发达国家的总人口还多2亿人左右。

2010年，美国人口咨询局对世界人口状况作了系统的研究分析，并出版了题为World Population Highlights：Key Findings from PRB's 2010 World Population Data Sheet的数据集。以下是这份数据集中所发现和总结的结论：（1）预计到2050年，全球人口将增长至91.5亿人至95.1亿人之

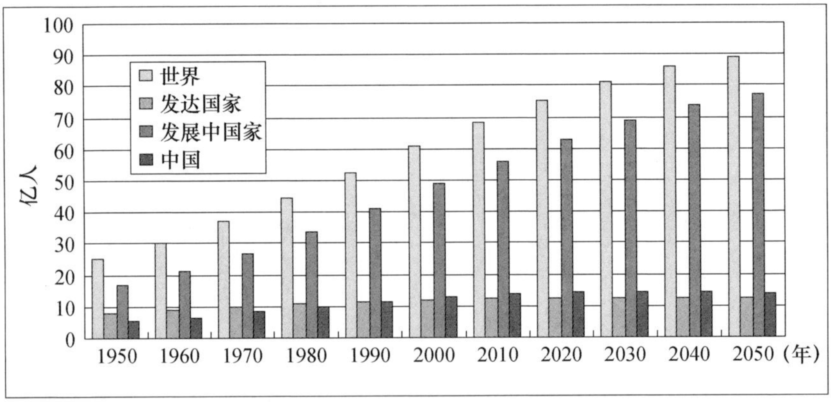

图 3-2　世界、发达国家、发展中国家和中国的人口增长及预测

资料来源：UN，World Population Prospects（the 2002 Revision），New York，2003

间；（2）很多发达国家将步入人口负增长时期；（3）到2050年，非洲国家人口将净增加21亿人；（4）发展中国家的总和生育率将从1960年的6.0左右降至2050年的2.5左右；（5）亚洲人口增长将取决于中国与印度的人口增长，中、印人口占到亚洲人口的大约60%；（6）如表3-3所示，2010年和2050年的人口位于世界前10位的国家将发生变化，由原来的中国、印度、美国、印度尼西亚、巴西、巴基斯坦、孟加拉国、尼日利亚、俄罗斯、日本变为印度、中国、美国、巴基斯坦、尼日利亚、印度尼西亚、孟加拉国、巴西、埃塞俄比亚、刚果（民主）。

表 3-3　2010 年与 2050 年世界人口规模最大的 10 个国家

2010 年		2050 年	
国家	人口（百万）	国家	人口（百万）
中国	1338	印度	1748
印度	1189	中国	1437
美国	310	美国	423
印度尼西亚	235	巴基斯坦	335
巴西	193	尼日利亚	326
国家	人口（百万）	国家	人口（百万）
巴基斯坦	185	印度尼西亚	309
孟加拉国	164	孟加拉国	222
尼日利亚	158	巴西	215

续表

2010 年		2050 年	
俄罗斯	142	埃塞俄比亚	174
日本	127	刚果民主共和国	166

资料来源：2010 World Population Data Sheet，P. R. B，USA

生育率持续下降成为欧洲的普遍现象。欧盟 2004 年的人口报告显示，欧洲各国妇女平均生育 1.4 个孩子。除了法国生育水平为 2.0，比较接近更替水平外，其他西欧国家人口总和生育率都处在 1.7 以下的很低水平。如果保持这种生育水平并且没有外来移民的话，西欧国家人口总量将不可避免地减少。从老龄化角度看，西欧面临人口老龄化的问题又比较严重，法国和德国 65 岁以上人口比例分别为 17% 和 20%，整个西欧的 65 岁以上人口占到全部西欧国家人口的 18%。一些国家和地区开始面临超低生育率（TFR 小于 1.3）的挑战，例如，意大利总和生育率只有 1.2，我国的香港地区也面临着同样的低人口出生率问题，总和生育率平均为 0.7。

据德国联邦统计局数据，1975 年以来德国的人口出生率基本低于死亡率，平均每个德国妇女只生育 1.4 个孩子。到 2050 年，德国人口将从 2005 年的 8200 万人下降到 7080 多万人，一半以上的人口将超过 50 岁，三分之一的人口超过 60 岁。人口生育率的降低给德国 19 世纪就创建的养老保险体制带来极大冲击。按照一般规律，较合理的比例是每 3 个在职员工养活 1 个退休人员。到 2025 年，德国 100 名在职员工就需养活 78 个退休者。

俄罗斯正面临从未有过的非战争性人口减少问题。2005 年，俄罗斯人口死亡率是生育率的 1.6 倍，高出美国和欧洲国家 2—3 倍。20 世纪 60 年代中期，俄罗斯每名已婚妇女平均生 2.1 个孩子，2010 年只有 0.9 个。俄罗斯人口学家警告说，照此速度递减下去，俄罗斯民族将成为世界上的“少数民族”。俄罗斯是前苏联的主要组成部分，曾经是 20 世纪 90 年代之前的世界政治霸权之一。然而，自苏联解体后，混乱的社会经济形势导致俄罗斯人口生育水平大幅降低，人口已成负增长，2010 年人口较

2002 年减少了近 600 万人。根据 2010 年全俄罗斯人口普查结果，截至 2010 年 10 月 14 日 0 时，俄罗斯联邦境内共有 1.4118 亿名常住居民接受问卷调查，常住地在国外但在俄罗斯联邦境内临时寄住的人口为 28.52 万人。此次普查是前苏联解体后俄罗斯进行的第二次人口普查。首次全俄罗斯人口普查是在 2002 年，根据那次的统计，俄罗斯人口总计为 1.47 亿人。

日本是发达国家中人口增长最早出现负增长态势的典型国家。由于超低的总和生育率，日本人口总量已到达顶点并开始下降，日本总务省 2010 年 7 月 31 日公布的人口动态调查结果显示，截至 2010 年 3 月底，日本全国登记人口略超 1.27 亿人，较 2009 年同期减少近两万人。人口自然增减方面，2006 年首次成为负增长，2007 年回归正值，2008 年以后一直持续负增长。日本劳动人口逐年减少，“人口萎缩”出现。

总结以上分析，可以作出以下基本判断：（1）低水平生育是世界人口发展的大趋势，除非洲大陆外的世界人口增长在可预见的时期内将会减少；（2）发达国家人口增长速度还将继续放慢，长期看总人口必然减少；（3）除印度外，较发达的发展中国家人口增长也将放缓；（4）集中在非洲的最不发达发展中国家的人口增长将是世界人口增长的主要来源。

全球人口老龄化

人口老龄化是人类最重大的成就之一，也是最巨大的挑战之一。自 20 世纪中叶起世界人口达高生育和高增长水平，也在 60 年后带来了老年人口的高速增长。

过去人口的高速增长给人口结构带来了极大的变化。因为过去多数人口的出生和死亡水平都很高，从高出生和高死亡人口状态转变到现在的低出生和低死亡人口状态所形成的人口年龄结构的改变，对社会、家庭、政治和经济制度各方面的变化都产生了极大的影响。当代人口学关注人口年龄结构的变化，把人口划分成 15 岁以下的少年人口，15—30 岁的青年人口，30—45 岁的中年人口，45—60 岁的壮年人口和 60 岁以上老年人口几个年龄组。近年来，因为世界各地的生育水平都下降了，少年人口的比例与数量也大幅下降，青年人口也随着生育水平的长期下降而减少了。这样的变化对于那些过去生育水平已经较低，青少年人口较少的人口来说，人口的年龄结构也开始老龄化了，这些人口中有半数都到 40 岁以上（参见表 3-2）。还有许多人口过去是比较年轻的人口，他们有一半人口都在 20 岁以下，因为青少年人口的逐渐减少，现在一半的人可能到达了 25 岁或是 30 多岁，这样的人口都还没有“老龄化”，因此称他们为“年长化”。

过去 60 年来人口年龄结构发生过很重要的改变，这些变化也在影响未来人口和社会经济的发展。第一个重要的改变是 20 世纪 40—60 年代高出生水平和开始下降的高死亡水平促使了少年人口的大幅增长。这些高出生时期出生的少年人口在 60 年以后的现在都成了老年人口，也就带动了从现在开始老年人口的高速增长，这样的增长还要持续一代人的时间，持续到大约 2035 年（见表 3-4）。除欧洲以外，每一个地区 60 岁以上人口的增长率在 2010—2015 年到 2015—2020 年都在 3.0% 或更高的水平。不过在东亚洲和欧洲地区的壮年和老年人口也会开始下降。这样的趋势也许将在 21 世纪中叶以后才会在其他地区逐渐发展开来。

表 3-4　世界每 5 年年龄组人口增长百分比数（%）

年份	总人口	15 岁以下	15—29 岁	30—44 岁	45—59 岁	60 岁以上
1950—1955	9.3	13.6	6.5	5.4	9.1	9.0
1955—1960	9.4	13.9	4.4	7.9	8.8	9.5
1960—1965	10.2	12.6	9.1	10.2	4.5	11.5
1965—1970	10.6	9.6	14.5	8.1	8.0	13.3
1970—1975	10.2	8.5	15.3	5.6	10.6	12.1
1975—1980	9.3	4.9	13.6	10.3	12.0	9.3
1980—1985	9.2	4.6	10.4	15.4	9.1	12.4
1985—1990	9.2	6.0	8.9	15.9	5.9	13.2
1990—1995	8.0	4.8	5.1	13.7	11.1	11.9
1995—2000	7.0	1.8	5.0	10.4	16.0	12.1

续表

年份	总人口	15 岁以下	15—29 岁	30—44 岁	45—59 岁	60 岁以上
2000—2005	6.5	-0.4	6.4	8.7	16.1	10.4
2005—2010	6.1	0.8	5.1	5.2	14.1	13.9
2010—2015	5.7	1.9	2.0	5.2	10.9	17.3
2015—2020	5.1	1.3	-0.2	6.7	9.3	15.7
2020—2015	4.4	-0.3	0.9	5.5	5.5	15.8
2025—2030	3.7	-1.7	2.1	2.3	5.6	14.8
2030—2035	3.1	-1.9	1.5	0.0	7.1	12.3
2035—2040	2.7	-1.2	-0.1	1.1	5.9	9.4
2040—2045	2.2	-0.6	-1.5	2.3	2.5	9.2
2045—2050	1.7	-0.9	-1.8	1.7	0.2	9.2

资料来源：United Nations，2009A

在世界人口总量持续增加的同时，人口结构显现老龄化趋势。发达国家人口老龄化趋势明显，不包括中国的发展中国家人口老龄化趋势相对不十分明显。如图 3-3 所示，发达国家与发展中国家不但在人口总量增长上存在巨大差异，在人口年龄结构上的差别也是十分明显，2010 年，发达国家 19 岁以下人口规模持续减少、人口结构老龄化明显，发展中国家人口则是典型的增长型结构。

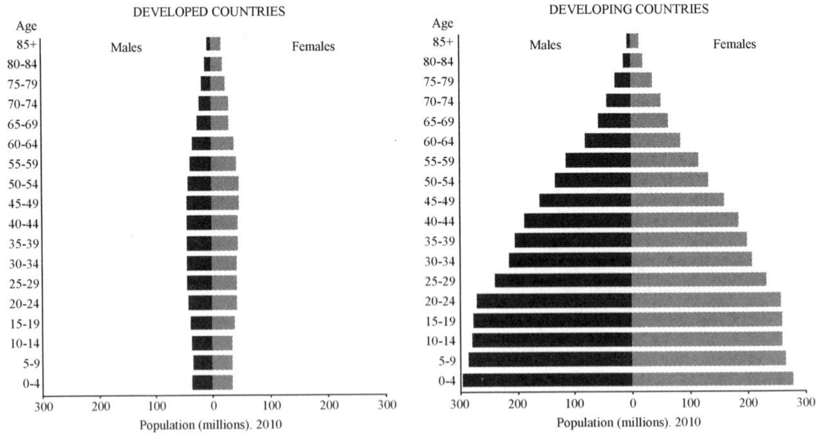

图 3-3　发达国家与发展中国家的人口年龄金字塔

资料来源：UN Population Division，World Population Prospects：The 2008 Revision（2009）

发达国家人口增长减弱的同时，人口老龄化问题也愈发严重。发展中国家由于人口增长量相对较大，人口老龄化问题呈现多样化趋势，中国人口老龄化速度加快，印度人口相对年轻。以非洲国家为代表的最不发达国家，人口增量最大，人口老龄化问题几乎不存在，其人口生育水平较高导致未成年人口抚养比较高。预计2000—2050年期间，世界上60岁和60岁以上的人口比例将增加1倍以上，从10%上升到22%。届时，这个比例将与0—14岁少儿所占比例相同。从高出生率和高死亡率过渡到低出生率和低死亡率的人口变化是历史性的，将导致人类历史首次出现老年人口和少儿人口占有相同比例的情况。

人口增长的政治影响

人口是一切问题的出发点。没有人口，也就无所谓问题。人口也是一切问题的归宿点。一切问题的发展和解决，最后都要落脚在人口上得到评价（段纪宪，1995：9）。人口不但是社会存在的根本条件，也是推动社会发展的根本力量（Ester Boserup，1965、1981）。

人口是一个国家经济社会与科技发展的基本条件，是国家实力的最初源泉。人口因素是国际政治的基本要件，深刻影响着国家之间的政治关系。全球人口增长趋势必然对世界政治产生复杂的影响。在决定国家的世界政治实力与地位的主要因素中，人口因素起到关键作用。人口规模、人口素质和人口结构深刻影响着国家的国际政治实力与地位。

人口因素与国家政治地位与实力存在着密切的关系。在人口因素中，人口规模是重要方面，俗话说：人多势众。发展中国家的前两个政治大国——中国和印度——分别拥有13亿人和11亿人的人口总量，是世界的前两位人口大国，世界上最大的发达国家——美国——是发达国家中人口规模最大的国家，它拥有超过3.1亿人的人口总量。

美国是世界最大的发达国家，不仅仅因为它的经济、军事和政治实力，也因为它拥有3.1亿人的人口。美国人口规模仅低于中国和印度，位列全球第三。与中、印人口增长主要来源于本国人口生育不同，历史上及现实中，美国人口增长离不开移民。作为世界上最大的移民国家，美国在吸纳世界各国及各地区人口的同时，也吸收着世界各国的聪明才智与物质财富。在可预见的未来，美国所拥有的霸权地位不会因其自身人口因素而受到挑战。根据每年迁入的不同移民规模预测，2050 年美国人口将会达到3.99 亿人、4.23 亿人或者4.58 亿人[1]。

古往今来，尽管国家的人口规模与其国际政治地位并没有显著的正相关关系，但庞大的人口规模通常是世界政治大国的必要条件。老牌政治经济大国，如英、法、德、俄同为欧洲人口规模较大的国家。作为美洲最大的两个人口大国，美国是世界政治中居于中心地位的超级大国，巴西则是新兴的全球政治经济体。而世界人口规模最大的中国和印度，不仅在亚洲政治舞台上扮演着重要角色，也是全球具有重要影响的政治大国。

人口规模与世界政治之间关系可以用历史的眼光，从以下几方面考察：

历史表明，古代国家的人口规模决定了经济、军事和政治地位。具有五千年文明历史且绵延不绝的中国，在大多数历史时期，人口总量远高于周边国家。封建王朝鼎盛的朝代如汉、唐、明、清无一不具有庞大的人口规模。古代西方文明发源地与发祥地，如古埃及、古罗马，同样拥有当时的庞大国家人口总量。庞大的人口规模提供了数量众多的生产人口，促进了经济发展和军事实力的增长，也最终确立了国家在世界政治版图上的地位与作用。

传统人口具有较强的结构上的同质性。例如，生育率高且保持常态、文盲人口多、年轻人口多，同时社会生产力水平较低，农业经济建立在体力劳动力供给和使用的基础上。所以人口的规模对工业化之前的古近代国家的经济和军事地位具有直接、重要的影响。现代国家的很多实力通过科学技术的手段使得上一代和这一代的人口素质作用被外化了。例如，军事实力通过远程武器、杀伤力巨大的武器来显示和交锋，对峙的不是军事人口数量而是国家以军事人口为主体的人口素质，不同于古代

〔1〕 World Population Highlights：Key Findings from PRB's 2010 World Population Data Sheet，p5.

冷兵器时代需要军事人口的直接对抗和争战。

近代以降，受科技革命影响，国家间的人口规模与国际政治关系弱化，但工业革命发源地及发扬地均为欧美洲大陆的人口大国，说明人口因素是大国地位确立的必要条件。第一次工业革命时期，科技进步带动了生产力的发展，促进了经济繁荣，欧洲的英国、法国、德国的人口快速增长，尤其是工业革命的发源地英国开始向世界各地迁移过剩国内人口，占据了全球众多陆地，号称“日不落帝国”。反过来，不断膨胀的英国海内外人口也在不断巩固和强化着英国的国际政治强权地位。

虽然人口因素并不直接决定国家的国际政治地位，科技进步与经济腾飞直接提升国家世界政治地位，但是人口增长会促进科技革新与经济发展，这就是国外人口经济学家提出的“人口推力假说”。人口增长是生产力进步与经济发展的产物。近代，工业革命促进了以英国为代表的西欧国家生产力的大幅提升，经济社会发展水平与人民生活水平同时显著提升，人口增长进入快车道。尤以英国为典型代表：1740 年以前，人口增长年平均增长率只有 2. 5‰，以后增加到 6‰—8‰；第一次工业革命期间，从 18 世纪 80 年代到 19 世纪 20 年代，人口年平均增长率为 1. 45‰；在 1811—1821 年期间，增加到了 18‰（R. A. Dodgshon and R. A. Butlin，1978：314）。19 世纪头 30 年，大不列颠增加的人口比从斯图亚特王朝复辟（1660 年）到第一次人口普查（1801年）的 140 年间增加的人口还多（W. H. B. 考特，1954：5）。这种增长速度在英国人口史上是前所未有的。

最早完成工业革命的英国，人口快速增长刺激了经济增长，人口增长的压力与激增的资本扩张需求相结合，英国人口开始流向世界其他地方。在此过程中，英国军事实力大大提升，“日不落帝国”的形成，英国国际政治地位与政治影响力到达顶峰。

两次世界大战期间，人口规模成为影响战争胜利的关键因素之一。人口总量是国家军事人口的基础，军事实力又是国家世界政治地位的重要指标之一。迄今为止，全球每天都在发生着大大小小的战争，但人类历史上仅仅经历了两次世界大战，“一战”基本局限在欧洲，而“二战”名副其实地影响了全世界。回顾两次世界大战的过程，总结两次世界大战的特征，可以发现：（1）挑起战争和战争主要参与者一般是所在地区的人口大国，如欧洲的德、意、英、法、俄，美洲的美国，亚洲的中、日、印；（2）战争的最终胜利一方似乎都为人口总量更大的一方。比如，“一战”中的以英、法、美为首的协约国战胜以德国为首的同盟国，“二战”中以美、苏、英、法中为首的反法西斯联盟战胜了以德、日、意为首的法西斯联盟。

“二战”期间的军事大国基本上也都是人口大国，美、苏分别是资本主义世界与社会主义世界人口规模最为庞大的国家，而英、法、德、意，中、日又分别为欧洲、亚洲的人口规模最为庞大的国家。

当代，各国人口规模与其科技、经济及国际政治地位显著相关。当代具有国际政治影响力的国家中既有部分发达国家，也有部分发展中国家。比如，发达资本主义国家包括美、日、英、法、德，发展中国家包括以“金砖四国”（中、印、俄、巴西）为代表的经济新兴体。非常明显的一点是，这些国家都属于世界上人口规模较大的国家，虽然与发展中国家相比，具有重要世界政治影响力的发达国家人口规模总体偏小（美国除外），但这些发达国家毫无疑问地都属于发达国家中的人口大国。

“二战”以来，美国世界政治霸权的形成和其科技、军事、经济实力密切相关，而广泛吸纳世界各地移民（尤其是世界各地科技人才及其他各类人才）和相对较高的人口增长水平起到了至关重要的作用。作为世界上最大的移民国家，“二战”前美国人口的增长主要来自移民，大量移民人口促进了美国科技进步与经济繁荣，“二战”后，“婴儿潮”[1]大大促进了美国人口增长，这一时期也是美国经济最为繁荣的时期。“二战”后的日本同样经历了人口迅速增长与经济高速发展。

作为发达国家，美国的出生率相当之高。20 世纪 90 年代末，除了小

---

〔1〕 在“二战”之后的 1946 年至 1964 年间，美国共有 7590 万名婴儿出生，创造了史上著名的“婴儿潮”。

国冰岛之外，美国的总出生率是发达国家中最高的：平均每名妇女一生中生育二胎以上，而其他发达国家中这一数字仅为1.4。从历史传统和目前状况来看，美国非常乐于接受外来移民。由于具有这样的双重特点——相对高的出生率和相对高的移民数，美国在未来几十年里必将走上一条与西方其他国家不同的道路。美国在将来几十年内人口将会持续增长。中期预测再次证明了这一点。从现在到2050年，其他发达国家总人口将减少15%，而美国人口却将增长约40%——比任何目前的发达国家都要高。从国际政治实力、地位与影响力看，目前，美国人口位居世界第三；联合国人口司的中期报告称，50年之后，美国的人口数量仍将居世界第三位（仅次于印度和中国）。不过，美国与其他地区的人口对比也将发生有趣的变化。目前，美国人口与俄罗斯人口的比例是2∶1。到2050年，这一比例将变为4∶1，美国与日本的人口比例也将近4∶1。即使把目前的欧盟合并为一个国家，其2050年的人口数也要比美国少得多。从人口影响国际事务的角度来看，在未来若干年内，人口变化趋势似乎将巩固甚至是增强美国在全球的影响力。

印度是世界第二人口大国，和中国一样拥有超过10亿人的人口总量。也和中国相似，巨大的人口规模与人口增长是促进印度国际政治地位与力量的关键因素之一。然而，与中国不同的是，印度旨在减缓人口增长的政策是非强制性的，其人口总和生育率仍然较高，人口总量还在继续增加，据联合国预测[1]，到2050年印度人口总量将达到17.48亿人，超过中国的14.37亿人，成为世界头号人口大国。目前，世界数一数二的人口规模及不断提升的人口素质让印度在南亚、亚洲甚至国际政治舞台上的地位在显著提升。印度赶超中国的最大资本就是其不断增长的人口数量和更为年轻的劳动力人口结构。

人口小国的世界政治实力较弱、政治地位较低。当代，人口小国如文莱、尼泊尔、锡金、斯里兰卡，国际政治地位低下；中亚的一些前苏联加盟共和国人口规模较小，处在美俄争斗中间，处境尴尬；除此以外，

---

〔1〕《2010年世界人口状况报告》（2010 World Population Data Sheet）第2页。

欧洲及拉美的诸多小国也很少能够站在世界政治舞台的中央。当然，也存在极个别的例外，如号称“城市之国”的新加坡，人口规模仅为500万人左右，但却具有一定程度的世界政治影响力。

欧洲很少人口规模过亿的国家，欧洲国家总人口数为4亿人左右。为了提升欧洲的世界政治经济地位，法国、德国等西欧国家的主导下的欧洲一体化进程令世界瞩目。欧洲一体化和整合人口、扩大人口规模及整合各国市场有密切关系。西欧国家人口规模最大的是德国和法国，分别为8100万人和6300万人，其他西欧国家人口都没有超过2000万人。西欧诸国人口总和生育率都低于更替水平。

人口规模与国家实力之间并不存在着简单的对应关系。美国人口咨询局曾经计算了2009—2010年人口总量排世界前10位的国家在全球人口中的占比情况，分别是中国（19.77%）、印度（17.52%）、美国（4.53%）、印度尼西亚（3.47%）、巴西（2.8%）、巴基斯坦（2.45%）、孟加拉（2.38%）、尼日利亚（2.21%）、俄罗斯（2.14%）、日本（1.91%）。显然，发达国家主要是美国和日本，他们的发达不是因为人口多，而是因为具备将人口资源转化为人力资源和人力资本的强大社会机制，如高度发达的科学教育技术培训体系。如果说发展中国家以人口数量取胜，发达国家则以人口素质取胜——归根结底要看人口的素质构成、年龄构成和性别构成，这是决定人口竞争力的关键，但一定的人口规模也是完全必要的。也有一些国家如美国具备了双重的人口优势，既有较大的人口体量，也有很高的人口素质。

有一个结论是肯定的，几乎所有发达国家的政治家都在追求一个更大的人口，无论是人口过亿的美国和日本，还是人口发展处在萎缩状态的欧洲国家。

世界人口增长与发展的现实深刻影响了目前及未来的世界政治格局。各国已经普遍认识到人口因素对国家经济政治和军事的深刻影响。由于各国人口发展情况不同，所采取的人口政策有很大差异，总体上可以分为两大类：（1）鼓励人口增长的政策；（2）控制人口增长的政策。

鼓励人口增长：低生育国家的选择

世界各国处于人口转变的不同阶段，大多数国家正在开展一场由“多育”到“少育”的运动。我们知道，随着社会的发展，生育率反而会逐步呈现出下降的趋势。即便是在那些没有制定严格的计划生育政策的国家，生育率也会逐渐下降。这是因为，随着生活水平的提高，人们会逐渐认识到小型家庭所具有的优势。对全球生育率下降问题的忧虑已经引起了激烈的争论，争论的焦点在于如何制定最有效的政策，以扭转或缓和这个趋势。主要有三种政策选择：（1）鼓励年轻人生育子女；（2）增加劳动力人口的移民；（3）改革社会政策，以减少这些趋势所带来的负面影响，其中包括提高退休年龄或鼓励更多的妇女加入劳动力队伍。

促进人口增长的政策是绝大多数发达国家的政策选择，典型国以西欧诸国、东欧的俄罗斯和亚洲的日本与韩国为代表。

西欧国家普遍面临着生育水平过低，劳动人口规模萎缩和养老负担加重的问题，采取以就业、财政、城乡规划等政府为主导的综合社会福利措施来提高生育率。德国每月向每个孩子提供100多欧元的教养费，除了母亲有停薪留职的育婴假，还要求公司给父亲两个月的“陪产假”，并提高那些在家照料孩子的年轻父亲们的补贴。欧洲人口问题专家认为，一个国家的强大，人口是个重要因素。提高生育率成为德国的一项重要国策。德国前总理施罗德强调，国家的出生率已经成为一个重要的经济因素，多生孩子将成为德国的头等战略任务。

在法国，一位“准妈妈”拥有至少16周强制性带薪产假，其工作必须得到安全保证，生育第三个孩子的妈妈在一年内可以获得每月1000欧元津贴。在挪威，孕妇享有10个月全额工资或一年内80%的工资。这些政策持续实施了几十年，所以总和生育率接近2.1。西班牙政府采取了生育补贴政策，政府对新生儿父母每月补贴300欧元（大约合3000元人民币），而且子女越多，补贴的数额越大。

政府的政策对人口出生率有所影响。德国东部曾实行若干项家庭政策，但效果不一。1972 年的家庭政策降低了人口出生率，而 1976 年纯经济刺激的家庭政策却立竿见影地将人口生育率从 1975 年的 1.54 提高到 1980 年的 1.94。又如法国的人口出生率之低在欧洲曾经仅次于意大利。长期的出生率下降使得法国人对人口问题予以密切关注，并于 1939 年起草了家庭法规。此后，家庭政策成为法国政治议程中的重要内容，并带动了人口出生率的升高。瑞典在 20 世纪 80 年代实行为家长提供假期的政策，使得许多母亲能够在养育子女的同时仍然留在劳动力队伍中，但这并非唯一导致 80 年代后期瑞典人口出生率上升的原因。实际上，高质量的保育、强调男女在挣工资和照顾子女方面有相同的责任，以及加强儿童福利的政策都起了重要的作用。家庭政策固然重要，但仅靠家庭政策还远远不够。

俄罗斯拥有东欧也是欧洲的最大人口规模，尽管苏联解体后元气大伤，但是凭借其较大的人口规模、广阔的国土、丰富的资源和依然不可忽视的军事实力，俄罗斯正在复兴的进程中，世界政治影响力在不断恢复和提升。俄罗斯人口自苏联解体后一直处于减少状态，面对广袤的国土，俄罗斯深感人口不足的危机。人口危机是俄罗斯当前面临的最严重问题之一，自 1992—2012 年，俄罗斯人口减少了 520 万人。苏联解体后的政治、经济和社会困难导致俄罗斯人口减少。据俄罗斯联邦统计局数据，自 1992 年起，死亡人口超过出生人口，这年成为俄罗斯人口史上的重要转折点。

历史上，俄罗斯有刺激人口增长的传统。“二战”期间（苏联卫国战争时期），为鼓励生育以保证战争时期的人口需要，政府曾出台法令，向国民征收“无子女税”，规定男人 20—50 岁、女人 20—45 岁的无子女家庭每月需向国家缴纳工资额的 6% 作为纳税。近年来，俄罗斯政府通过鼓励生育和吸引海外同胞自愿返乡这两项政策来增加人口。为促进人口增长，2006—2007 年前俄罗斯政府通过了相关立法，大力推行鼓励生育和扶持多子女家庭的政策，包括设立“母亲基金”对生育第二个及更多婴儿的家庭提供补贴、允许产妇享受 140 天全额津贴产假、向多子女家庭免费提供住房用地、对生育超过 10 个孩子的妇女授予“英雄母亲”荣誉称号并给予物质奖励等。促进人口增长的计划开始实施后，俄罗斯人口总数趋于稳定，自 2010—2012 年实现了连续增长。从 2013 年起，普京政府承诺在部分人口形势严峻地区实施补充计划，为生育第三个及更多孩子的家庭提供额外补贴，对此类家庭每月支付 7000 卢布（约合 1400 元人民币）的社会补助，直到婴儿年满 3 岁。除了联邦政府的鼓励政策之外，俄罗斯各地也出台地方政策促进人口增长。例如，自 2013 年起，特维尔州生育第三胎的父母将额外获得 5 万卢布（约合 1 万元人民币）。

俄罗斯学者和政府官员普遍认为，提高人口出生率、降低死亡率和实施良好的移民政策是解决人口危机的关键。俄罗斯总统普京上任之初便把人口问题当作头等大事来抓，责成俄罗斯政府成立了一个专门的社会人口问题委员会，政府每年支出 90 亿—100 亿卢布用于生育补贴，赦免来自独联体的 100 万人非法移民。普京担任总统期间，俄罗斯政府制定了一项为期 7 年的海外同胞自愿返乡计划，政府通过提供贷款和失业补助等手段吸引海外的俄罗斯族人重返国土。根据该计划，返乡侨民不但能得到 3000 多美元的安家费，政府还将帮助其解决住房、就业和上学问题。但返乡侨民一般被安置在俄罗斯的远东和西伯利亚地区，无法生活在莫斯科等大城市。鼓励生育方面，俄罗斯政府以向产妇发放现金和为多子女家庭提供缴税补贴的方式鼓励生育。一些地区的行政机关还酝酿恢复征收 1941 年制定的无子女税。

亚洲发达国家也在鼓励生育。日本是发达国家中生育水平最低的国家之一。1960 年，日本总和生育率降到 2.0（更替水平以下）。少子老龄化是日本人口的突出特征。1994 年，日本 65 岁及以上的老年人口达到 14.1%，开始步入老龄社会。2000 年达到 17.5%，总数为 2227 万人，超过了 1845 万人的 15 岁以下儿童人口。少子老龄化给日本社会带来了一系列问题，诸如老人医疗费持续增加，老年人养老负担越来越重，劳动力不足，大学新生源紧张等。对于少子老龄化的问题，20 世纪 70 年代就引起日本政府的重视，90 年代开始采取政策措施解决这一问题，如鼓励生育，生第一、第二个孩子的 0—9 岁每月政府给补助 5000 日元的养育金，第三个孩子每月补助 1 万日元的养育金，多生孩子减免税收，公务员生孩子可休假 3 年，政府给 40% 的工资补贴；推动大企业制定支持妇女生育的计划，为妇女养育孩子创造环境等。近年来，日本政府在减轻妇女工作和养育孩子的负担，创造使妇女既能兼顾职业又能安心养育孩子的环境上，进行了一系列改革，包括完善相关法律，改革不合理制度，出台指导性的方针和政策等。

日本是经合组织中老龄化和少子化最为严重的国家，“少子化”这个词就是日本首创。日本政府很早就意识到高龄化和少子化危机，也通过了《少子化社会对策基本法》和少子化社会对策大纲等种种应对少子化的法律法规和国家战略，从儿童补贴、保育设施、职场支援、税收优惠等几个方面付出一定努力，但仍有不少日本人认为养育子女是一项沉重负担，甚至连结婚都成为令人望而却步的事情。例如，2010 年统计显示，日本 30—34 岁女性未婚率达到约 35%，甚至 35—39 岁女性的未婚率也达到了 23%。而 35—39 岁日本男性的未婚率更是高达 35%，超过 20% 的日本男人终生未婚。日本政府在鼓励生育方面不可谓不下功夫，但仍然无法扭转出生人口不断下降而老年人口不断增加的趋势。日本的出生人口不断下降，2013 年出生人口不足 103 万人，不足日本战后第二次“婴儿潮”时（1971—1974 年）年均出生人口的一半。生育率也一直低迷，2013 年的生育率仅为 1.43，虽然比 2005 年的最低值 1.26 略有回升，但仍然不足以扭转少子老龄化大势。2015 年，日本 14 岁以下人口仅有约 1500 万人，而日本老年人口不断增加，预计到 2050 年 65 岁以上的老年人约占总人口的 40%。

日本 2015 年度国情调查结果显示，截至 2015 年 10 月 1 日，日本人口总数为 1.27 亿人，其中包括在日居住时间超过 3 个月的外国人。与 2010 年相比，日本人口总数减少了约 94.7 万人，降幅为 0.7%。这是自

1920年首次实施国情调查以来，日本第一次出现人口总数减少的情况。日本总务省预计，日本人口将以每年20万人的速度递减。2015年9月底，日本政府提出“建设一亿总活跃社会”的施政目标，以阻止少子老龄化，使日本人口50年后仍维持在1亿人水平。为此，日本政府拟推出多项新法，保护孕妇、儿童等弱势群体权益，以达到提高生育率的目的。日本政府希望，这些法律生效后，日本每对夫妇平均生育子女数量能由目前的1.42提高到1.8。但经验和规律表明，一旦生育率降低形成低生育文化，即使采取措施鼓励生育，效果也极为有限。

韩国在1970年时平均生育率是4.53。后来韩国推行了计划生育——“民族家庭规划”，当时的“拥有6个孩子的家庭最终将沿街乞讨”“即便是两个也太多了”等口号深入人心。韩国生育率在20世纪80年代以后明显下降，韩国人口增长率1988年降至1%，2010年为0.46%。从2001年至2012年，韩国的总和生育率持续12年低于1.3。

1996年之前，韩国实行控制人口增长的政策。然而，1996年之后，人口总的生育率降低到1.7以下，人口增长减少对经济社会可持续发展产生了负面影响。韩国于1996年取消控制人口出生政策，并采取新的政策以期能够维持1.7的总和生育率。但是，这些新政策没能有效扭转生育率下降的趋势。2003年，妇女总和生育率再次下降到1.17。自2003年起，政府开始实行更多政策来刺激国民多生多育。2004年底，韩国人口生育率只有1.16，是经济合作组织30个成员国中最低的。2000年，韩国出生婴儿的数量下降至63万人，2004年，这一数字进一步下降至47.6万人，比2003年减少1.7万人。2005年5月设立了由总统担任主席的“低生育率与人口老龄化委员会”，同年国会颁布《低生育率与人口老龄化基本法》，从法律上对促进人口增长、解决人口老龄化问题作出规定。总体而言，韩国政府采取了法律、经济、就业和社会保障等综合手段来达到增加人口的目的。韩国政府计划，在2006—2010年期间斥资309亿美元，鼓励民众多生育。政府开办全天制幼稚园，为低收入母亲提供育婴看护服务，并为更多儿童提供全额免费教育与健保经费。推行了免费进行输卵管和输精管复通手术、多生孩子享受各种优惠甚至免费上大学等诸多措施，来提高生育率，但是效果并不明显。2000—2010 年平均生育率只有 1.08，几乎全球最低。从 2011 年开始，韩国投资 3.7 万亿韩元用于扩大无偿保育政策，继续鼓励韩国人生育，韩国 70% 的家庭将从中受益。韩国政府投入巨大的资金支援普通家庭的托儿和育儿教育，以期尽快改变整个社会的低生育问题。

韩国为提高生育水平采取了六项措施：（1）增加对培育未来人口的社会投入；（2）扩大儿童保育基础设施；（3）促进一个使国家能兼顾家庭与工作的工作环境；（4）增强针对孕产保健的社会职责；（5）促进一个鼓励婚姻与抚育子女的对家庭有益的社会环境；（6）建设应对低生育率的基础设施，积极支持和普及地方政府的活动、项目评估等。如政府和企业为妇女支付每年 40 万韩元的产假工资，产假最多可延长到一年；政府为怀孕、分娩、不孕不育患者支付医疗费用，自然流产休假三个月；公务员招聘多子女优先；对三个子女的家庭实行减免税收的政策等。

新加坡在 1966 年成立了家庭计划与人口局，鼓励家庭小型化。1972 年，明确提出“两个就够了”的政策，1977 年开始提倡晚婚晚育。1975 年，生育率降到了更替水平之下。差不多10 年之后，到了1986 年，家庭计划与人口局才解散；1987 年，“两个就够了”的限制性生育政策改为“三个或更多”的鼓励性政策。生育率低下、少子化是新加坡面临的严重挑战。孩子是维持社会持续更替的“公共产品”。吸收移民要考虑社会承受度，鼓励生育则要花钱。新加坡政府认为，养育孩子是父母和家庭的一项重大责任，但政府会提供帮助。因为每名新加坡籍孩子都是宝贵的，每个孩子都是国家大家庭的一分子。从 2015 年 8 月开始，新加坡政府将进一步协助育有子女的夫妇减轻负担，包括提高婴儿花红和新生儿享有的保健储蓄补助金的数额。（1）采取婴儿奖励递进措施，第一和第二个孩子可获 6000 新加坡元（约合人民币 2.7 万元）奖励，第三和第四个孩子则可获 8000 新加坡元。（2）为助家长应付孩子的终身健保（MediShield Life）保费至 21 岁及其他医疗费用，政府给予新生儿更多保健储蓄补助金。目前，政府为新生儿开设公积金保健储蓄户头，并补助3000新加坡元补助金。(3)为鼓励父亲分担更多育儿责任，政府将把他们可享有的陪产假从一周增至两周，这项措施的额外成本将由政府承担。这并非强制性举措，企业和雇主可主动加入，公共服务领域将直接带头实施。

据香港特区政府2001年统计，香港女性总和生育率仅0.927，成为全球生育率最低的地方。由于人口不断老化加上持续的低生育率，预期劳动年龄人口在2020年后减少，给香港的可持续发展带来负面影响。因此，要鼓励生育。2011年财政预算提高了子女免税额，以减轻父母抚养子女的负担。香港家庭计划指导会（以下简称家计会）的调查发现，2012年香港已婚夫妇对生育的积极性是20年来最高，但每个家庭平均实际子女数目却在过去10年持续下跌至2012年的1.24名。香港特区政府意识到：如果一味寄希望于移民而不鼓励本港家庭生育更多的子女，香港的人口是不会增加的。因为人口出生率降低的速度越快，人口老龄化的速度也会越快、程度越严重。前香港行政长官曾荫权早前曾公开呼吁，每个家庭应考虑生育3名子女。家计会表示，近年留意到不少夫妇婚后，往往只关注事业、买车、置业等事宜，将生育问题搁在最后，结果错过最佳生育年龄。

港府指出，生育与否是很个人的抉择，但政府应检讨现行政策是否导致港人不愿意生育。虽然政府目前没计划增设鼓励生育津贴，但政府已在生育免税额、托儿服务、家庭友善雇佣措施上推出多项政策。港府首先将子女免税额划一为每名子女30000港元（下同），政府再于2007—2008年度实行纳税人可就每名子女在其出生的课税年度享有一次性的额外免税额。政府逐步把两项免税额提升至2012—2013年的63000元，2013—2014年的70000元。此外，2012年4月1日起，港府一直为女性公务员提供全薪产假。

控制人口增长：印度和埃及“柔性计生”的经验

当发达国家因人口急剧减少而苦恼时，一些发展中国家却为如何遏制人口增长而发愁。不同的人口压力造成了不同的应对之道。2009 年 10 月，第 26 届世界人口大会人口与环境学术专题研讨会议认为，控制人口高增长率可减缓全球气候变化，在一些欠发达地区采取措施遏制人口快速增长仍是重要的人口发展战略。与会专家指出，人口的快速增长正在加速气候变化，破坏地球的生态系统，导致饥荒，使一些发展中国家更加贫困。目前，非洲的人口增长率约为 3%，平均每个妇女生 6.9 个孩子，重男轻女、多妻制、早婚、未婚先育等习俗促使非洲人口快速增长。

1952 年印度提出人口控制计划，1976 年修改了宪法，英迪拉·甘地总理开始进行强制性的人口控制，绝育人数从 1974—1975 年度的 130 万人升至 1976—1977 年度的 810 万人。1977 年 1 月提前举行的大选中，英迪拉·甘地因政见及推行强制性的人口控制计划而败选。印度人民党当选后实行了以自愿和政策鼓励为导向的家庭幸福工程。1975 年的 35.2‰人口增长率下降到 1977 年的 33.0‰的出生率，又开始回升到 33.3‰。1980 年，英迪拉·甘地重获权利，但是国大党对人口控制无实际行动。1981 年普查表明，印度人口继续以 2.2% 的速度增长。国大党随后宣布了健康政策并提出了新的人口政策。1991 年人口普查表明，印度人口呈现持续增长势头。2000 年，印度总理瓦杰帕伊提出人口政策 2000 及推动设立全国人口控制委员会。2001 年再次人口普查，数据验证了人口持续增长势头会推动印度在 21 世纪中叶成为世界第一人口大国。

2010 年 4 月 1 日，印度启动了第十五次全国人口普查。在印度，每年增长的人口高达 2200 万人。沉重的人口压力，让印度政府已经意识到，如果不控制人口，国家经济发展成就将会被不断增长的人口所抵销。印度一名妇女平均育有 3.9 个子女，受教育程度高的家庭一般有 2—3 个孩子，而贫困家庭一般有 7—8 个孩子。鉴于印度生育无序，联合国人口基金会将其称为“缺乏人口控制的典型”。联合国人口基金会在其公布的《2008 世界人口状况报告》中指出，估计到 2050 年时印度人口将达 16.58 亿人，超过中国同年的 14.08 亿人，成为世界人口第一大国。该报告还指出，2008 年印度总生育率是 2.78，而中国总生育率为 1.73。印度国家人口委员会承认，截至2010年的国家人口控制计划已经接近于失败。

截至2008年5月1日，埃及人口已达到7870多万人。埃及现在平均每年新增人口130多万人，每23秒钟就有1名婴儿出生。据埃及国家人口统计部门预测，到2017年埃及的人口将达到9460万人，2030年达到1.18亿人，人均拥有可耕农田的面积将减少到15人1费丹（1费丹等于42公亩），人均水占有量降为3.5立方米。埃及目前的人口密度已跃居世界第16位。政府领导人在埃及第二届人口大会开幕式上发表讲话时警告说，人口迅速增长正在使埃及滑向不安全的边缘，吞噬着经济发展的成果，在保证粮食安全、创造就业机会、减少失业、向国民提供各项服务方面对政府形成巨大挑战，威胁着社会的安全与稳定。

埃及提倡计划生育，但效果并不明显。埃及曾于1984年召开了首次全国人口会议。在这之后制定了一系列控制人口增长的措施，提倡并实施“计划生育国民政策”。政府在全国建立了6500个提供计划生育服务的中心，免费提供避孕用具和药品，还定期派卫生人员下乡倡导计划生育。但许多农民不理解计划生育政策并千方百计进行抵制。据埃及卫生部官员称，计划生育政策执行得并不十分理想，不少人依然认为多子会多福，认为堕胎和流产是对生命的亵渎，是对无辜生命的戕害，所以不愿意计划生育。

埃及政府提倡一个家庭生育两个子女和遏制人口迅速增长的呼吁在社会和宗教界仍面临不小的阻碍。埃及是伊斯兰国家，穆斯林占全国总人口的近90%。按照伊斯兰教规，无特殊原因不允许做人流手术，只要穆斯林妇女避孕失败而怀孕，就要把孩子生下来。埃及的案例证明了文化的力量大于政策的力量。

人口老龄化的政治影响

人口老龄化是全球性现象。欧洲是老龄化形势最为严峻的地区。人口老龄化对欧洲社会的各个方面都产生了深远影响，对劳动力市场的影响尤为深刻。据联合国2000年公布的《世界人口趋势报告》，随着欧洲人口增长率不断下降，欧洲在未来的50年之内人口将减少1.5亿人。到那时，老龄化问题将更加严重，有47%的人都到了现在规定的退休年龄。世纪之交时，欧盟各国已经开始出现劳动力短缺现象，尤其是技术人员奇缺。据欧盟估计，欧盟各国其时起码缺少160万名劳动力。据统计，英国在1992—2000年期间，外籍劳工几乎增长了3倍。英国政府还打算今后每年从国外引进10万名技术人才。意大利2000年向6.3万名外籍劳工发放了工作许可证。法国2000年有80万个工作岗位空缺，仅在计算机领域，起码缺少2.5万到3万名专业人员。对于非法进入法国的外国人，法国政府也是区别对待的，只要是有用人才，不管非法还是合法，都留下。在瑞典，高科技人员、建筑工人和医生都十分缺乏。在德国，2000年估计起码缺少20万名技术人员。为解决人才短缺问题，欧盟各国开始大量从国外引进人才。

2010年，在欧盟27个成员国中，有10个成员国的死亡人数超过出生人数。2015年，整个欧洲将出现人口负增长；2035年之前，欧洲一年内死亡人数与出生人数差将增至100万人。欧洲委员会警告说，到2050年，欧洲将缺少5200万名劳动力。1990—2010年期间，欧盟共引入2600万名移民，比同一时期的美国高出30%，后者引入的移民数量为2000万人。但涌入欧洲发达国家的移民中，只有5%属于高技术人才，有高达85%的人没有相应劳动技能。相比之下，美国吸引了全世界55%受过高等教育的移民。[1]

生育少子化是人口老龄化的根源。2008年5月，欧洲议会公布的一份调查报告《欧洲家庭2008》证实，2007年欧盟地区出生的婴儿数量比1980年少了近100万人，65岁以上的人比14岁以下的人多出600万人。报告指出："欧洲正在经历人口萧条期，现在的欧洲是一个老龄化的欧洲。"这份报告对欧洲27国居民的家庭生活进行了抽样调查。结果显示，许多欧洲人选择单身生活方式，而选择婚姻生活方式的人数急剧减少，

---

〔1〕 杨孝文：《欧洲未来缺少五千万劳动力》，《青年参考》2010年3月7日。

这是导致人口少子化的一个重要原因。从1980年到2006年，欧洲的婚姻登记数量骤降了24%，选择单身生活的竟有5400多万人。另外，许多夫妻选择了晚育。女性和男性生第一个孩子的平均年龄分别为29岁和31岁，比25年前推迟了5年左右。越来越多的育龄成人选择单身生活，致使欧洲的人口出生率持续下降，老人比重大大超过青少年，欧洲少子老龄化问题面临严峻挑战。

（一）人口老龄化和经济发展

在经济方面，人口老龄化将导致欧洲国家经济增长持续下降。欧盟委员会估计，老龄化可能导致欧洲的经济增长从21世纪初的2%—2.25%下降到2040年的1.25%。欧盟理事会预计，人口老龄化将带来公共财政压力、私人储蓄行为的“生命周期”效应、公共储蓄恶化、劳动供给减少、资本积累不足以及全要素生产率降低等多种问题，使欧洲人均GDP年均下降0.4个百分点（杨伟国，2005）。

欧洲人口的少子老龄化引起劳动力供给的减少。劳动力供给取决于工作年龄人口的数量与工作年龄人口的就业参与率。老龄化对劳动力规模的影响显然日见重要。欧洲劳动力预测表明，可用的劳动力储备呈下降趋势，即便就业率按0.7%的速度增长，最大就业率达到75%，到2015年劳动力储备也将下降一半。根据欧洲统计局估计，1995—2015年间，20—29岁年龄组人口减少1100万人以上。

自20世纪90年代以来，欧盟一直特别重视老龄化政策。2005年3月16日，欧盟发表《应对人口变化：构建新的代际团结》人口绿皮书，希望把欧盟建设成为世界上最具竞争力的知识型经济体，促进劳动力的有效供给，消除劳动力的供给短缺。基本政策措施是要促进更多的老年劳动力供给、青年劳动力供给和移民劳动力供给。这些措施将同时增加养老金缴费和减少养老金支出，因而势必大大地缓解欧洲养老金所面临的巨大压力，也将大大地缓解欧洲的劳动力短缺问题，为欧洲经济的可持续性增长奠定基础。

积极老龄化政策受到重视。欧盟大多数成员国开始限制提前退休。意大利、丹麦、荷兰、法国、奥地利和芬兰等，都制定了严格的提前退休条件；丹麦、奥地利、比利时、意大利、葡萄牙、西班牙、瑞典、荷兰、法国和英国则引入激励措施，鼓励老龄工人推迟退休。为了消除对老龄工人的歧视，荷兰专门成立了反年龄歧视局；为了老年人延长退休年龄，芬兰出台“国家老龄工人计划”。此外，欧盟还关注老年人就业能力的提升，以帮助他们更有效地参与就业。2001 年《欧洲就业指南》要求，各成员国应坚持积极的老龄化政策，采取措施确保老龄工人享有充分的继续教育和培训的机会，维持老龄工人的工作能力和技能，引入灵活的用工机制，提高雇主对老龄工人潜力的认识程度。欧盟委员会要求成员国制定综合性的、积极的老龄化战略，将预防性措施（终生培训与工作再设计）和补救性措施（对老年工人的特殊培训）贯穿于整个工作生涯，以缓解老龄化对就业的负面影响（杨伟国，2005）。

（二）人口老龄化与养老保障

人口出生率很低的发达国家受老龄化的影响最大。根据美国人口普查局2009 年预测，在35 个国家，老龄化将与人口总数下降同时出现。到2040 年时，俄罗斯总人口将减少2400 万人，降幅为21%。人口注定会减少的国家还有日本，预计减少 2300 万人，同时 65 岁以上人口比例将由22.6%提高到34.4%，领先于世界其他国家。长期面临老龄化问题的发达国家已经体会到退休系统所受的影响。在日本和意大利，2008 年平均两个在职者供养一个退休者。医疗保险也承受着巨大压力，而且这种压力将越来越多地为发展中国家所感同身受。

人口老龄化推动了社会保障制度的改革。在 20 世纪，发达国家普遍建立了比较完善的社会保障体系，对保证社会稳定，促进经济发展起了非常重要的作用。但是老龄化时代的到来对各国的社会保障体系提出了挑战，带来了一系列前所未有的问题，直接或间接地对各国财政产生了重要的影响。随着社会人口中老年人比例的上升，用于社会保障的支出负担将会加重，不仅需要支付更多的养老金，而且需要更多的医疗费用支出。据经合组织有关国家统计，65 岁以后每人用于医疗保健方面的费用将随着年龄的增长而成倍增加。因此，社会保障收入难以承受老龄化必然带来的不断增高的支出需求，许多国家的养老保险和医疗保险出现了支付危机。老龄化导致各国社会保险和福利开支越来越大，占 GDP 的比重不断提高。

在社会方面，人口老龄化将使欧洲的公共社会保护体系承受巨大压力。欧盟经济政策委员会预测，如果各成员国不采取相应行动，到 2050 年，大多数成员国的公共支出占 GDP 的比重将增加 3—7 个百分点，这些支出主要用于养老金、卫生保健和长期照顾服务等。老龄化对大多数国家预算的影响开始显现，将在 2020—2030 年间达到高峰。养老金、卫生保健和长期照顾服务支出的快速增加，不但极大地增加了工作人口的经济负担，相应地还会导致对教育支出和失业福利的“挤占”。现有的欧洲公共社会保护体系运行的经济与社会条件已经发生变化，未来几十年里无疑还将继续变化。公共社会保护体系必须适应时代的变化，增强灵活性，同时又必须确保安全性（杨伟国，2005）。

长期以来，欧洲国家一向以“最发达的社会福利保障体系”自诩，认为这种福利国家的模式不同于“弱肉强食”的美国式资本主义，既平息了民众的不满，又实现了各国的共同繁荣。但受人口老龄化、经济增长缓慢等因素影响，欧洲的福利模式超越其自身经济承受力，不仅成为成员国的财政负担，而且削弱了创新动力，越来越成为发展的束缚[1]。面对老龄化的挑战，各国政府都在通过改革社会保障制度，削减社会福利支出，降低社会保障支出成本，减轻政府和企业的支出压力。主要措施有以下六个方面：（1）引入和实行养老基金积累制；（2）扩大社会保障覆盖面，提高社会保障抗风险的能力；（3）发展补充社会保险、商业保险，减轻基本社会保险的压力；（4）鼓励老年人推迟退休，鼓励老年人再就业；（5）健全社会保障资金监管体系，确保社会保障资金安全；（6）健全社会保障资金投资运营体系，增强社会保障制度应对老龄化的能力。

在日本，因人口老龄化的压力，正不懈推进改革现行社会体制，特别是社会保障体制。

---

〔1〕 余翔：《欧洲：经济之危，政治之机?》，《同舟共进》2010 年第 7 期。

（三）人口老龄化与国家政治

在世界各国，人口老龄化问题在政治方面将产生明显的影响，选民结构将会发生有利于老年人的变化。随着人类寿命的延长，老年人口的居多，越来越庞大的老年人口是政治选举投票人的中坚力量，“银发族”成为各大政党拉拢的对象，给予老人更好的福利和安养照顾将会成为选举中争取老年选票的重要砝码。同时，这种现象反映了重视政治与人口结构的关系，同时也要防止人口负担局势下的政治倾斜。老年化造成有权投票选举阶层年龄的增加，为了保住自身的选票，社会就容易为老年人谋利益，出现过分重视分配，减轻老年人口负担而增加在职劳动人口负担的政治倾向。通常情况下，老年人的投票率远高于青年人，政府可能倾向多制定照顾长者的政策，忽略青年的福利。

（四）人口老龄化与国际行动

人口老龄化是世界性的大趋势。联合国作为第一大国际组织，在人口老龄问题方面发挥了巨大的作用，比如联合国人口司出版了世界上第一本研究人口老龄化的专著《人口老龄化及其经济后果》，经常出版的重要统计资料有《世界人口前景》《世界人口性别、年龄分布》《世界人口长期预测》等等。在过去四分之一世纪中，联合国就与人口老龄化和老年人有关的问题举办了三个大型国际人口会议，在其中发挥了显著的作用。例如，1974 年举行的人口与发展国际会议确认了人口老龄化对经济和社会的影响，对所有社会既是机会，也是一项挑战。1999 年 7 月 2 日，大会第二十一届特别会议通过了为进一步执行《国际人口与发展会议行动纲领》采取的重大行动重申，除其他外，所有社会都必须正视未来几十年人口老龄化的重大后果。联合国人口司在研究人口老龄化方面有长久的传统，包括估计和预测老年人口及审查人口老龄化的决定因素及其后果。从 1956 年的关于人口老龄化问题的奠基性报告起，其中主要关注较发达国家的人口老龄化问题，到 1999 年出版的“第一次联合国人口老化问题挂图”，联合国人口司一直设法使国际社会注意到人口老龄化的问题。还有，联合国地区社会经济委员会资助了很多研究项目和研讨会，等等。

在联合国系统内对人口老龄化研究最多的首推世界卫生组织（邬沧萍，1999）。世界卫生组织开展了很多关于人口老龄化的跨国比较研究，其中尤其着重于关注人人健康、预期寿命、健康寿命、死因等等。另外值得一提的是，“健康老龄化”的提出很大程度上也是世界卫生组织发起、由世界卫生组织和国际老年学学会等于1993年共同推向全世界的。《积极老龄化的政策框架》是世界卫生组织为了介绍有关促进健康和积极老龄化的讨论和行动计划的形成过程而撰写的，是世界卫生组织向联合国第二次老龄问题世界大会提出的一个书面建议。提供讨论用的初稿题为《健康与老龄化》，已于2001年刊印，经过由世界卫生组织卫生发展中心组织召开的、来自21个国家的29名代表参加的专家小组会议讨论修订，并于2002年4月1—4日，经巴伦西亚国际老年学论坛讨论后报送联合国第二次老龄问题世界大会。大会接受了有关建议，并把积极老龄化的内涵写进了政治宣言（熊必俊，2002）。

国际劳工组织是一个关心老年人和老年社会保障的国际机构。在研究老龄化问题的时候主要从老年工人就业和社会保险及保障方面，特别是关于退休政策、灵活退休制度以及老年人再就业等方面进行研究。日本家族计划国际合作组织（JOICFP）是一个民间组织，过去主要是同国外合作研究控制人口增长，近年来越来越多地从事人口老龄化研究。该机构支持同我国和联合国合作研究人口老龄化问题，开过多次研究老龄化的国际研讨会，也出版过一些专门研究老龄化的小册子，如《亚洲人口老龄化》《亚洲与太平洋地区人口老龄化》（与亚太经社理事会合作）等等。世界银行和欧盟以及国际保障学会则主要从财政金融和经济的角度研究人口老龄化，因此涉及大量养老资金的储备、经营和增值、保值等货币问题，等等。

国际迁移的政治影响

今天的世界正处于新一轮人口流动全球化浪潮之中，当移民增多在很多国家成为事实时，一个国家能不能更大程度地形成和谐、保持活力，关键在于国家内部克服族群和阶层隔阂的能力。这两大隔阂存在还是不存在，是衡量现代社会和传统社会、开放社会与封闭社会的重要指标。

（一）国际迁移的主要挑战

如何制止由各种因素综合作用造成的发展中国家“人才外流”现象，是目前国际人口迁移研究的主要问题。

1. 技术移民导致发展中国家人才外流

技术移民和劳工移民在移民总人口的比例中开始增加，特别是在因家庭团聚的移民比例开始下降以后。1990—2002 年间，进入澳大利亚的移民中 37% 的都是技术移民，前往加拿大的移民中 49% 的都是技术移民或商业移民，而去美国的移民中 13% 的是为了就业。因为移入国的劳工缺乏具有周期性，许多劳工移民是暂时移民。近年来，前往澳大利亚、美国、加拿大、法国、德国、意大利、日本、英国、瑞士等国的劳工移民增加得很快（United Nations，2006）。

如何制止由各种因素综合作用造成的发展中国家“人才外流”现象，是目前国际人口迁移研究的主要问题。20 世纪中叶以来，世界人口移民逐渐发生变化。发展中国家移民人数明显增加，其中越境难民和非法入境者占主流，知识型移民逐年提高。随着发达国家对人才吸引力的增强，发展中国家向发达国家知识型移民已成为一种潮流。自 2000 年以来，亚太人口年增长率已降至 1.1%，为全世界发展中地区的最低水平。在许多亚太国家，人口向外国迁移也是造成本国人口增长放缓的因素。一般来说，移民多在亚太区域内部流动，由低收入国家迁至较为富裕的经济体，但也有许多前往中东、欧洲和北美洲。2000—2005 年间，亚太地区每年净流失 130 万人，前往世界其他地区（马寿海，2003）。

2. 发达国家的移民政策从保守走向开放

老龄化带来劳动年龄人口减少，从而产生劳动力的短缺。劳动力是社会经济可持续发展的重要条件，尤其青年劳动力更是一个国家财富的主要创造者。近一个世纪以来，欧洲由于出生率持续下降，劳动年龄人口数量急剧减少，在世界经济中的地位呈下降趋势，占全球 GNP 总量的比重已由 1900 年的 42.4% 降至 1965 年的 30.3% 和 2000 年的 25.5%（张善余、彭际作，2005）。为解决老龄化所带来的劳动力短缺问题，近年来许多发达国家在移民政策上作了调整，逐渐开始放宽移民输入的条件，对技术移民和知识移民大开方便之门。1998—2003 年，英国输入受教育程度较高的移民劳动力平均每年增加 35%，比一般外来移民的增长速度快了近 10 倍。2008 年初，法国政府推出新的移民政策，希望在之后的两三年内将外来移民中专业人才的比例由目前的 7% 提高至 50%。

纵观美国和欧洲等国及日本对移民的观念与做法转变，与这些国家近些年来随人口老龄化程度加深，需要不断吸收移民有关，同时也与它们在政治文明上的某些变化有关。这种不问肤色和出身，只问此刻效忠于谁的观念，代表了一个社会的开放精神，它恰恰又体现了现代政治民族主义以国民认同为上、血缘与族性为次的主张诉求。这种政治民族主义是营造一个国家的内部和谐，为国家长远发展注入强大活力，因此也是促进社会开放的保障（程亚文，2010）。当代移民不再是过往历史中“苦力”的代言词，在现代政治文明和国际交流中，移民的身份是意味着真正成为享有均等的国民待遇的群体，要求打破族群区隔，使移民能够全面平等地参与社会生活，尤其是国家政治生活。有这样一种开放性，才能保证移民建立起对新的移入国家忠诚，真正成为社会的活力之源。

国际移民政策的改变，日本是一个典型案例。日本历来对外来移民相当排斥，1990 年之前属于严格限制国际移民进入的国家，即便在“二战”后经济快速发展，劳动力极度缺乏时期，宁愿通过延长工作时间和雇佣年老者和学生从事兼职工作，也不愿接受外来移民。

但是由于人口老龄化带来的劳动力短缺情况日趋严重，日本从 1990 年起时放松了对技术移民的限制。到 2005 年，日本接纳了大约 120 万名外来移民。在 2006 年之前的 10 年内，受过高等教育的移民数量保持在 33 万人，占 24 岁以上移民数量的约三分之一（姜海珊，2009）。大量因战争生活在海外，特别是韩国的日本侨民可通过侨民遣返政策回到日本，而外国非技术劳工，也可以通过劳动合同、短期培训等渠道进入日本，前往日本的留学生也开始大幅增加。

2014 年，日本每 100 名国民中就有 25 名是 65 岁以上的老人，而同期每 100 名美国国民里，只有 14 名是 65 岁以上的老年人。受少子老龄化的影响，日本面临着劳动力减少及社会保障负担增加的问题，为此，政府和社会就接收移民是否能够解救日本展开讨论。日本内阁府 2014 年 2 月 24 日发布的一项预测报告称，如果日本每年接收 20 万名移民，并且出生率好转，那么 100 年后人口总数能够保持在 1 亿人以上。反之，如果不采取任何措施，到 2110 年人口将减少至 4286 万人。日本内阁府以 2015 年起每年接收 20 万名移民，并以总和生育率回升到能够维持人口更替的 2.07 为设想，进行了推算。预测结果是，移民定居及新生儿出生将带来 2268 万人的“人口推动效果”。加上如果出生率得到好转，到 2110 年日本人口将达到 1 亿 1404 万人。此外，如果接收移民，届时老龄化率将为 22.9%，远低于此前推测的 41.3%。

回顾历史，早在 1982 年，日本《移民控制法》增设了“培训人员”（Trainees）身份，允许其在日本以实习身份工作一段时间。1990 年起实施《移民控制和难民识别法》，该法案重申了严格控制非法移民，但同时放松了专业技术人才来日本工作的限制。2000 年，日本法务省颁布了《移民控制第二基本法案》，该法案增加了引进工业移民的国际合作计划（Atsushi Kondo，2002）。但是新移民法仍然是以严格控制移民为主的，并没有从根本上解决日本的劳动力需求问题。

日本人和韩国人一直利用职业培训引进劳力移民。受培训的学员完成项目后，甚至在培训期间就允许打工。日本人小心谨慎地维持其“纯种幻想”（Weiner，1997），向海外日本人社群招募能融入日本社会的劳工。到 1993 年，大约有 1715 万名这类“日本人”被带到日本，主要来自秘鲁和巴西。作为外籍劳工中的例外，这些日本人可以带家属，允许有三年居留权。日本遵循血统主义的公民权原则，又要求需五年获得永久居留资格，因此在需要输入劳力与要求输入的劳力全面参与日本社会之间就会产生矛盾，特别当有孩子降生在移民家庭的时候。

3. 非法移民和难民问题考验国际人道主义

非法移民是指非本国公民通过非法的方式跨越边境的“移民”。这个名词通常暗示着许多社会问题，如经济、社会福利、教育、犯罪、公共福利、健康保险、人权等。根据美国国土安全部移民统计办公室五年一度的非法移民报告，截至2005年1月，全美约有1050万名非法移民，其中约有23万名非法移民来自中国，比2000年增加了4万名。该报告指出，约301万名非法移民是2000年及2000年后来美的。在1050万名非法移民中，墨西哥人居首，约有597万名；其次是萨尔瓦多、危地马拉及印度，中国排名第五。据统计，2000—2004年间，每年有48.5万名墨西哥人非法进入美国，追求自己的美国梦。受大量移民进入的影响，到2050年，西语裔在美国人口中所占比例将由2000年的13%上升至24%，而非西语裔白人将只占总人口的50%。此外，非洲北部和西部国家人口急剧膨胀，很多人甘冒生命危险偷渡欧洲。美、欧迎来非法移民潮，政府担忧人口构成变化。

经济复苏往往预示着非法移民数量回升。在历史上，非法移民与美国经济紧密相连。自2009年以来，美国平均失业率已从9.3%下降至2012年的8.1%，呈现强劲反弹迹象。2009—2012年，美国非法移民人数出现小幅增长，从2009年的1130万名增加到了2012年的1170万名，这些人主要来自以墨西哥为主的多个国家。除了墨西哥，其他非法移民主要来自中美洲，大约占15%；其次是南美、加勒比和拉丁美洲地区，约占12%；最后是亚洲，大约占10%。动荡和贫困的中美洲国家导致大批非法移民进入美国。美国非法移民人口主要集中在六个州，其中德克萨斯州在2007—2011年期间一直呈现增长；佛罗里达州和新泽西州在2007—2011年期间曾出现下降势头，但随后又开始回升。加州、伊利诺伊州和纽约州则一直呈现下降趋势。

国际难民不是国际移民，他们是特殊的迁移人口。难民多数会回到本国去的，他们是因为政治、战争和灾荒等原因形成的。这些原因可以忽然产生，也可能会忽然消失，难民的人数也因此会忽然增加和忽然减少。然而难民有着许多移民的特性，他们都跨过了国界，在新国家居住了一定的时间。近年来的国际难民还不一定就住在邻国，许多的亚洲难民到美洲、欧洲和澳洲定居去了，他们最终都变成了移民。广义的难民还包括政治庇护申请者，他们人数很少，但最终也可能成为移民。在2004年底，发达国家大约有300万名难民，而在1994—2000年间估计有570万人申请政治庇护，其中四分之三是在欧洲国家，四分之一在加拿大和美国。这些申请政治庇护的人有40%来自亚洲国家，主要是从阿富汗、伊拉克和土耳其。另外四分之一源于欧洲，特别是从那些前南斯拉夫解散以后建立的国家。还有五分之一来自非洲国家和拉丁美洲国家（UNHCR，2005）。

近年来，全球难民形势愈加严峻。难民问题是摆在国际社会面前的共同难题。2015年6月20日，全球迎来第十五个世界难民日。联合国难民署此前发布最新《全球趋势》报告显示，目前全球难民总数已创“二战”以来新高。2011—2014年，由于地区动荡和冲突加剧，全球难民人数增加了41%，已接近6000万人。2014年，全球输出难民人数最多的国家是叙利亚，而欧洲成为全球难民人数增加最快的地区。仅2014年，就有390万名叙利亚难民被迫流落到全球107个国家。到2015年底，来自叙利亚的难民人数已高达1160万人，成为全球最大难民来源国。据联合国难民署的统计，共有960万名叙利亚民众面临人道主义危机。中东地区是全球难民问题的“重灾区”。据联合国难民署统计，2012年中东难民总数约为1030万人，占全球难民总人数的29%左右。加上490万巴勒斯坦难民，所占比例高达37%。

由于叙利亚、利比亚等中东国家局势动荡，2015年涌入欧洲的难民和移民人数大幅增加。根据国际移民组织公布的数据，截至2015年12月21日，2015年共有100多万名难民和移民抵达希腊、保加利亚、意大利、西班牙、马耳他以及塞浦路斯。国际移民组织称，移民“是必然的、必要的，也是可取的”，但不能仅仅统计人数，必须采取行动，让移民合法、安全，让移民和他们前往的国家都得到保障。

难民问题正在成为欧洲最头疼的问题，在政治上刺激了极端势力渗透，在经济上使本已捉襟见肘的欧洲财政更加不堪重负，在社会上造成了更加难以弥合的族群对立，极易引发暴力冲突。2015 年 5 月 13 日，欧盟委员会公布了一揽子行动计划，其中最引人瞩目的一项提议就是给各成员国摊派难民安置指标。难民安置事关国家利益，最终决定权在于各成员国政府。难民治理问题凸显了欧盟的制度缺陷，欧盟在涉及泛欧盟的议题上只是一个协调员，而不是指挥员。如果这种权力格局不能改变，欧盟在难民问题上就很难有大的作为。

非洲的难民问题一直不能解决，社会经济的落后、政治的不稳定、传统的民族和种族纠纷、殖民主义遗留下的后患等，使许多国家包括埃塞俄比亚、索马里、利比里亚、苏丹、莫桑比克、安哥拉、卢旺达、赞比亚和刚果（金）等有不同性质和规模的难民问题。

亚洲是世界上难民最多的地区。除去历史遗留下来的因为以色列建国所产生的 250 万名巴勒斯坦的难民以外，近年来的难民多与战乱和地区冲突有关。例如，阿富汗和伊拉克战争产生的难民，他们被迫离家去到邻国伊朗和巴基斯坦。拉丁美洲在 20 世纪 80 年代的难民，在战争解决以后多数也回到了家乡。在欧洲国家的难民因为前苏联和南斯拉夫的解体和德国的统一，在 20 世纪 80 年代末和 90 年代初到达一个高峰，估计约有 380 万人。随着各国政局的变化，到 20 世纪 90 年代中难民的人数也剧降到 210 万人（UNHCR，2005）。

难民对于世界多数的国家和地区人口的增长、结构的变化和人口的发展等影响不很大，这些影响也是地区性的和局部性的。但是对难民迁出和移入的地区影响是很大的。这些影响不仅只是对移入地国家社会政治和经济体制和供求关系的影响，对迁出地国家所引起的破坏和骚乱却是影响极大的。

（二）国际迁移政治影响的若干案例

1. 美国

目前美国人口相对年轻的主要原因是其每年吸引大量新移民。移民一直是美国社会保持活力的重要因素，也是美国人口正增长的重要原因。

近年来，美国人口增长相对维持在较高速度，人口刚超过了3亿人，主要原因是移民增加以及移民生育子女的增加。推行“人才进口”政策，以优厚的待遇和良好的条件，吸引世界各地科学技术人才移居美国。美国是世界上人口流动最高的国家，每年大约有20%的人口在流动。包括国际人口流动和国内人口流动，这两股潮流汇集形成美国人口流动的总体特征。美国是世界上接收移民最多的国家，美国人口增加，重要的渠道是移民增加，移民政策是美国人口管理政策的重要部分。

迁入美国的国际移民对美国政治的影响主要体现在美国移民法不断制定、修订和完善等方面。进入20世纪后，面临持续不断的移民潮，美国国会于1921年讨论通过了带有强烈种族歧视色彩的《移民配额法案》，1965年通过了《移民和国籍法》。《移民和国籍法》废除了以民族来源制为基础的移民限额制，制定了以国籍为基础的全球限额制，打破了以民族来源为基础的移民模式，而且把西半球移民纳入全球限额制，在法理上承认了各族移民的平等地位，承认了各族移民在美国发展史上的作用。此后，1986年《移民改革与管理法案》和1990年《美国移民和国籍法》相继出台，美国开始以现实主义的态度规范和接纳移民，形成了世界上最完善的移民制度体系（侯松岭，2005）。

第二次世界大战后，美国移民政策在注重调节合法移民流入的同时，开始向调节非法移民问题倾斜。新移民法奉行国家利益至上原则，注重吸纳高端人才移民。同时，新移民政策致力于解决日益严重的非法移民问题。20世纪七八十年代，非法移民大量涌入美国。1986年，美国国会通过了一项旨在减少非法移民的立法，即《移民改革和控制条例》。根据这一法规，1982年以前非法进入美国的人得以居住下来，并申请美国公民身份（张利萍，2008）。

美国宪法第十四条修正案规定，任何在美国出生的婴儿，不管其父母的种族以及是否拥有合法身份，都可以自动成为美国公民，即凡在美国领土上出生的婴儿都自动成为美国公民，这就是出生公民权制度。属非法移民的父母在生了孩子后就可以变“非法”身份为“合法”，孩子则可以得到小学至高中的免费教育。这危及当地人的利益，带来了社会矛盾（赵广俊，2007）。

2006 年 5 月 25 日，美国参议院通过了美国 20 多年来改革力度最大的一项移民法案，一是使美国大约 1200 万名非法移民当中的一部分人获得合法身份；二是加强边境管理，防止非法入境。法案根据在美居留工作时间长短将非法移民分为 3 个档次。那些非法进入美国，并已经在美国居留 5 年或 5 年以上的移民，将被允许留在美国继续工作，而且最终可以获得永久居留权乃至成为美国公民。但条件是，他们必须缴纳至少 3250 美元的罚款和相关费用，补缴税款，同时学习英语；那些在美国居留时间多于 2 年不足 5 年的非法移民，必须重新开始申请获得美国公民身份的漫长过程；那些居留时间不满 2 年的非法移民则必须离境。此外，凡犯有一项重罪或 3 项轻罪的非法移民，不论居住时间长短，一律遣送出境（杜放、郑红梅，2004）。

张利萍认为，美国移民政策的重心由面向合法移民转为面向非法移民。美国政府根据国家经济社会发展的新情况，适应工业化进程的需要，调整人口流动政策及管理方式，对于我国调整、制定新的流动人口政策及管理方式，具有重要的借鉴作用和启示意义。人口流动是各国工业化过程中遇到的普遍问题。美国作为移民国家，其人口流动与政府对人口流动的政策、管理更具有代表性（张利萍，2008）。

2013 年 6 月 27 日，美国国会参议院经过数月的辩论之后通过了影响深远的移民改革法案，其中包括 2011 年 12 月 31 日前抵达美国的近 1100 万非法移民获得美国公民身份的途径。2013 年 1 月 2 日，奥巴马政府官员公布了一项能让成千上万美国公民不再和正在办理移民申请的非法移民配偶、孩子和父母分离的法案。美国康乃迪克州参、众两会全部通过允许非法移民申请驾照的法案，该法案于 2015 年 1 月 1 日正式生效。这些措施表明了美国对非法移民更包容的姿态和更长远的考量。

2. 德国和法国

迁入德国的国际移民对德国政治的影响主要体现在德国对移民的社会融合管理方面。德国联邦政府为希望加入德国籍的外国人提供统一的入籍课程，希望入籍的外国人将有机会了解德国宪法、历史和价值观。欧盟委员会强调，要保持各个层面、各个部门在移民、融合和就业政策上的一致性，促进各国政府与研究机构、公共服务提供者和非政府组织的合作，解决移民融合的问题。

面对不断增加的穆斯林人口和日趋复杂的穆斯林问题，法国普遍采取了加速同化的政策。法国政府奉行严格的政教分离原则，学校里不准进行宗教教育；要求移民掌握法语，学习并接受法国社会价值观；政府推动成立了各派伊斯兰组织的联合机构——穆斯林委员会，作为法国政府与穆斯林对话的代表机构，穆斯林委员会受政府委托要促进穆斯林融入法国社会（高祖贵、姚琨，2007）。法国政府2006年5月通过“有选择移民”新法案，宣布抛弃过去不加挑选地接纳移民的方式，将针对高学历、高技术移民发放有效期3—4年并可续延的长期居留许可证，对其他人群则增高移民门槛（麦克尔·麦金尼斯，2001）。

3. 欧盟地区

（1）移民政策

欧盟一体化进程中，各国曾依照传统管理途径出台各种“城堡欧洲”政策，加强边界管制、对劳工市场干预及对移民的限制，1974年始法国实行“零移民”政策，1986年通过的《巴斯克法》规定驱逐非法移民可由行政命令执行而不一定要通过司法程序，1993年右派政府实施了因一系列侵犯人权而颇受抨击的《巴斯嘎瓦—德布莱法》。伴随新公共管理运动风靡全球，欧盟及各国开始实行公共行政的非政治化和企业化，试图采取放松管制、授权、结果导向、顾客导向的移民政策。坚决反对政府通过行政手段过度干预移民问题和劳工市场，坚决反对非法移民，“保持有效对付严重违法者的能力，防止严重违法的事件发生”，致力于加重对非法移民及其雇主的惩罚，反对大赦和非法移民合法化行动（Jweiner. M，1997）。

各国自1990年后开始重视移民利益，纷纷积极改善移民的社会文化地位及其与主流欧洲的和谐关系——不同程度地鼓励和开展多元文化教育，帮助新移民尽快适应社会生活，允许开设移民学校，庆祝其传统节日等。同时，扩大移民的社会和政治权利，尊重其民族文化传统，制定法律反对排外主义和种族歧视，将政策目标从被动适应改为积极参与式的整合（戴维·H. 罗森布鲁姆、罗伯特·S. 克拉夫丘克，2002）。

傅义强认为，在现实中，一些欧盟国家如英国、法国、荷兰在不同程度上相继实施了允许外来移民保持其文化的"多元文化政策"，允许开设移民文化学校，有的国家还就外来移民的传统节日举办各种活动，如华人的春节等。然而，多元文化政策并没有完全消除对外来移民的排斥。

欧盟国家在移民问题上的接收与拒绝、融和与排斥的矛盾心态构成了这些国家移民政策的基础。欧盟国家在吸引高科技人才和精英移民的同时，将会进一步限制非精英移民和打击非法移民。欧盟国家对待外来移民的传统文化和生活方式将趋于更加平等（傅义强，2008）。

（2）移民管理

高祖贵认为，欧盟各国实行移民准入条件和配额限制，并根据国内劳动市场需求及时进行调整。英国针对大量东欧移民涌入的现状，称将对罗马尼亚、保加利亚两国劳工进入英国设限；荷兰政府计划放松对外国知识移民入境工作的限制，以提高移民素质；德国未来着重选留高科技人才特别是信息技术和科研领域的专业人才，同时制定了方便遣返非法移民的政策（傅义强，2008）。

当然，出于种种原因，不少国家的反移民情绪时而高涨（如20世纪90年代初的法国、比利时、奥地利等），也影响到主流政治。目前各国的政策仍然是以肯定外来移民的经济贡献为主，更多的是侧重于移民的基本劳动保障，而在政治权利与社会福利等方面所做的让步与准入幅度却不大。

4. 新加坡和马来西亚

在亚洲，允许移民永久居留的体制不大多见。1989年7月，新加坡出台政策，向来自中国香港地区的25000名技术和半技术华裔工人提供居留权，这是很少的案例之一。只有马来西亚和新加坡是开放的多元种族社会，有关的移民政策对于社会及其观念的变革具有深刻意义。目前，种族和睦、重视少数民族以及文化多元主义的理念在大多数东亚精英的头脑中已不复存在。但是，对移民不做规范的办法危险更大。无所作为只能导致非法移民不断增多，以及与之相伴随的所有剥削、腐败和滥用职权的现象（罗纳德·斯凯尔顿、祝东力，2001）。

5. 加拿大

加拿大移民政策曾先后经历了自由移民政策、有选择接受移民政策、鼓励限制并举的移民政策、严格限制移民政策、适度放开的移民政策和平等、开放、多元化的移民政策等阶段。

加拿大是一个移民国家，它始终根据本国的利益，调整自己的移民政策。为了更加有效的管理移民，加拿大设计了一系列制度，包括移民规划、移民分类、移民计分选拔等。这些制度实施后，取得了良好的效果，并为其他国家（如澳大利亚、新西兰等）所仿效。

加拿大对移民进行分类，具体区分为家庭团聚类、经济移民类和难民类。其中经济移民又分为技术移民类、商业移民类等，其下又进行细化，例如，商业移民类又分为投资移民、企业家移民、自雇型移民等。对于每类移民均设定不同的接纳比例和数额以及设定不同的接纳条件。加拿大从1967年起对各类移民实行计分选拔制度。由于它摒弃了过去以种族作为吸收外来移民的标准，因而较为公平。

加拿大实行计分选拔移民制度后，得到了国民和媒体的积极反应。这项政策的实行已经使得每年移民加拿大的人员中技术人员比例大幅增加，而非技术移民的名额则相对受到限制，从而使得加拿大人口素质得到改善，移民者结构发生变化。

加拿大移民法律中，设置了较为独特的出入境人员权利保障机制，突出表现就是移民及难民委员会制度。根据加拿大《移民与难民保护法》的规定，加拿大设置有移民及难民委员会。该移民及难民保护委员会具有准司法性质，专门处理涉及移民及难民事务。移民及难民委员会的主要职能为受理涉及移民及难民事务的各种案件。加拿大的移民及难民委员会非常有特色。它既通过超然于行政机关的公正地位和公开、透明的司法程序给予争讼当事人以司法正义，维护当事人合法权益，同时又以快速、简易等程序来快速解决涉及移民、难民等案件，减少成本。

20 世纪 90 年代加拿大和美国的外来移民制度有两个共同点：其一，外来移民制度改革均是为了在全球人才市场上争夺所需人才，均是基于技术移民能够造福国家、造福社会和帮助企业在全球市场的竞争这个理念；其二，两国在全球人才市场上争夺人才的要求同人道主义的考虑相调和，家庭团聚仍然是移民首位的原因（约翰·索尔特、詹姆斯·克拉克，2001）。

人口：影响世界政治格局的重要力量

21 世纪是人类人口发生革命性变革的世纪，持续的低生育率、人口老龄化和国际新移民实际上是 21 世纪全球人口发展三个不可分割的特征和方面，彼此影响和相互制约，成为不可避免地影响世界政治格局的重要力量。

其一，人口数量、人口素质、人口结构和人口分布从不同方面影响着一个国家或者一个地区的人口竞争力。在 21 世纪更加重视知识和智力的经济形态下，人口素质和人口结构而不是人口规模将成为决定国家人口竞争力的核心因素。要保持国家的人口竞争力，不仅需要维持必要的人口规模，而且需要优化人口结构、提高人口素质、挖掘“老年红利”。

从全球化的视野看人口发展，“人口竞争力”概念需要引起重视，人口竞争力是在一定的文化和制度背景下根植于人口数量和人口结构的力量和功能。我们看一个国家和地区人口的竞争力，一要看人口结构的权数效应，例如，年轻人口的比重、高素质人口的比重等等；二要看人口数量的乘数效应，这里的人口数量是具备了不同社会经济文化特征的“亚人口”（Sup-population）的规模和数量，而不是总人口的概念。只有具备优良的人口结构，人口规模的乘数效应才能发挥巨大的作用。例如，2009年估计印度人口平均年龄为25.1岁，人口结构呈现明显的金字塔形，0—14岁人口比例为31.2%，65岁以上人口占比只有5.3%。印度每年科学和工程学科的大学毕业人数达70万人以上，高于中国、欧洲、美国和日本，显示印度具有人口结构年轻和高素质劳力充沛的双重优势，成为印度经济维持高成长的强劲动能。

在先进、强悍的文化下，一人可敌万夫。古代的封建文化背景下培养的顺民和奴隶人口，可以在冷兵器时代转化为有组织的军事打击力，但在知识创新方面其人口竞争力肯定不同于崇尚知识和创新的文化背景下的人口。奥秘在文化和制度身上，因为人是文化的生物，人口是文化的产物。强大的文化才可能有强大的人口。多元、先进的文化是哺育人口发展之母。美国的多元文化和多元人口是全球人口发展的典范。

工业化使人口的素质通过技术的形式得到了表达、固化和传承，而在科学技术很不发达的古代，所能依凭的战斗力和竞争力就是人口本身。由此可见，人口的力量既有自有的力量，也有通过智力的开发通过制度和技术得到外化的力量。一些现代国家之所以人口虽然少但却实力强大，关键在于依凭的不是人口数量，而是人口智力、人口素质，更重要的是他们的新生国民在社会化过程中有素质发育、提升、转化的强大社会机制，这一点是最值得后发国家深省和学习的。在国家竞争力方程中，人口数量越来越成为表象的力量了，而人口素质和人口结构的重要性日见突出。但正如中国古话所言：十年树木，百年树人。人口的素质发展是一代代积累壮大的过程。当然，人口学讲“最小人口”，一旦出现发展中的“供求缺口”，人口数量也依然是一个独立于人口素质的重要因素。中国作为人口大国，其庞大的人口规模和得到改善的人口素质将使其国际地位不断得到提升，但人口老龄化的深化作为一个负面因素可能削弱其人口竞争力。

总结国际经验，本章除了提出人口竞争力概念外，还要提出“逆人口老龄化”概念。逆人口老龄化是开放系统条件下由于人口的净流迁入所带来的年轻人口比例的升高从而遏制了人口老龄化加快的速度。在个别国家和局部地区，人口是一个开放的系统，存在着系统内外的人口流动和迁移所带来的人口交流和人口增量，这样由于年轻人口的集聚作用，完全可能出现逆人口老龄化，降低老年人口的比例，缓解单一的由于人口生育率的下降所带来的人口老龄化的劳动力短缺问题。美国是一个人口活力强大的国家，在一个国家范围里，一些发达地区和城市是逆人口老龄化的先锋地区。逆人口老龄化是年轻人口双向竞争的产物，一方面素质相对高的年轻人口竞争进入发达地区，另一方面发达地区比欠发达地区具备了更强的人口引力和拉力。

其二，超低生育率将阻止世界经济的发展，21 世纪全球社会将反思“人口爆炸”理论，重新发现人口发展的价值并为之建立新的国际共识、联盟和人口新秩序。

全球人口增长趋缓甚至人口减少是最富有前瞻性意义的人口发展态势。很多国家和地区遭遇了“低生育率困境”。第二次人口转变昭示了 21 世纪全球人口的新挑战，即青年赤字、劳动力短缺、社会活力萎缩等。早在 20 世纪 90 年代中期，持续的低生育率就开始困扰发达国家，之后俄罗斯、德国、意大利、日本、韩国、新加坡等陆续采取了鼓励生育的政策。人口继续增长的美国和英国是例外。当今，世界各国对本国的人口生育政策大致分为三类：第一类是实行鼓励生育人口的国家，第二类是计划生育人口的国家，第三类是既不鼓励也不限制，随其自然生育的国家。鼓励生育的第一类国家有日本、俄罗斯和西班牙等国家。这些国家经济大都比较发达。计划生育的第二类国家有世界第一人口大国中国和第二人口大国印度等。随其自然生育的第三类国家有美国以及多数发展中国家。一些发达国家采取了补贴生育、鼓励生育率回升的政策措施。中国需要未雨绸缪，汲取发达国家的经验教训。人口发展具有较长的周期，船大要早掉头，中国在完善人口政策时需要长远的历史眼光、广阔的全球视野和高度的国家责任。

其三，人口老龄化的不断深化挑战大于机遇，21 世纪是人类人口普遍老龄化的世纪，全球社会需要为实现一个适度的低生育水平继而实现一个适度的老龄化水平而奋斗。

适度的低生育是实际生育水平维持在更替水平左右，可以实现人口自身持续发展的生育水平。长寿固然是人类的胜利，但过多的老年人口和高龄老人必将带来很多新的问题和挑战。所以，正如生育率不是越低越好，老龄化也不是越高越好。少子化和高龄化的关系必将引起全球社会的关注，正处在急剧社会转型和人口转变的中国，特别需要一种前瞻的战略眼光慎重处理好人口下降与人口失衡的关系。

人口构成变化对世界政治走向有重大影响。人口老龄化普遍影响代际关系，会驱动老年友好的国际政治价值取向的形成和发展，在人口年龄结构革命性变迁的影响下，世界政治和国家政策不得不倾向于老年利益群体，如多国延长退休年龄、倡导积极老龄化战略等。人口老龄化是欧美和多数亚洲及拉美国家的变化趋势，许多非洲国家没有这样的变化，现在还在人口年轻化的阶段。按照人口转变学说，所有国家在未来都会经历人口老龄化的阶段。人口老龄化是人口变迁过程的必然产物，但老龄化带来了劳动力短缺等发展问题，也带来了能否老有所养的人道主义问题。

发达国家应对人口老龄化的战略措施主要包括提升生育水平、提高退休年龄、鼓励高龄劳动者的社会参与、引进青年移民等等。世界卫生组织将“健康老龄化”上升为“积极老龄化”，从而具有更为广泛的意义。关注老年人生活质量，尽可能延长其寿命，并保持健康与活力已成为时代赐与当今世界的重任。中华文化是“和合文化”，所以笔者提出的“和谐老龄化”主张也将成为全球社会的重大战略选择。和谐老龄化是指在人口老龄化的过程中只有正确处理好老年人与自身的欲求、老年人与老年人、老年人与家庭、老年人与社区、老年人与政府、老年人与环境等诸多关系的前提下才可能实现幸福的和成功的老龄化（穆光宗，2007）。

其四，21 世纪的地球将进入前所未有的“国际迁移”的高潮期，除了传统上由于比较利益的诱导而持续不衰的国际移民潮，由于生育率下降、人口老龄化、劳动力短缺所导致的政府主动出击的国家和地区之间的“技工竞争”“人才争夺”将成为国际迁移的新趋势和新动力。多元文化下出现的国际移民所带来的经济、社会和政治问题也将更为复杂。

人口全球化移动是21世纪全球人口发展的重要趋势。世界经济发展的不平等将导致持续的国际迁移潮流和非法移民现象。为解决劳动力不足、社会负担加重等问题，许多发达国家正努力吸收新移民。发达国家包括发展中国家印度的非法移民增多；国家人口迁移出现新动向，如日本等国际新娘问题；发达国家的非法移民和非法劳工问题。一方面，新移民特别是人才流动和脑力流失对发达国家和发展中国家有截然不同的影响；另一方面，国际移民无论是合法和非法都可能导致文化冲突和社会断裂，导致国际政治的冲突。国际移民所产生的政治影响是很大的。移民包括的不仅是国际间的正常劳动力迁移、家庭团聚等，还有大量的非法移民、寻求政治庇护的难民等。这些都是国际上讨论得十分热烈的人口与政治的议题。

20世纪90年代以来从发展中国家向发达国家移民的主导趋势将得到保持。预计发展中国家向发达国家的人口迁移将加剧。由于收紧移民政策，欧洲国家早已出现“技术工人荒”，估计欧洲2050年会缺少5200万名劳工。2005年，香港共接纳5万名移民，而同一年，本港的出生人口只有1.8万人。统计表明，近年来前往澳大利亚、美国、加拿大、法国、德国、意大利、日本、英国、瑞士等国的劳工移民增加得很快。技术移民和劳工移民在移民的比例中将继续占领重要地位，这对发达国家来说是人力资源的补充，对发展中国家来说则是人才资源的流失。一方面是发达国家由于长期的低生育率导致了劳动力人口的短缺，需要引进工作人口。例如，日本曾经制定计划，需要从亚洲其他国家引进30万名大学毕业的年轻、有才智的人才。另一方面经济发展以及生活条件的差异将继续成为驱动国际人口迁移的原动力。其他国家人口向欧美、日本以及东南亚发达国家和地区的迁移将继续。国际迁移所导致的一国人口族裔的变化以及移民政策、外国人口居住、管理和服务政策都会面临相应的调整。

近年，欧洲各国不得不改变保守做法，开放移民政策。1997 年，欧盟《阿姆斯特丹条约》首次提出移民政策合作的构想；1999 年，芬兰坦佩雷峰会决定，把移民政策纳入未来欧盟“共同司法与安全领域”。2000 年 3 月，联合国公布的《人口替代报告》认为，新的移民潮有可能解决欧洲出生率下降和人口老龄化带来的人口赤字问题。因此，通过配额制吸收劳工，通过“智力移民”吸纳高科技人才，是欧洲移民政策的方向。如果没有移民，欧盟的总人口早已开始下降。由于移民的生育率往往较高，还推动了欧盟人口的自然增长。2003 年 6 月，欧盟委员会发表了一项有关移民、一体化和就业的通报，强调欧盟要从更加长远的目标去审视其移民政策。欧盟委员会于 2005 年 1 月 11 日通过了《欧盟解决经济移民措施》的绿皮书，目的是在限制非法移民、控制普通移民的同时，发放自己的“绿卡”吸引外国劳工，鼓励高智商和高知识结构的人才到欧盟就业（杨伟国，2005）。

总而言之，全球人口发展趋势及其对世界政治的影响是一个宏大的话题。以上分析告诉我们，人口与政治的关系向来密切，如今更甚。人口议题的国际化、政治化将成为 21 世纪的显著特点。人口问题不是孤立的，而是和政治、经济、社会等问题交织在一起的，人口的数量变化和结构变化相互联系，而且人口问题本质上是一个发展问题，是以人类发展为中心的全面、协调、可持续的发展问题。

在全球发展的格局中认识和解决中国人口问题，中国首先要不断学习和总结发达国家的经验教训，人口规模不可抗拒；其次要保持清醒的人口意识，不要继续盲目地夸大人口的负面效应，更不应该“妖魔化”以人为主体的人口增长。说到底，21 世纪人口问题的共同特点是一个结构性失衡问题，20 世纪中叶之后“人口爆炸”的硝烟已经散去。中国特别需要注意的是人口的“人为亏损”和“内在亏损”。作为一个人口大国，中国人口问题正在发生重大转型，其出路只能从内部寻找和解决。适度的、平衡的年轻人口的增长不是问题的扩张，而是未来的需要。

第四章
人口老龄化的国际应对

美国应对人口老龄化的政策启示

2011 年初，美国人口统计局发布的一份报告称，到 2040 年时全球人口将达 93 亿人，其中 65 岁以上人口所占比例将提高一倍，由 7% 提高到 14%。全球人口老龄化在 2010 年后不久加速。从人口年龄“金字塔”的变化来看，如果说美国的人口老龄化属于顶部老龄化和长寿老龄化，那么中国属于底部老龄化和少子老龄化，中国作为“未富先老”的典型，人口老龄化所面临的挑战远大于美国。早在 20 世纪 40 年代，美国就进入了老龄化社会，迄今已经超过 70 年，美国在应对人口老龄化方面积累了丰富的经验。目前，美国 60 岁及以上老年人口比例已超过 19%，其中：65 岁以上老年人口占比超过 17%，80 岁及以上高龄人口占比已达 25% 以上。到 2030 年，65 岁以上的美国人将占到 20%，85 岁及以上的人数将增加 50% 以上，100 岁及以上的人数更有可能增长近 3 倍。

纵观美国人口老龄化历史，一个重要的经验是平衡好年轻人口增长和老年人口增长的关系，走有准备的、渐进式的、从容应对的人口老龄化道路，从而腾出应对的时间，准备好应对的条件。美国人口老龄化发展的一个突出特点是速度较慢，在西方发达国家中处于中等水平。究其原因，一方面是美国育龄妇女的生育率在发达国家中不算低。从 20 世纪

70 年代以来，美国的生育率一直徘徊在略低于替代率的水平上。另一方面是因为美国吸纳了大量的青壮年移民，从而一定程度上缓解了美国人口老龄化的进程。

美国的基本养老保险属于现收现付制，也就是用同一个时期正在工作的人的缴费来支付退休一代人的养老金。由此可见，美国人口发展过程中的代际均衡，对于维系现收现付的养老保险制度具有相当重要的意义。相反地，如果代际人口比例失衡，现收现付的养老保险制度就可能失去基本的人口条件。中国快速的老龄化反映了人口发展代际倾斜和失衡的事实，由此爆发的养老危机在根本上是生育少子化和人口代际失衡所造成的。中国约在 2025 年进入老龄社会（Aged society），65 岁及以上的人口占总人口的 14%，约 5 个劳动年龄人口赡养 1 个老人；2035 年则进入高龄社会（Super-aged society），65 岁及以上人口将占总人口的 20%，约两个劳动人口赡养 1 个老人。养老归根结底是一个人口学的话题，是多少年轻人供养和照料多少老年人的关系问题。

美国值得借鉴的经验是保持适当的低生育水平和年轻移民的数量，从而保证了老龄化社会的人口活力和人力资源。从大历史观看美国的人口大战略，包含着这么几个元素，即人口增长保持活力、代际人口动态平衡、人口老龄化更多是因为老年的长寿化而不是生育的少子化。2006 年的时候，美国的生育状况是平均每名妇女生育 2.1 个孩子，足以使人口总数保持原有水平。美国人口普查局预计，到 2040 年前后，美国人口数量将增至 4 亿人。但美国最近几年也开始面临低生育率的挑战。自 2007 年起，美国的生育率便一直低于人口替代率。美国疾病预防与控制中心 2012 年进行的一项研究显示，美国妇女一生平均生 1.88 个孩子，创下历史新低。

在自由市场经济体制下，出生率是经济发展的晴雨表。较低的出生率与经济低迷相关，经济衰退导致人们对抚养能力和生活质量的担忧，于是倾向于推迟生育。例如，在 20 世纪 30 年代的大衰退以及 20 世纪 70 年代初期的经济衰退期间，美国出生率均出现了下滑。美国疾病预防与控制中心2013年6月对外发布的一份数据显示，在2012年，美国出生率增幅不足1%，达到396万人，这是自2007年12月美国开始陷入经济衰退以来出生率首次出现增长。换言之，较高的出生率是经济振兴的象征。随经济形势转好，推迟生育的妇女又开始生孩子。根据美国疾病预防与控制中心的最新数据，2013年美国人口的总和生育率为1.93。

人口年龄金字塔腰部人口增加导致总人口年轻化，可以在一定程度上稀释老年人口的长寿化。美国人口发展的一大特点是鼓励国际年轻移民的进入，美国开放的移民政策得到了全球社会的响应。移民政策维护了美国人口的活力和经济的可持续，支持了“美国梦”的实现，这些人口成为美国这么多年持续发展的重要因素。自1776年建国以来，移民一直占到美国人口增长的一半以上。如果没有过去的移民潮，目前美国人口将只有大约1.43亿人。2010年，联合国公布世界移民报告，被称为“建立在移民基础之上的国家”的美国拥有4300万名海外移民，占其总人口的13.5%，成为世界上拥有海外移民人口最多的国家。拉丁裔是美国年轻人口增长的动力。2010年美国人口普查估计，20岁以下的美国人口中，拉丁裔的比重从10年前的17%增加到现在的大约四分之一。如果没有拉丁裔人口，美国20岁以下年轻人口将下降125万人到290万人。

由于近几年大量移民涌入美国，这些第一代移民与他们原住国（如墨西哥）的人口出生率一样高，因此美国的人口出生率才能保持相对高的水平。非法移民问题将不再是美国的敏感政治问题。居住在美国的非法移民60%来自墨西哥，这些移民将获得大赦，并作为新公民受到欢迎。美国作为一个移民国家，有着移民的历史和文化，劳动力市场的灵活性最高，因此它面临的国际移民问题可能是最小的，这也是美国优胜于他国的一个人口特点。联合国人口司前司长约瑟夫·夏米在美国《耶鲁全球化》在线杂志2013年4月15日撰文指出，美国可能将致力于在21世纪内成为世界第一人口大国，从而确保自己的实力。而要实现这一目标，就要继续向来自世界各地的移民敞开大门。如果每年移民美国的人数增至1000万人，美国人口将在2060年之前达到约9.4亿人，到21世纪末达到16亿人。

在很多发达国家，人口被看作资源、财富和力量的载体和象征，在中国却被看作负担、包袱和压力的源泉。中国的出生率已经低于美国。中国需要思考新生人口到底是希望的延续还是压力的放大，年轻人力资源的储备是否足够，出生率会否太低，弹簧压久了会否失去反弹力？1999年中国就已经进入了老龄化社会（Ageing society），中国的老龄化将在未来几十年内持续加速，成为老龄化速度最快的国家之一。预计到2020年底，中国的老年人口赡养比将从2010的11.4%上升至16.7%。如果计划生育政策在未来数十年不改变或者说超低生育率继续得到维系，那么中国的老年人口赡养比到2030年将达到23.8%、2050年将达到39%。少子老龄化的倾斜式发展可能摧毁现收现付的养老保险制度，即年轻人缴纳的养老金用来支付给退休人员这一方式终将难以持续，养老金缺口逐渐扩大并且难以填补，老无所养问题将成为中国最大的难题和挑战。美国的经验启示我们，要实现适度的人口老龄化，维持总体人口的活力、实力、创造力、生产力和竞争力，就要保证不太低的生育率和出生率，以及活跃的国际移民水平，从而来平衡老年人口长寿化趋势所带来的压力和冲击。

保护弱者的美国老年福利政策

早在20世纪40年代，美国就进入了老龄化社会，2005年美国65岁以上人口为3680万人，占总人口的12.4%，现在65岁以上老龄人口占总人口的17.4%。比起其他发达国家，美国的人口老龄化形势算不上严峻。事实上，美国的人口年龄结构在发达国家当中可以说是最年轻的一个，这得益于相对高的人口生育率和出生率，以及相当数量中青年国外移民的人口补充。根据预测，今后几十年，美国与其他发达国家在人口老龄化方面的差距将继续扩大。也就是说，虽然美国也出现了老龄化问题，但是到2030年甚至2040年，美国人口年龄结构会比其他国家更加年轻。究其原因，是美国的人口出生率比日本和欧洲国家都高，从而保证了人口发展生生不息的活力。这样的人口生态和人口趋势，保证了美国这个世界上最发达的国家有足够的能力去从容应对人口老龄化的挑战，去全方位满足老年人的养老需求，去提升老年人的生活质量和生命质量。

美国老年福利政策的突出特点就是倾力保护低收入老人、高龄老人、失能老人的权利和福祉，种种举措背后均包含着“养老社会人道主义”和“养老政府责任主义”的普世价值和普适伦理。在边富边老和边老边富的过程中，美国不断加大社会福利的投入，全力打造低收入老人的福利养老体系，政府提供强大的福利支持构筑起兜底的老年社会安全网，使得弱势老人真正做到老无所忧、老有所依。

首先看收入保障。收入保障是有尊严的老年生活的基础。自 1935 年实施社会福利制度以来，美国就逐渐走上了养老社会化之路，家庭养老的观念迅速转变为依靠社会福利制度和税收来满足老年人的需要。这是人类养老制度的重大变革，也是必然趋势。从此，美国国民养老纳入社会福利、成为公共责任，迄今已经建立起比较完备的社会养老福利制度和老年服务体系。

1935 年，美国国会通过了《社会保障法》，这个法案被称为美国历史上最大和最重要的法案之一。美国现行的养老保险制度是一个包括政府社会保障养老金、公共部门养老金、雇主养老金和个人退休账户养老金在内的多支柱的养老保险体系。其中，第一支柱为社会保障养老金计划，这是一个全民性、强制性的养老计划，每人都有一个“社会保障号”，终身相随，地位尊崇。该计划被认为是美国养老保险制度的基石。第二支柱包括公共部门养老金和私人养老金计划两个部分，其中前者是指联邦、州和地方政府为其雇员提供的各种养老金计划。第三支柱即个人退休账户养老金，是一个由联邦政府通过提供税收优惠而发起的、个人自愿参加的补充养老金计划。几乎所有美国退休老人都有收入的保障，低收入老人也能享受“社会保障补助金”待遇。美国法律规定，凡缴纳强制性的社会保险税，年满 65 岁的公民都可以享受养老退休金。此外，联邦政府和州政府通过各种现金、补助金、养老院和住房补助以及食物券等向老年人提供帮助。

美国的老年福利政策体现了对弱势老人的保护和关怀，公共财政首先向这些老人倾斜，对低收入老人由政府财政兜底，这完全体现了雪中送炭、扶贫济困的人类理想。在芝加哥，家庭月收入低于1200美元或银行存款低于2000美元、年龄在62岁以上的老年人可以申请福利性老年公寓。就在芝加哥，福利性老年公寓就有100多家。如果申请人没有收入和存款，也不用担心老无所依，政府会补贴房租，申请人还能收到每年240美元的电费补贴、免费公交卡、免费医疗保险和免费食品供应，真正做到老有所养和老无所忧。例如，一个华人住进了远离纽约的鲍德温橡木老年公寓，房子不大，一卧一厅一厨一卫，加起来60平方米，房租市价1000美元，老人入住只要82美元。如果属于规定内的低收入群体，则由政府埋单。虽然各州政策不太一样，但福利项目大同小异。美国政府反对歧视、虐待和抛弃老年人，重视老年人融入和参与社会。例如，美国街区的老人活动中心向所有老人开放，中心提供免费的早晨和象征性收费的午餐，很多服务是免费的，这就是美国式的公共服务。

美国政府全力打造低收入老人的福利养老体系。为了保证退休老人能够住进自己经济能力所能承受的低价公寓，美国政府规定公寓不得对老人提高房租，在土地税等方面都给予减免，而且政府全包公寓的运营成本。比较来看，中国政府在养老方面的公共投入还是相当有限的，而且没有体现出向弱势群体倾斜的明确路线。

美国的福利性老年公寓虽然主要面向低收入老人，但其环境和服务同样能保证老年人能享受高品质的生活，从而保证了老年人实现“有保障、有尊严的长寿化”。这方面，美国是全世界的榜样。中国对失独老人（特别是农村）、低收入老人和“三无”老人可以采取这种做法，由国家包下来集中福利供养。

从养老的人道主义和公平正义的角度出发，养老的重点人群永远是处在社会底层的弱势老人。所以，政府要想方设法规避养老风险、应对养老危机。中国今后需要政府和社会帮扶的弱势老人规模将是巨大的，高龄、空巢、孤独、失能等特征交织在一起的弱势老人将挑战中国日趋脆弱的家庭养老体系，以及难当重任的社会养老和老年服务体系。这注定将是一个大面积的人道主义灾难，今后很多弱势老年人将陷入老无所养、老无所依的困境。

中国虽然“未富先老”，但也在“边富边老”。2015 年，美国 GDP 总量达到 17.96 多万亿美元，中国 GDP 总量估算为 10.86 万亿美元。表面看，美国老年福利政策背后有强大的经济实力，实际上按中国的总体实力，我们也能保障老年人的基本养老需求，关键看我们政府怎么想怎么做、能不能承担责任。的确，中国是“未富先老”的国家，但我们不希望政府以此为借口来推卸对国民养老的第一责任。中国要加大社会福利的重点投入和有效投入，实现有梯度的、渐进式改革的、逐步提高水平的老年福利政策，从兜底做起，确保最底层的贫困老人都能享受“国民基础养老金待遇”，应确保基本生活不受影响。

美国除《美国老年人法》以外，还有其他很多法律涉及老年人权益的保护，从而建构起立体的、全方位的老年福利法律体系。1961 年美国白宫第一次老龄大会以后，美国经济恰好迎来了高速发展的黄金时期。与此同时，美国政府启动和资助了许多老年项目，给予老年人以税收和价格补贴的优惠，只要达到政府规定的年龄，就可以享受到相应的服务，而不是依据人们的需要。这种基于年龄界定的权利保护思想体现了对老年人这个特殊群体无差异的全面关怀精神。

其次看医疗保障。老有所医、看病无忧是所有老人的梦想，美国做到了。1965 年通过的《美国老年人法》包括了老年人的医疗保险、医疗服务和社会服务计划，覆盖了老年人群的多方面需求并且惠及全民，有力地促进了美国老年人口的健康老龄化进程。例如，从 20 世纪 60 年代到 20 世纪末，美国 65 岁老年人口平均寿命提高了 2.5 岁。

不像中国，美国老人有困难不求助子女，而是求助社会福利机构。当老人失能后，社会福利机构经过核实后，会指派专职家庭护士给予每周若干小时的免费服务。在美国，有病只要拨911，急救车就会直接开到家门口。比较来看，中国特别是农村的情况相当严峻，很多老年人是“小病扛着过，大病等着死”。在农村弱势老人身上很难看到国民待遇、公民权利、社会福利和政府责任的影子。

目前美国仍然处在人口形势比较乐观的阶段，但一些有远见的学者提出要早做准备。例如，华盛顿国际战略研究所全球人口老龄化项目主任杰克逊表示，美国的财政政策和预算并没有做好应对未来人口老龄化的准备。杰克逊说：“在美国也存在一些令人担忧的问题。虽然我们拥有不那么昂贵的公共养老金体系，但是与欧洲和日本相比，美国老年人口的医疗保险极其昂贵。老年人口的医疗保健费用的不断高涨，将会给未来的美国社会造成极大的负担。”

从1960年中期开始，美国政府主要通过《社会保障法》权利第十八项（医疗照顾 Medicare）和第十九项（医疗援助 Medicaid）为老年人提供医疗保健资金。医疗照顾是联邦政府负责的项目，它有两个组成部分A和B。符合医疗照顾条件的人一般包括65岁以上的人、永久和完全残疾的人以及患有晚期肾脏疾病者。部分A是强制性的，是针对住院治疗进行的保险，所以又称“住院保险”，是由雇主和雇员共同出资组成的医疗保健委托基金提供资金的。部分B是自愿性的，由参保者每月支付的保险金加上联邦总基金资助，主要针对门诊、日常医疗、诊断检查、手术换药、流动服务、家庭健康保健以及农村医疗诊室服务进行的保险，又称“补充医疗保险”。从中可见，健康不仅仅是公民自己的责任，美国政府对国民也承担了相当重要的责任。

医疗照顾只支付符合条件人员全部医疗费用的50%，另外的50%则由个人承担，而且只有4%的医疗照顾开支是被用于支付长期护理费用的。医疗费用的上涨使越来越多的老年患者无法承担医疗照顾项目的个人所承担部分。在这种情况下，有困难的老年人可以求助医疗援助。虽然医疗援助项目主要是服务穷人的政府保险项目，目的是济困救急，但实际上相当比例的项目开支用在了对老年人的护理上，成为老年医疗福利的重要保障。20 世纪 80 年代初期，2150 万名医疗援助受益者中 18.8% 是 65 岁以上的老年人，然而医疗援助项目总支付的 37.4% 用在了对老年人的医疗服务上。政府的福利援助可谓细致入微。例如，许多州采取了使用一般药品以取代名牌药品的做法来帮助老人降低药费支出；全美有 8 个州通过医疗援助项目帮助患者支付口腔保健费用，有些牙医社团和社区老年活动中心以低于市场的价格向老年人提供口腔保健服务。

让人感佩的是，即使在美国这样一个医疗服务高度商业化的社会，政府仍然承担了大部分老年医疗服务的支出。明确的立法和财政的保障都彰显了政府在老年医疗服务项目中不可推卸的责任，从而使“老有所医”和“老有所护”得以落实。例如，为缓解老年人及残障人群面临的医疗保健费用的压力，美国于 1965 年修订了《社会保障法》，增加了以老年人为服务对象的医疗保险制度以及以低收入老人、盲人、残障者、儿童和怀孕妇女为服务对象的医疗救助制度等条款。

从 20 世纪 70 年代以来，美国老年人的“医疗照护福利”就开始向“健康卫生福利”拓展，换言之，保护和促进健康的重要性远高于疾病来临时的医疗和失能无助时的照护。如果老年人能够保持健康自理的状况，就可以避免对医疗护理资源的过多占有和过度使用，同时也能享受“独立、自尊、参与、贡献”的生命乐趣。美国的经验是，从长远的角度看，预防疾病比治疗疾病更省钱，也能更有效地促进健康。对疾病和伤痛的预防不但减少了老年人的痛苦，而且有效地降低了医疗费用的开支，降低了人口老龄化的社会福利负担。中国人口老龄化所带来的医疗负担十分沉重，有数据表明，2008 年占我国人口 14% 的 60 岁以上老人花费了全国 40% 的医疗资源，这说明人口老龄化的医疗压力恰恰是“病苦老龄化”的直接体现，当然也不排除体制内老年人利用公费医疗的优势过分使用了医疗资源。无论中外，人口老龄化的社会影响如何，终究取决于健康老龄化的实现程度。显然，与美国比较，中国人口健康老龄化的实现程度较低，人口老龄化的质量也较低。

老年人是应对老龄化挑战的主体，所以健康促进活动意义重大。回望历史，美国主动开展了老年卫生保健服务，促进了积极的健康老龄化进程。一批老年身体和精神保健项目逐渐得到发展，包括老年病诊所、健康促进活动、身体锻炼活动、口腔保健、用药指导和社区精神卫生中心等。美国许多地方都有公益性、福利性的疾病预防计划，对老年人进行经常性的健康常识教育，通过小型讲座、播放教育节目录像等提醒老年人潜在的健康问题和适当的治疗方法，向老年人提供各种疾病的知识以及治疗途径。例如，对老年人进行直接的用药指导教育以避免潜在的药物危险。许多地方还举办健康咨询活动和健康体检服务。日常有规律的运动和锻炼是预防疾病的重要因素，美国很多老年活动中心、托老中心等积极为老年人开办各种身体锻炼课程和活动。

再次看照料保障。经验表明，人口高龄化和老年失能化有显著的对应性，高龄老人一般作为“依赖性老人”需要更多的照料和护理。从2000年到2050年，美国80岁以上高龄老年人预计将增加4倍多。美国卫生部数据称，2005年，大约70%人数总计约900万的65岁以上老年人需要不同程度的长期照料服务。其中，实际接收长期照料服务的人群中，老年人占比57%。大约40%的65岁以上老年人有机会入住长期照料服务机构，其中10%的老年人在服务机构的居住时间超过5年以上。越来越多的老年人不堪重负长期照料的费用，政府的公共财政压力也不断增加。据全美卫生统计资料，2002年共有160万人居住在18000个护理院（nursing home），人均年支出约57000美元，所有护理院总支出为930亿美元。其中，60%为联邦和州政府支付，27%由个人支付，12%由第三方私立机构（商业保险公司）支付，1%由慈善等机构支付。

美国政府不仅承担了老人长期照料的主要费用支出，而且不遗余力地推进以护理院和生活辅助设施为主的机构服务、以日间照料中心为主的社区服务和在家老人的居家服务共同组成的老年照料服务体系的建设，不断提升服务品质，确保所需要老人特别是失能老人的养老质量。任何一种照护模式良性运行都要取决于服务的品质和服务的监督，美国非常重视老人照料的法律依据和专业元素。

护理院是为老年人提供机构照护的主要场所。联邦和州政府认证部门严格管理护理院。例如，负责护理院资格认证、使用全国统一的标准考试来确定从业人员的资格、定期测量护理院居民的功能水平、建立人员培训标准、严格限制居民的药物滥用、建立护理院居民权利账单等。

日间照料服务（adult day care center）是机构照料的部分替代和有效补充。美国的日间照料主要提供看护、康复等专业服务，也提供临时替代照料服务（respite care），即临时替代家庭成员看护或者照料其老年父母，又称“喘息服务”。据估计，目前全美约有4000个日间照料服务中心，大多数是非营利机构。日间照料服务中心按照各州的相关法律运作，并接受提供资金的社区机构的管理和认证。1999年，全美日间服务协会等颁布了日间照料服务标准，对于规范日间照料服务发挥了重要作用。

美国重视居家照护（home-based care）。根据2008年的统计，美国大约有7000个居家服务机构，居家服务的对象四分之三以上是65岁以上老年人，专业性的居家服务提供主体是居家服务机构。各州建立相关法律，负责发放居家服务机构证书并实行年审制度，全国护理联盟等相关机构和组织也积极参与居家服务的质量监督过程。居家服务专业性靠专业人员保障。专业居家服务工作者（caregiver）包括注册护士、获得资格的实习护士、个人照料助手（personal aides）、护士助理（nurse assistants）、家务工作者、职业理疗师、社会工作者等。所有这些人员都在顾客的医生的指导下开展工作，并接受居家服务机构的监督。

反观中国，既缺乏专业负责的老年照料服务工作者，同时缺乏第三方真正负责的服务监督，所以就难以保证服务的质量。目前，中国在失能老人的照护方面基本上依靠的还是传统的家庭模式，但这一模式因为高昂的来自体力和心理等方面的非经济照料成本以及独生子女父母进入老年将难以为继，问题丛生，中国的机构照护的一床难求和社区服务的支离破碎，都说明了“无准备老龄化”临场应对的尴尬和被动。

美国的“社区照料模式”主要包括独立居住社区、协助居住社区、护理居住社区、活跃长者社区以及持续照顾退休社区，最大限度地满足了老年人多样性的养老需求。美国在建设各式老人社区时，都有一个“共享之家”的理念，这一人文价值照亮了美国老人的社区生活，美国通过有效的社区照料体系使得所有老年人都能共享社会福利，尽享晚年生活的美好。

美国近年发展起来的持续照顾退休社区（Continuing Care Retirement Community，简称CCRC）值得中国城市地区学习和借鉴。持续照顾退休社区将养老公寓、护理居住、公共设施等集中在一起，当老年人需要增加服务项目时，可以在本社区内部得到解决，从而实现老年人“在地老化”的理想。老年人根据自身的需求和经济条件，可以选择不同的居住形态和服务模式。持续照顾模式能为老年人提供从最初的退休享乐到最后临终关怀的一站式、一条龙养老服务。美国老年福利政策既考虑到老年人的需要，更考虑到老年人的权利，而且权利高于需要的理念是发人深省的。

美国的老年福利政策，具有鲜明的前瞻性、提前性和长远性，政府在推动“有准备的老龄化”过程中发挥了主导作用。例如，美国的长期照料保险始于20世纪80年代，其基本政策目标按照商业保险机制建立一种筹集长期照料服务费用的制度安排，是近年来美国健康保险业中发展最快的险种。长期照料保险利国利民，可以使个人在需要时得到较高质量的长期照料服务，同时可以避免因昂贵的长期照料费用而陷入经济困境。美国长期照料的管理规范，服务方便，很好地应对了高龄化的挑战。中国在应对老龄化过程中要树立“有备而老”的战略思想，很多方面都要向发达国家学习，利用“后发效应”，避免走弯路。

最后看精神保障。美国发达的经济和完备的养老福利体制已经解决了物质上的养老问题，所以比较重视老年人晚年生活的精神保障，这个方面也有很多好的做法。自1965年颁布以来到2000年，《美国老年人法》不断与时俱进，先后进行了十多次修改，老年立法的内容从最初的物质生活保障，扩展到目前的物质、营养、健康、就业、教育、居住、护理等全方位的保障。

老年人的特点是对医疗服务的需求绝不限于治疗和照护。美国的老年医疗保健服务就超出了对疾病和伤痛的治疗，不断弥补需求与服务之间的差距，体现了对提升老年“医—养—护”福利的不懈追求。始于20世纪60年代，美国开始探索社区精神卫生项目。社区精神卫生中心提供多项服务，其中一项是专门针对老年人的。当时，美国老年人精神疾病的高发病率引起了政府的关注。据统计，社区老人中抑郁症发病率为4%，住院老人中抑郁症发病率为10%，而住在护理之家的老人中抑郁症的发病率则高达20%—25%。与老人自杀紧密相连的，正是“抑郁”这个无形的凶手。2013年5月，北京大学国家发展研究院中国健康与养老追踪调查（CHARLS）项目组撰写的《中国人口老龄化的挑战：中国健康与养老追踪调查全国基线报告》正式发布，数据表明很大比例的老年人有身体健康问题，出现程度较高的抑郁症状占40%，很多中国老人生活在“亚健康老龄化”以及“病苦老龄化”的阴影中。总体而言，中国有程度较高抑郁症状的老年人口比例远远高于美国，而且人数惊人，达到7400万人。其中，32.1%的中国男性老年人具有程度较高的抑郁症状，而女性中该比例高达47.6%。中国需要在各个层面积极有效地开展老年人精神卫生的预防工作，设计并落实精神卫生社区促进战略。

美国高度重视对老年人群精神疾病的防治。精神卫生中心为老年患者提供咨询、教育、治疗和护理，并在生活上帮助做出安排。许多社区老年中心配有专业心理工作者，来帮助老年人预防精神疾患的困扰。有些社区设有专门针对失去配偶的鳏寡老人咨询计划，帮助志愿服务者与他们结成帮扶，使他们在失去亲人那个最痛苦的时刻能够得到及时的情感支持，并在今后生活的安排方面得到必要的帮助。中国有大量的失独老人、空巢老人、孤独老人，面临着“孤独终老”的巨大挑战，他们特别需要亲情滋养、心灵关怀和情感慰藉。中国政府可以借鉴美国经验，开展有自己特色的暖巢计划和亲情牵手行动等。

美国老年人精神保障的另一方面是鼓励老年人参与教育活动、参与社会发展。美国《高等教育法》《高等教育资源及学生资助法》《成人教育法》等保障并鼓励老人参与教育活动。美国老年人教育的目标是为了帮助老年人自立自助并发挥能力实现价值。美国为老年人教育提供了多元化的途径，包括独立教育组织为主的老年人教育机构，社区老人教育机构以及其他组织为主的老人教育机构。

美国通过立法保障老年人正规就业和社会参与的权利和福祉，展现了对“老有所为”和“老有所乐”的追求。为给55岁以上低收入的老年人提供从事社会服务的机会，《美国老年人法》修正案中特增加了“老年人社区服务就业方案”。为协助60岁以上的退休老人参与社区志愿服务工作，《美国老年人法》修正案中有“退休老人志愿工作方案”。美国还通过制定《禁止歧视老年人法》《经济机会法》《国内志愿服务法》《职业教育法》《综合就业训练法》等相关法案，以提供并保障老年人的就业机会。

“共享之家”：美国养老社区的启示

近年来，中国养老社区在各地不断涌现。我国老年人权益保障法修订草案将现行“老年人养老主要依靠家庭”修改为“老年人养老以居家为基础”。“居家养老”的提出实际上是要实现从传统的家庭照料到现代的社区照料，老年人的生活单位从家庭向社区的转变。居家养老的实质是社区养老。全球社会对“社区养老”逐渐达成共识，打造养老社区成为趋势。美国的社区居家养老是“品质养老”的典范。在美国，社区具备了强大的助老功能，使得美国老人能内安其心、外安其身，实现“安养—乐活—善终”的老年生活目标，所以多数美国老人选择社区养老模式。在美国，养老社区一般分为四类：生活自理型社区、生活协助型社区、特殊护理社区以及持续护理退休社区。一般地，社区与医院和专业护理机构均有紧密合作。

其中，持续护理或者持续照顾退休社区是比较理想的一种。据说CCRC起源于美国教会创办的组织，至今已经有上百年的历史。美国

CCRC 持续照护型健康的根本理念是，从被动型、托管式养老向自主型、享老式养老观念转变，告别以往得过且过的生活，让养老从“消极养老、自然老化”变“活跃养老、健康老化”。在美国，其代表是以太阳城为典范的养老社区。它面向那些退休不久、当前生活能够自理，但不想由于未来生活自理能力的下降而被迫频繁更换居所的老人。CCRC 是一种养老功能复合式的老人住区，通过为老年人提供一体化的居住设施和助老服务，使老年人在健康状况和自理能力变化时，依然可以在熟悉的环境中继续居住，并获得与身体状况相对应的照料服务。退休养老社区自成一体，为入住者提供安全的居住养生环境，配备安全监控、保安巡查等多种安全保障措施，配有大面积绿地、景观、花园、种植园区，并且从个人居所到服务场所、公共空间全部为无障碍设计。社区提供各种生活配套设施，如餐厅、超市、洗衣、银行、邮局、美容美发及各种娱乐活动场所。社区医院拥有经验丰富的各专科医生，为入住者提供预防、医疗、护理和康复等多种专业、快捷、人性化的“医—养—护”服务。据 1999 年美国一项学术调查显示，居住于 CCRC 老人的余命年龄是非居住于 CCRC 老人的 1.5 倍。为了实现对入住老人的持续护理服务，此类社区一般是生活自理单元、生活协助单元与特殊护理单元的组合。在同一个社区内，将根据老年不同阶段的健康状况，提供包括独立生活、协助生活（含失忆护理）和专业护士护理（含康复护理）的系统化服务。也就是说，不论入住者健康状况有何改变，依然可以在熟悉的社区环境中继续居住，无需脱离社区即可获得持续照料。

20 世纪 60 年代初，以太阳城为代表的养老社区在美国兴起。80 年代，美国有养老社区 2400 个，居住人口 50 万人。2009 年底，美国 100 个大城市拥有的养老社区床位或者单元的数量达到 207 万个。随着第二次世界大战后“婴儿潮”一代进入退休年龄，美国对养老社区的需求年增 3% 的话，每年需要新增 9.4 万个床位或者单元。老年人在养老社区可以购房可以租房，可以选择自理型、陪护型和特户型。有资料称，居住在养老社区的美国老人平均年龄大概 84 岁。

社区关起门是小家，打开门是大家，始终有家的氛围——亲密、安逸、自由、共享。在美国各式各样的退休社区，老年人谱写出一曲又一曲安养、乐活、善终的“在地老化”之歌。养老社区的灵魂是“共享之家”，这是点睛之笔。社区之家就是共享的地方。社区人口的共享指数显示了社区人口的聚合力、向心力和活动力。

启迪一：共享服务、人情、福祉。持续照护型养老社区的优点在于既保留了居家养老的亲情和舒适环境，又配置了大量社区娱乐休闲场所，同时引入专业机构提供持续照料和医护服务，让老人们享受到“居住在家中、生活在社区、服务于机构”的晚年生活。目前，全美共有1900处持续照顾退休社区。我国则刚刚起步，合众人寿保险机构在武汉投资建造的国内首个CCRC社区，名为“合众优年生活—持续健康退休社区”，就是典型的高品质的养老社区。美国的养老社区提供包括餐饮、娱乐、保洁、维修、应急、短途交通、定期体检等基础服务，并可通过付费方式享受其他生活辅助服务，以及用药管理及老年痴呆症或老年失智症的特殊护理。

美国的社区养老服务包括：一是全托制的“退休之家”，设施完备，服务周到。设施包括了医务室、图书室、计算机室、健身房、洗衣房、紧急呼叫系统等。服务包括了就餐、打扫房间、组织活动、出行安排等。二是日托制的“托老中心”，白天在中心活动，晚上回家休息。中心同样设施完备，并提供星级服务。起居室一人一床，一人一房。还有阅览室、保健室、活动室等。老年人除了不用为一日三餐操心外，还可以阅读、交往、制作手工艺品，安度晚年。三是养老社区提供上门服务。由美国政府出钱，派家庭保健护士为有需要的老年人提供服务。家庭保健护士不同于保姆，她们不仅仅为老年人做饭、洗衣、打扫卫生，还得有护理知识。有品质、有保障的社区养老必须做到物质保障、照料保障、医护保障和精神保障“四位一体”。家庭护理员介于家政服务员与专业护士之间，主要工作就是照顾住在家里或住宅式护理中心的孤独老人、伤残人士、长期病患者等。近年，美国推广的“自然形成退休社区”项目为恋家的独居老人提供“不出家门的养老服务”。截至 2009 年 10 月，“自然形成退休社区”已覆盖全美大约 300 个自然形成的老龄化社区，愿意在家养老的独居老人每年人均只需交纳 30 美元，就可以得到各类服务，包括房屋维修、志愿者上门帮工、社交活动、社区商店购物折扣等。社区“互助养老”让老年人结伴认对，互相帮助，彼此分享。

启迪二：共享活动、快乐、发展。太阳城是美国著名的退休社区，位于佛罗里达西海岸，全年 312 天能接收到日照，因住在这里的老年人活跃的生活方式而闻名。在美国，人们不把老年人称为“夕阳”，而是叫作“太阳”。他们对年龄的看法是，年龄不是数字只是心境。Sun City Poms 表演队的老人们穿着演出服排练节目，尽管做着各种高难度动作，但她们脸上的表情非常轻松愉快。表演队老人们年龄都在 61—78 岁之间，她们在表演中发表宣言：“对于想表演和开拓视野的人来说，年龄永远都不是问题。”活跃老化的老年人是社区的主人。

启迪三：共享自由、包容、和谐。根据报道，美国拟建棕榈泉同性恋者退休社区。这种专属人群退休社区体现了“人以群分，物以类聚”人际交往通则，这也是以人为本、关爱老年的一种伦理体现。退休社区的多样性体现了美国社会的自由度和包容性。可以给中国未来的“共享之家”提供启迪，例如建立失独老人为主的养老社区。

美国的居家养老服务模式

在老龄化社会，满足老年人的多样化养老需求，提高自主养老的生活质量，是政府的社会责任和重要使命。居家养老和公寓养老各有利弊，适合不同类型的老年人。熟悉的家和亲情是老年人幸福的港湾，这是古今中外老年人的共同感受。美国有很多老年人选择“在地老化”和居家养老。调查显示，在年满 65 岁的美国老年人中，近 90% 的人希望尽可能地留在家中。在美国，采取“社会化居家养老”方式的老年人远远大于入住养老院的老年人数量。2009 年，美国 65 岁以上老年人住养老院的人数为150万人，占同年龄段总人口的4%左右，而采取“社会化居家养老”方式的老年人为625万人。理由是：其一，居家养老可以享受亲情对生命的滋养，和家人一起安度晚年。其二，居家养老可以保障和享受老人生活和行动的自由，不必受到制式生活的管制所带来的对独立精神的压抑。其三，居家养老可以减少养老成本，降低经济压力。在现实生活中，一些老人的退休金无法负担昂贵的养老院费用，老人又不愿让子女出钱。美国大都会成熟市场研究所指出，美国家庭如果将老人送到养老机构养老，其每年产生的费用不少。数据显示，机构养老每人每年的平均费用为4.2万美元，而这一费用只是标准单人房间的费用，如果是成套居室的养老，每人每年的养老费用恐怕在8.7万美元左右。其四，居家养老可以减轻老年人恐惧死亡的心理负担。养老院虽然条件很好，毕竟是老年人口密集的地方，无法淡化老人们面对死亡的恐惧。基于上述的种种考虑，居家养老成了美国流行的养老方式之一。

美国的居家养老走的是社会化、商业化、专业化、智能化的多重路线。大致说来，美国有三种居家养老服务模式，即福利性服务、公益性服务和专业性服务。

其一，福利性居家养老服务模式

为了满足老年人居家养老的愿望，美国许多地方政府出台了相关的扶持政策和辅助服务。美国政府也对居家养老持鼓励态度，给予了很多优惠政策，如支付护工的费用，家庭购置老人医疗器械可以减税，医生随时上门服务等，这都为老人在家养老提供了很好的条件。

美国媒体称，保障老人在家中受到应有照顾的权利是美国最后一次大规模的民权斗争。根据美国明尼苏达州《克鲁士顿日报》报道，2010年11月，美国迎来全国“居家养老和临终关怀月”。养老专业人员、志愿者和现代医学使有品质的居家养老成为可能。科学的进步使上门医疗保健服务的发展远远超出基本的护理和支持性服务的范畴。越来越多的美国人乐意选择智能化、照护型居家养老模式，因此对合格的保健助理、注册护士和其他护理人员的需求随之上升。估计到2018年，居家照护行业将会实现惊人的48%的就业增长。美国的居家养老服务商提供种类丰富的服务，包括康复护理，物理治疗、职业治疗、言语治疗，心理咨询，饮食、检测、药品、医疗设备，居家医疗用品和个人护理。居家护理服务的费用由政府与民间埋单，或直接由病人和他们的家属支付。随着新的医疗保健法开始生效，不断进步的居家养老将帮助改善老年人的生活质量。

美国的居家养老实际上是“医—护—养”模式。美国政府对老年人实施全面医疗照顾，简称PACE计划（The Program of All—inclusive Care for the Elderly）。PACE形成一个全方位的照顾计划，为老年人提供了所有的医疗相关服务，包括紧急照顾服务、看护服务、初级医疗照顾、住院治疗、护理院照顾等，以及预防性、恢复性、治愈性和护理性的服务。通过多学科专家组成的团队进行个案管理，解决了慢性病老年人需要长期照顾的困难，为他们提供有效的服务，使体弱多病的老人可以居住在自己的社区里，尽可能保持健康，同时使他们能保持一种独立、有尊严、有质量的生活。美国的社区居家养老服务内容丰富，涵盖病历管理、成人日间照顾、家庭健康扶助、个人照料、杂务服务等等。社区还普遍设立家庭保健中心（为在自己家中居住的老人提供简单的日常生活及护理服务）、老人活动中心（除提供养老午餐外，还组织文化、娱乐、教育、旅游等活动），提供免费教育、进行老年人志愿者服务。政府还在社区为居家老人安装电子应急系统，处理紧急情况。

在中国，政府为一些特殊老人购买居家养老服务，很有必要：一方面可以为一些贫困失能无助的老年人（如失独伤独的计划生育老人）提供基本公共服务；另一方面则可以为居家养老服务市场的成长提供有效需求的推动力。事实是，很多中国老年人（如空巢失能的老年人）有希望得到居家养老服务的客观需求和强烈需求，但他们的支付能力不足导致潜在服务需求无法转化为有效服务需求，结果是养老服务市场看上去很大实际却很小。企业在“看上去很美”的养老服务市场面前缺乏信心、止步不前。这种市场的需求和供给不能对接的求供不应现象反映了“未富先老”的微观景象。由此说明，政府要承担的福利责任和服务责任是多么重要！

在实际生活中，完整的居家养老服务模式是福利性、公益性和专业性多元素集合一起的。政企合作模式值得探索。例如，2013 年北京海淀区政府创新成立的政企合作社区养老服务中心的试点项目中，场地、康复器材由相关部门提供，区民政局为部分失能、困难老人出资购买服务，区卫生局提供社区医院、家庭医生服务，居委会负责社区宣传和监督，居家养老服务商负责专业化管理和服务。优势互补，资源整合，助推居家养老服务市场和产业的发展。

其二，公益性居家养老服务模式

目前，美国的依赖性老人人数在增长。根据美国人口调查局的资料，1900 年出生人口的平均预期寿命是 47 岁，1950 年为 68 岁，2000 年为 77 岁，2014 年为 78.8 岁。1995 年，美国 85 岁及以上高龄人口约有 300 万人，预计 2050 年增加到 1800 万人。根据 2015 年估计，美国约 40% 的老人需要在医院或其他护理机构度过一段时间，而约有 4.5% 的老人将在那里度过余生。预计到 2030 年，美国人住护理院的老人将达到 300 万人，约为 1995 年的 2 倍。因此，伴随着人口高龄化而来的养老护理压力在不断攀升。国际经验表明，居家养老需要社区助老服务的支持。美国的很多社区就提供“喘息服务”。“喘息服务”是指家中照顾老人的亲属，如果自己想休息或者去旅游，可以提前告知社区，由社区代劳一段时间。家属离开的这段时间，社区就会派义工帮忙。这样，照顾老人的亲属也可以保证自己生活的自由和质量。美国大都会成熟市场研究所提供的数据显示，美国目前有将近 1000 万名年龄在 50 岁以上的人要面对照顾自己年迈父母的问题。这一数字与过去 15 年相比激增了 3 倍。

非营利组织在帮助居家养老方面发挥了积极作用。为了帮助居家养老的老年人，波士顿比肯山街区创造出“村庄”的概念。“比肯山村庄”从 2002 年开始接纳会员，而“国会山村庄”是成功复制这一模式的首批组织之一。美国全国范围内大约有 66 个这样积极展开活动的“村庄”，还有120个正在筹建中。绝大多数“村庄”位于人口密集、相对富裕的城市或郊区。而“国会山村庄”是最为活跃的一个。“国会山村庄”是一家非营利社区组织，成立于2007年，主要向“村民”免费或低价提供交通、购物、简单修理等服务。“村庄”里共有“村民”360人，来自260个家庭。每人每年缴费530美元，每家800美元，低收入人群每人每年100—200美元。这些费用占组织各项开销的一半，另一半来自捐赠。尽管“村庄”不提供医疗护理，但会帮助老人实现居家舒适生活，除了可由志愿者进行的开车接送和其他帮助之外，还提供会议、电影、晚餐、体操课、帮助购买日用杂货、疏通管道或家居维修等物业服务。“村庄”里有一条全天候电话热线，“村民”随时可以致电寻求帮助。要是没有“村庄”的服务，一些独居的高龄老人或许已经被迫搬到养老院去了。

“村庄”采取的是低偿服务、持续发展的模式。目前还是一种小众行为，但有发展的潜力。根据加利福尼亚大学伯克利分校老年学专家的调查研究，每位会员每年平均收取500—700美元的会费是绝大多数人能够承受的。换言之，平均一天不到两美元的费用应该是可以承受的，对普通收入者而言，会费本身不会成为不可逾越的障碍。关键在于，一是会员规模的扩大能否自发产生“规模经济”（scale economy）效应。事实是，随着美国“二战”后“婴儿潮”一代步入老年，这种人口增长的队列效应和时期效应对老年人服务的需求只会刚性增加，这一服务模式对思想独立、不服老的“婴儿潮”一代很有吸引力。二是如果产生财务缺口，能否通过慈善捐赠和政府补贴等途径来弥补和平衡。比肯山和国会山这样的现有“村庄”拥有成熟的筹款机制。美国一些社团组织也在呼吁政府的扶持。例如，美国一些妇女团体呼吁国会扩大税款抵扣范围，为那些在家里照顾老人而无法就业的妇女提供一定程度的税收减免。美国居家养老服务机构则指出，美国政府应该在养老投入上适当倾斜对居家养老的扶持力度。研究发现，强化居家养老可以减轻政府在养老方面的财政支出，美国印第安纳州立大学一份居家养老的报告曾经测算，每年因此可以减少政府用于社会保障3750亿美元的支出。

居家养老如何减少空巢孤独？居家养老的老年人要走出家门，参与社会，活跃老化（active aging）。社会化的居家养老实际上创造的是人我互爱互助的生活模式，既能解决老年人的生活难题，也能充实老年人的生活，可谓一举两得。这种在社区内依靠志愿者服务的居家养老方式最早于2001年出现在波士顿。在“村庄”里提供各项服务的主要是志愿者。“国会山村庄”有215名志愿者，其中一些既是“村民”又是志愿者。例如，68岁的考泽退休前是计算机顾问，如今帮忙接听热线电话。她说：“退休后，你不能只待在家里，必须跟其他人接触。这是我参与‘村庄’里事务的原因，我想有所回馈。”这体现了美国老年人一种积极的老年观：不是等着变老（growing old），而是不断成长（growing up）；不是只有享受，而是有所贡献。

其三，专业性居家养老服务模式

社会化居家养老是发达国家探索出的一条比较成熟的养老路径。在美国，专业化、网络化、商业化的居家养老服务模式受到欢迎。居家养老服务市场经过20多年的发展已高度成熟，并成为就业增长排名第二的行业。在美国，居家养老服务业已成为一个庞大的产业，最大的居家养老服务提供商成立于1994年，现拥有6万名护理员、800多个加盟店，遍布17个国家，每年提供几百万小时服务。据美国劳工统计局公布的数据，美国居家养老服务创造的就业机会逐年增长，2006年为77万个，预计至2016年将达115万个。

依托专业护理服务网络，提供陪伴和家务、个人护理、健康引导和专业护士服务等居家养老服务，其主旨是让老年人享受有品质的晚年生活，在家中生活得更安全、更舒适、享有自尊和保持独立。伴随着居家养老的主流化，出现了一个新兴的职业即“照护员”，这个职业需要专业护理技能和良好的服务意识，要求高于一般家政人员。

在居家照护的过程中，老年人的健康维护是重中之重。美国医疗服务体系和养老服务体系的一个缺陷是难以进入家门、建构起福利性的居家养老健康照护网络，结果很多居家老人得不到专业的照顾，难以规避疾病风险，失去健康之后占用了大量的医疗资源，自己痛苦不堪，家人也深感艰辛。需要就是市场，一个把专业医疗护理与一般家政服务相结合的护理型居家服务新行业开始发展起来。例如，成立于1995年的仁爱华（Right at Home）是美国最大的居家护理服务公司之一，通过二百多个加盟商为美国和世界各地成千上万的客户提供服务。美国仁爱华居家护理模式是一个团队的工作，其成功是基于高效率的服务流程和严格的管理体系。

对许多中国老人来说，没有一个地方比自己的家更适合居住的了。“十三五”规划纲要称，要建立以居家养老为基础、社区养老为依托、机构养老为补充的多层次养老服务体系。然而，我国大多数老年人的居家养老缺乏社区照护体系的依托，存在着“空巢综合征”等居家养老风险。发展安养乐居的居家养老模式所面临的基本挑战是还比较缺乏成熟可靠、专业化、网络化、智能化的服务体系，因此无法保证服务品质。

提供市场化、商业化、品质化的为老服务是养老产业的核心。十八届三中全会之后，“市场起决定性作用”的理念将推动国内居家养老服务市场的发展。美国仁爱华居家护理模式多年实践发展形成的养老照护理念、照护员选拔和培训体系、质量管理、服务流程、崇尚“仁爱之心”的企业文化以及团队支持服务等，都可以帮助建立中国的居家养老服务网络，保证提供专业和高质量的服务。令人鼓舞的是，2011年6月9日，美国仁爱华居家养老护理公司正式进入中国，首家仁爱华居家护理营业所在北京东环广场开始挂牌营业。将美国的管理智慧和中国的孝道爱心结合起来，也许会开创别具特色的居家养老服务新模式。

目前，中国居家养老服务市场处于起步阶段，发展的道路上困难重重且充满挑战。居家养老服务市场迟迟发育不起来的最大困难，是没有成功的商业模式以及缺乏专业护理人员。此外，在很多地方，国内居家养老服务市场还停留在概念阶段，潜在客户对居家养老服务的认可度和接受度都比较低。中国老年人是从艰苦岁月走过来的，他们对“品质生活”所知不多、所求不高，健康管理、康复指导、术后护理等等这些关于老年生活品质的专业概念要融入人们的意识还需要一段时间。2009年成立的北京慈爱嘉养老服务有限公司于2011年正式引入美国居家照护排名第一的品牌仁爱华，开始选点开发中国居家养老服务市场。迄今为止，慈爱嘉已经在北京、上海、三亚、成都、杭州、长春、武汉等7个城市建点。其中北京已经建成了4个服务中心。

政府需要助推居家养老服务市场的发育。养老服务业是微利行业，需要政府的政策杠杆，为企业提供有效的市场支撑。例如，政府不能硬性规定家庭护理的服务价位，应该让市场的供求关系来决定。养老服务属于前期投入大、收益周期长的行业，前期特别需要政府的多方面扶持，如提供老人需求信息等。

居家养老如何防范空巢失助的风险？居家养老智能化是一个大趋势，中国也在积极探索。美国正在推广一种全新监测系统，该系统由一个与互联网连接的电脑、电视界面、电话和一系列传感器组成。这些传感器被精心放置在老年人活动的关键地点，如浴室、厨房、入口和卧室，用来监测老人家中情况并记录他们的行为。如果家里一段时间没动静或房门传感器在异常时间关闭，系统就会向家人发出警报。通过电视界面，家人可以给老人发送短消息或天气预报等。例如，在美国俄克拉荷马州等地推广了一个安全养老计划，就是在老人家中和床上装上感应器，全天监测老人的活动，如果发现老人有异常，4小时之内一定会派出医疗队救助。监测到的影像会实时传到监控中心，同时会对影像做模糊处理，保护老人的隐私和尊严。

美国公寓式养老模式

美国最引人关注的养老模式是公寓养老，这一模式是居家养老和机构养老的有机结合，位置好，收费低，设施优，服务全，颇受老人欢迎，多年来风行全美。老年公寓一般都由政府专门拨款，设计和建造专供低收入老年人使用，体现了美国政府对老年人的保护主义和福利政策。老年公寓的申请人数众多，申请者为能住进心仪的老年公寓，需要常年排队甚至等上数年之久。根据美国老年公寓及护理业项目投资中心（NIC）2008 年的估计，美国老年公寓设施每年平均增长幅度超过 10%，当时有超过 28000 个老人公寓设施遍及全国。

按物业为老年人提供的服务和帮助的类别不同，美国的老年公寓可分为三类：（1）生活自助型（Independent-living）老年公寓。专为生活能自理的老人设计。每个公寓单元带厨房，配有家具及所有日用品。公寓拥有优美、舒适的居住环境，并配备所有的生活设施如餐厅、洗衣房，还有娱乐设施如游泳池、健身房、图书馆、俱乐部等。大部分公寓会经常组织集体活动，但不提供任何与日常生活、医疗相关的服务。（2）生活援助型（Assisted-living）老年公寓。这是目前比较流行的，主要为日常生活需要帮助但不需要专业医疗护理的老人设计。公寓向老年居民提供与日常生活有关的各种服务，包括做饭、帮助洗澡、喂饭、洗衣、体检、喂药和其他个人生活方面的需求。根据 NIC 调查，住进生活援助型公寓的美国公民平均年龄是 85 岁，平均居住时间是 30 个月。（3）持续护理型（Acute-care）老年公寓。该类老年公寓除了上面两种类型所拥有的设施和服务外，还提供全面的医疗服务和健康服务，包括护士服务、康复护理等。比较看，第二种老年公寓居多，是专为 62 岁以上、能生活自理、自行走动、低收入的老人提供的居住场所。至于失能失智的特殊老人一般送住护理型养老院。

公寓式养老模式的突出优点

首先，规避了单纯居家养老的风险和困难。由于缺乏社区或者公寓组织的人文关照和服务覆盖，分散的居家养老很难避免空巢独居的种种困难和风险，如突发疾病等各种意外的发生。在我国，空巢老人或独居老人在家中死亡多日才被发现的事情，在各地时有发生。空巢老人或独居老人数量日渐增多，比例越来越高，有的地方达到 50% 甚至 70% 以上，由此产生的问题也日益严重。2013 年 7 月 1 日，新修改的《中华人民共和国老年人权益保障法》将“常回家看看”作为法律条款写了进去。但这个条款是软性的，缺乏约束力和操作性，而且对失独父母来说是无效的。

其次，公寓养老兼备私密性和互动性。关起门是小家，打开门是大家，既有私密性，也有互动性。在崇尚个人主义和个人自由的美国，居家的私密性是老年人十分看重的，同时老年人又需要通过社会交往和朋辈互动来提高晚年精神生活、情感生活的品质。美国人从生下来就自己一个卧房，成人以后非常重视隐私和私人空间，所以他们晚年独居生活并不觉得孤单寂寞。

公寓养老都有老年人活动的公共空间和场所，从而使老年人有情感上的归属和精神上的寄托。例如，不少地方的老年公寓，每天下午有喝咖啡聊天时间，愿意聊天的人可以到咖啡厅碰面。公寓还安排许多活动，可以根据自己爱好随意参加。很多老年公寓堪称国际大家庭，住客往往包括各个族裔，体现了美国人口的多样性和美国社会的包容性。

最后，公寓养老具备安养—照护—快乐—送医的功能。老年公寓其实是社会化的居家养老模式，也是社会化的养老助老模式。传统的分散式、家庭式居家养老存在着难以规避的养老风险、照料风险。老年公寓既能享受个人的私密和家庭的气氛，同时也能享受政府提供的全方位的养老服务，例如，公寓服务人员负责打扫卫生、维修设备，并提供送餐服务，从而规避了各种发生在日常生活中的养老风险。

美国公寓养老大获成功的宝贵经验

第一，老年公寓分出高低档次，满足不同类型老年人的居住需要。高档次老年公寓入住者每月交3000—5000美元，可以享受全天候的医疗服务。普通平价的老年公寓数量最多，面向中低收入者。调查显示，美国老人爱住老年公寓，有钱的住高档公寓，条件差的住政府资助的平价公寓。例如，很多美国老人退休后将自己的房子卖掉，住进老年公寓，用卖房的钱支付公寓生活所需。

老年公寓租金按照住户收入的百分比灵活收费，收入高多收，收入低少收。专收低收入老人的政府福利性公寓，最低每月租金只有几十美元。入住者有独立套间，包括卧室、起居室、小厨房、储藏室、洗澡间并全天供应热水等。老人可添置自己喜爱的家具、洗衣机及烘干机。每户设紧急呼救系统，公寓内还有老人活动室、娱乐室、健身房、阅览室及会客室等，有的还设医务室、护理室及客房等。老年公寓设施的全面性和选择的多样性满足了所有老人的需求，体现了美国老年福利政策的全面保护主张。

第二，老年公寓的建设得到了政府财政的支持。老年公寓大多由私人或教会经办，政府给予部分补贴。这些公寓由于有房屋补贴，所以房价非常便宜，通常一卧一厅一厨一卫约 50 平方米的炊具设施又较齐全的单元，低收入者每月只交 80 美元左右的房租便可，并无需交管理费、清洁费及其他的杂费。政府规定公寓不得对老人提高房租，在土地税等方面有减免优待。

对于低收入的弱势群体，公共财政发挥了强大的托底作用，使得不同阶层的老年人都能实现老有所养、老有所依。所谓低收入者即年收入没有超过 2 万美元，入住普通老年公寓者需拿出自己三分之一的收入交租，剩下费用缺口则由政府埋单。美国政府对低收入老人的福利待遇采取的是普惠政策，衣食无忧，看病不愁，病患者还能得到特别护理甚至专人伺候。

有入住者感叹，美国政府对低收入老人的福利待遇“胜过自己的亲生儿女”，这实际上是西方特色的“孝道”，就是大力建设老年友爱型社会，倡导和践行“社会孝”和“政府孝”，从而为广大老年人构筑起最安全可靠的老年安全网。公共财政的强力支持彰显了各级政府坚定的养老责任，也体现了美国老年福利政策的福利普惠主张。

第三，老年公寓重视发挥老年人的作用。经验表明，老有所为和老有所健、老有所用、老有所乐是分不开的，这也是健康老龄化、积极老龄化、和谐老龄化、成功老龄化和幸福老龄化的题中应有之义。美国有些老年公寓的开支非常节约，原因是工作人员少减少了公寓管理和服务成本，很多入住公寓的老年人通过各种方式发挥余热，做力所能及的义工，十分开心。一位入住老年公寓的百岁老人有自己的长寿心得："千万别让自己闲着，一定要做点什么。"这种老年自助、老年互助的公寓养老模式很有生命力，值得肯定和借鉴。老年公寓就是一个小型的老人社会，老年人只有共融共建，才可能共享福祉。美国的老年公寓公平对待老年人，不嫌贫爱富，无论是高档老年公寓或普通老年公寓，设施大多差不多，一样有游泳池、网球场等；同时，鼓励老年人自助互助，均体现了美国老年福利政策的服务共享主张。

第四，老年公寓的中心分布和人文关怀充分体现"以人为本"。美国社会许多基础建设都以"便民"为主。不同于中国老年公寓大多远离市区出门不便，美国老年公寓大多建在市中心，交通十分便利，老人出入方便，步行就可购物。因为老人有很多的闲暇时间需要消费，喜欢闲逛，愿意扎堆，美国老年公寓的地理中心布局就很好地满足了健康老人自由行动的共性需求。美国老年公寓的各项功能设置都是从方便和保护老年人出发的。

多数美国人实现的是"有准备的老龄化"。很多美国老人在年轻时就未雨绸缪，通过个人积蓄和投资收益、退休金以及社会保险收入等为自己的养老做好准备，所以老人大都不缺钱花。但是美国对底层弱势老人的保护、照顾和保障却非常细心和全面。例如，各州没有退休金的老人可以拿到400—800多美元的社会安全生活补助金，享受不到医疗保险的低收入老人可享受联邦和州的免费医疗照顾，全社会各行业对老人均好眼相待。可以说，美国老人的生活舒适和经济安全恐怕是世界上独一无二的。

美国天堂式的老年福利制度体现了全面保护、福利普惠和服务共享三大主张，值得我们学习和借鉴。在中国，独生子女的孝心孝能均靠不住，孝顺儿女谁见了？《红楼梦》的"好了歌"其实是千古浩叹。他山之石，可以攻玉，公寓式养老是未来发展的重要方向，在机构养老体系中占有重要地位，中国也不例外。美国的经验还表明，老年公寓的开发和管理走的是市场化、产业化和商业化的路线，因此提高老年公寓的服务水平和舒适水平是保持老年公寓市场竞争力的两个关键因素。

老有所依：加拿大政府的养老责任

“枫叶之国”加拿大人口老龄化态势明显。据加拿大人力资源部的调查结果，2011年加拿大65岁及以上人口在总人口中所占比例达到创纪录的14.8%，比2006年高出1.1个百分点。加拿大65岁及以上人口在2011年达到近500万人，比2006年增加了14.1%，远远高于同期全国人口5.9%的增幅。加拿大老年人口比例在20世纪60年代末后一直稳定增长，原因是人口寿命延长以及持续的低生育率。

中国是“养儿防老”，加拿大则是“纳税养老”。加拿大政府对本国纳税人承担养老责任和赡养义务，不仅出钱而且出力，照顾老人生活乃至伺候生活不能自理的老人，构筑了安全可靠的社会化养老照护体系。无论穷达，都能做到老有所养、老有所医、老有所依。

加拿大走的是英国式福利国家道路。早在1927年，加拿大就颁布了《养老金法》，开始以中央拨款的方式来承担国民的养老责任的养老模式。在其整个社会保障体系中，养老保险无疑是最重要的制度安排，现行的养老保险制度包括三个层次：老年收入保障计划、按月支付的养老金计划和私人养老金计划。老年收入保障计划是一种基本保障计划，属于非缴费型老年福利养老保障，其经费来源于税收，由联邦政府统一管理，受益者是符合条件的加拿大公民，受益资格条件是年龄达到65岁，并且年满18岁以后在加拿大居住10年以上，须在满65岁前6个月提出申请。据说，98%的加拿大老人可领取老年金。养老金计划是指政府强制性提取工资总额的约5%作为养老基金，而用工单位也需要负担相应的比例，这样到了65岁，一般人就可以按月领取最多相当于平均工资25%的养老金了。按规定，没缴纳过养老基金的低收入者可以领取老年金和老年金补贴。老年金针对60岁以上、在加拿大居住满10年、收入比较低的所有老人，而老年金补贴专门针对低收入者。年满65岁的“耆英”（年高硕德者）可享受诸如免交医疗保险金（医疗本身是全免费的）、公交服务免费等福利，基本生活毫无问题。

（一）政府护航阶梯式养老

加拿大老人崇尚独立、自由、有尊严的居家生活，在有自理能力的前提下，坚持居家养老，实现“活跃老化”。根据老人的自理能力和养老意愿，加拿大构造了从居家养老、公寓养老（社区养老）到机构养老的“阶梯式养老”模式，探索出一种对于“独立型老人”、“半护理型老人”和“护理型老年人”的“一体化养老服务模式”，使得老人在不同的生命历程都能做到老有所依、老无所忧。正如一个到加拿大养老的中国老人所感叹的：人老了以后，是有所依还是无所依，这绝不仅仅只是养老金的问题。等有一天你又老又病，生活不能自理的时候，如果没有人在身边照料，你有养老金又怎么样呢？

加拿大政府为低收入老人构筑了福利养老安全网。在加拿大，老人遭弃养问题一般不会出现，人老了就由政府负责养老。廉租屋只照顾无房的老人和低收入人士。租金定为收入的30%，所以租客越穷越划算。一般，城市社区提供廉租房，这些廉租房都配有食堂。每个老人每餐只需支付2.5加币（约合人民币15元）就可享受到包含主菜、甜点和饮品的丰盛早餐。为了保证食物安全，每周义工组织都会派义工去超市挑选各类食物。

加拿大老人到高龄或者开始需要生活协助时，觉得自己再独立生活下去不方便、不安全了，便会向政府提出申请入住老年公寓。大部分加拿大人老迈后，都会选择加拿大特色的“以房养老”，即“卖房养老”。因为加拿大“养房”要缴纳高昂的地税和诸项杂费，负担重，且加拿大并不流行家庭养老和房产继承，父母无需过户给成年子女，因此，大部分人都会选择卖房攒钱，然后住进各种有福利补贴的养老机构。他们的养老方式是卖掉全部房产后，住进排了好几年队、终于轮上的老年公寓，每天过着平淡、规律的养老生活。子女有空时会来看望老人，带一些食品、衣物和礼物，配偶退休后也会搬来同住。一般以租住的形式进入老年公寓，老年公寓则以提供永久性护理服务的方式来运营。加拿大特色的护理不仅包括了健康护理，还有情感护理，例如，组织趣味活动，帮助老年人排遣孤独。

住老年公寓的老人一般生活能够自理。通常，55 岁以上即可申请入住普通的老年公寓，房租低廉，设施俱全，可以自己做饭，也可去食堂就餐。这类公寓一般都有政府或非营利机构的补贴。“退休人士之家”也属于老年公寓性质，有护士 24 小时监护，每天接受定时的医疗检查和护理，社区医生也会定期巡访。加拿大政府筹资兴建老年公寓、老年社区，并以低廉的价格租给提出入住申请并被批准的老人居住。加拿大的老年公寓、老年社区以一家一户为居住单位，但是只有符合条件的老年夫妻或单身老人才能入住。

人老怕空，逃避孤独，寻找再社会化的朋辈支持、精神互养也是很多老人入住老年公寓或社区的重要原因，社会交往部分解决了“时间空白”“精神空虚”问题。更重要的是，老年公寓或社区的管理方负责向居住在这里的老人们提供体贴入微的养老服务，比如每天的定时巡视、送餐、保洁、家庭医生服务，等等。由于人口老龄化现象严重，排队现象严重，加拿大政府也想出一些变通手法，如允许老人自己找房屋，政府给予高额补贴。

社区养老的主要平台是独立的老年活动中心，属于政府为区域养老配套投入的公共设施，非营利机构，主要面向健康独立型老人，规模不大但活动内容却丰富多彩。活动中心的硬件为政府免费为老年人提供，但是活动所需要的其他支出，包括外出参观、老师的费用等则需要付费。为充分利用场地，老年活动中心在晚间等时段，还面向该区域的年轻人和成年人开放，收取的费用稍高于老年人。活动中心一般实行老年人会员制，会员享有优惠价格、优先参加活动、定期接到活动通知等优惠。

如果老人失能需要长期照护，就去养老院。如果公寓或家里护理不了，经专案经理面谈评估，老人可入住护理安老院。加拿大政府办的养老院，一般都是由公立医院进行操作管理，医护条件优越，院方提供 24 小时的护理服务。食宿条件也好，一人一单间，食谱有专职营养师精心设计。在加拿大住养老院，医疗费用走医保，其他费用自理。入院收费标准是不管入院老人有多少养老金，每月税后收入的80%交养老院，余下的一切都不用管了，差多少政府贴，要是有富余，就算捐给了养老院。养老院的费用与老人子女们的经济状况无关。

加拿大的公立养老院条件极好，被誉为“终极养老模式”——养老条件好得不能再好了，但只有少部分幸运的老人能轮候到。养老院设施很完善，附设图书馆、理疗室、活动室、大小会议厅、洗衣房等。老人的卧室就像星级饭店的房间，环境舒适，三餐无忧，开心交流，品质享老。养老院经常组织一些集体活动，如做游戏、学手工、办生日晚会、烹饪品尝会，每次活动之前，一人交一元钱作为奖励基金，当场摸彩，中彩的拿去奖金的大部分。或外出参观，看枫叶变红，顺便聚餐，说说笑笑。由于床位有限，所以产生了“排队养老”问题。一方面，入住优等公立养老院的老人安享天年，长寿者不少；另一方面，也有不少老人“望院兴叹”。为解决床位不足问题，加拿大政府采取了床位补贴政策，助力私立养老院的发展。

最高规格养老院称为“护理安老院”，这类养老院的入住者为完全丧失独立生活能力的老人，需由护工24小时照顾。这类养老院费用全免，一般为医院附属，既有公营的，也有教会等机构办理的，但均享有政府补贴。这类养老院最大的问题是床位非常有限，申请入住的老人在有的省份需要排队多年才能获批。某些安老院开始尝试家庭式护理，比如让护工穿家常衣服、将病房布置成公寓的形式、设计专用的厨房和起居室供老人回味家庭生活等，效果较好。次一级的是“护士中心”，老人有较多活动空间和较高自由度，可以会客和互相交往，每天有私人活动时间，每周有家属探望时间。但需要护工全天候照顾，适合能基本生活自理的老人。

（二）保护弱势老人：多方参与的启示

目前，加拿大人平均寿命80.9岁，其中男性为78.5岁，女性为83.1岁。据加拿大统计局统计，每7个老人中，就有一个因患有慢性病需要照顾。因是政府照顾老人的模式，医护业和护理安老院在加拿大成了很大的行业和需求。仅大温哥华地区，护理安老院就有75家，丰简由人。

顶级安老院房间宽敞，膳食精美，康乐丰富，但住户要自付部分费用。

加拿大政府采取养老补贴保障低收入老人的养老权利，免除穷人老无所依的恐惧。例如，在加拿大西部不列颠哥伦比亚省中侨互助会下属的“李国贤护理安老院”，需要全面护理的失能老人每月只需交纳 498 加元，相当于联邦政府每月资助他们的老年人安全养老金的 80%。养老院每收留一名需要全面护理的失能老人，每天可获得不列颠哥伦比亚省政府 116 加元补贴。

最弱势的老人是既不能说话又无法反抗的失智失忆失能的痴呆老人。加拿大安大略省养老院中的雇员虐待或疏于护理耆老的事件屡见不鲜，甚至养老院雇员性侵老人的事件也时有发生。据报导，该省有超过 10 家疗养院每个月都会发生捶打、推搡、语言侮辱或性侵老人的事件，并且大多数案例中虐待养老院老人的是雇员。存在问题的主要原因是，一方面养老院患有痴呆症的老人不断增加，另一方面对员工缺乏培训、要求和管理，因此员工服务水平无法提高。此外，由于养老院个人的私密空间有限，仅有的“社会联系”只剩几张照片和家人定时或不定时的探望，因此有一部分老人会感到精神抑郁。这其中有一个养老院老年人的“社会交往”问题，他们不能与社会脱离，他们需要的是持续地与鲜活的社会保持联系，以激发老年生活的热情。

加拿大的经验是立法保护老年人的权益。例如，安大略省卫生署把养老院中三种容易混淆不清的行为立法，集中关注养老院老人的投诉。自从新的立法执行后，投诉护理服务差及受到虐待的事件层出不穷，因此调查报告超过 1500 份。1500 份调查报告中有 900 起事件存在严重问题，125 起与虐待老人有关，350 起与疏忽护理或服务过差有关。

加拿大另一个值得学习的做法是围绕老年人权益诉求及时完善长期照护的监管服务系统。安老院老人通常有住户委员会，家属有家属委员会，他们定期和院方开会，反映意见，改进服务。例如，病人不仅有权知道自己的病情，而且有权选择是否接受抢救，等等。在护理安老院的老人被称为“住户”，不以病人称，以照顾老人感受。政府每年派人检查安老院一次，要求一种食谱每周最多重复一次，晚上巡房不少于每小时一次，等等，不合格者予以警告乃至停牌。在大多数安老院，护工们对失能老人温柔体贴，关爱有加。例如，穿衣，喂饭，上厕所，有的老人晚上要系上尿布。一个护工平均照料五六位老人，护工几乎都是来自非英语国家的移民。护理安老院里的伙食很好，专人负责安排调理，费用由政府支付。

加拿大养老院重视“持续健康老化”和“保持活力老年”。养老院配备康复助理和复健师，负责帮助老人通过散步、拉伸等运动来保持活力。事实上，大多数老人都喜欢锻炼身体，他们也意识到锻炼对他们是一件很重要的事，运动能使他们的关节更灵活、更机动，也使他们能够独立地完成更多事情。在设置老年课程和活动时，注重科学指导依据，以满足不同老人的教育程度、文化素质、体能、社交和宗教等多种需求为出发点，设置有针对性的老年人活动和课程，比如瑜伽课就细化到冥想瑜伽、力量型瑜伽、太极瑜伽等。以“让老人快乐每一天”为追求的养老院每天都尽可能努力为老人们的生活增添意义，让他们参加各种各样的活动，让他们做他们想做的事情，就是要让他们每天的生活都过得有目的、有意义。

加拿大重视发挥非政府组织义工机构的作用，不仅奉献爱心，而且要求特长。由于人口老龄化严重，社会更需要义工为老年人提供专业化服务。例如，一个为老年人做早餐的义工项目，其宗旨为了保证老人们吃得放心、健康，所以参加这项服务的义工必须是当地营养专业的大学生。养老院的一些老人最喜欢传统英式早餐，为了保证营养均衡，学生义工会将蔬菜和肉蛋巧妙地结合起来，并保证食物可口美味。菜谱一般都会提前一个月张贴在公寓门口的公告栏里，让老人们可以根据自己的喜好选择什么时候参加。另外，学生们每周都会为老人们制作关于营养膳食的海报，提供营养搭配知识和一些购买食品的建议。老人们都期待学生们的到来，不仅感觉到了社会对他们的关注，而且感受到了与年轻人在一起的乐趣，还学到了很多实用的营养知识。参与这个项目则增加了年轻人服务老人的经验，了解了老人们的饮食习惯，为今后成为一名合格的营养师积累了宝贵的实践经验，同时还让个人价值得到了实现。

有备而老：英国应对人口高龄化

老年长寿化推动了英国的人口老龄化。在第一次工业革命完成后的1841年，英国男人的预期寿命只有40岁，女人的预期寿命是42岁。2010年以前的50年里，英国人的平均寿命男性大约增加了10年，女性大约增加了8年。在1980年，只有占总人口1%的人能活到超过85岁，而这一数据在2010年翻了一番。2010年出生的男孩预计活到85岁，女性能活到89岁。此外，百岁或百岁以上的老人越来越普遍，有的人能活到110岁。例如，在英格兰和威尔士，100岁的老人从1980年的2280人增加到2010年的11610人，几乎翻了5倍。

根据英国国家统计局数据，在2010—2030年间，英国65岁以上年龄段人口将增长50%，而85岁以上年龄段人口则将翻番。英国议会上院公共服务和人口变化委员会（Lords Committee on Public Service and Demographic Change）表示，尽管英国人平均寿命增长是一件好事，但是英国社会与经济也正在因此而面临着一系列严峻的公共服务和养老保障危机。英国现行医疗和社会保障机制无法应付人口迅速老龄化挑战，而且当今英国对老龄化社会带来社会经济挑战“极度缺乏准备”。

老年长寿化问题从长远来看已经导致了医疗、养老等社会问题。尽管对许多个人来说长寿是福，但是就国民经济和社会福利保障方面来说，人口快速老龄化意味着急剧增加的开支与负担，以至于将国家财政引入危机。伴随人口高龄化而来的一大问题是长期慢性病患者剧增，因此，必须改变现有国民医疗保健服务系统（NHS）的医护模式，鼓励和支持更多的慢性病患者在家中得到护理和治疗。

英国财政部发出警告说，要在公共养老金方面采取大刀阔斧的行动，因为现在的体系完全无法解决寿命延长所带来的问题。公共服务和人口变化委员会建议，应该大幅度改革现行养老金、公共医疗和就业政策，以便平均寿命更长的英国人进入老年阶段后也能继续维持优质生活水准。英国政府长期坚持称，维护老龄人生活品质是优先考虑的改革和发展目标。

英国有识之士呼吁，不要认为老龄化问题是将来的事，因为人口老龄化是现实发生的事情。政府和全社会都应该“醒醒”，意识到人口老龄化的问题关系到每个人，也是人人有责的问题。如何实现老有所养，不但是政府应该操心的事情，也是每个人需要早做打算、早做计议的问题。英国上院的调查显示，如果没有重大福利和医疗改革，英国的医疗和社会保障系统将无法维持下去。面对国家财政全面紧缩的英国，继续增加税收和医疗社会保障投入不太现实，只有更好调动和综合利用个人、社区和国家资源，才能确保英国人能够在老年时病有所医、老有所养。

建立有备而老的责任体系和资源体系，这对中国有重大启发。实现有准备的老龄化，需要建构责任共担体系和资源整合机制。

首先是老年人自己要承担部分的养老责任，通过延迟退休开发自身的人力资源来换取充裕的养老资源。英国政府应对老龄化问题的一项举措是取消退休年龄的硬性规定，让老年人更加自由灵活地选择退休与否。英国在2011年取消了65岁法定退休年龄限制。仅2012年间，英国就有近9万人推迟了退休时间。截至2013年6月，英国65岁以上的就业人口已超过100万人，占该年龄段人口的10%，在总就业人口中所占比例为3.4%。2015年，英国有150万名65岁以上的老人仍坚持工作。

自2009年开始，无论是国家养老金还是私人养老金收益都出现了下调，这是英国老年人推迟退休或者继续就业的原因之一。《泰晤士报》的一项问卷调查显示，目前50岁以上的英国人中，超过四分之三的女性、半数以上男性都表示，65岁之后仍将继续工作，主要原因是仅靠退休金无法维持生活。由于现在许多工作对体力要求不高，许多人在65岁以后再工作几年几乎不成问题。20世纪40年代英国出现的生育高峰被称为“婴儿潮”。当时出生的那一代人是目前英国老年人口的主要组成部分。他们的身体状况比前几代人好，平均寿命也更长。就业人口老龄化趋势今后将长期存在。到2020年，英国三分之一的就业人口可能超过50岁，而65岁以上的人口在2050年可能增至24%。

其次，为应对英国社会普遍存在的孤独终老问题，英国准备向亚洲的敬老文化学习，开始重视家庭的养老责任，整合家庭的养老资源。调查显示，英格兰有大约80万名被社会遗忘的、长期孤独生活的老人，还有500万名老人说，陪伴在他们身边的主要是电视机。英国卫生部形容这是“国耻”，并呼吁英国人要向亚洲学习孝道，吸取这些亚洲国家照顾老人的经验。例如，年长的父母跟子女同住、一起生活，享受亲情和照顾。英国人必须学习敬老，构建世代之间的社会契约，最先要做的是改变年轻人对待父母和祖父母的方式。

中国也一样面临着大面积的孤独终老问题，现在老年空巢化趋势在不断发展，独生子女家庭养老功能难以期待，分离的居住安排导致很多老年父母得不到很好的照顾和关心。本来家庭养老是中国最优秀的传统之一，但强制性“一孩化”政策从根本上削弱了家庭养老的赡养—照料功能，使得很多独生子女有孝心但善事父母之力不足。有孝心但无孝能将使很多双独、单独的年轻家庭陷入“苦孝”而他们的父母陷入“空巢”的困境中。英国重视东方的文化资源、挖掘家庭的代际关系资源来应对老龄化挑战值得中国深思和反省，改革中的生育政策必须把加固家庭的养老支持放在突出的位置上。

日本应对人口老龄化的举措及其启迪

（一）少子高龄化及其对日本的影响

1971年，日本65岁以上老龄人口占总人口的比例达到7.1%，突破7%的门槛标准，开始步入“老龄化社会”；到1994年，该比例超过14%，转型为“老龄社会”；2011年初统计，该比例上升到23.1%，日本进一步转型为“高龄社会”。未来几十年里，日本人口将进入人口老龄化深化发展阶段。目前，日本65岁及以上老龄人口比例已达23%，是全球最高水平，成为第一高龄社会。

由于低出生率和长寿的双重影响，日本已经是发达国家中老龄化进程最快的国家，今后将成为“超高龄社会”。2012 年 1 月 30 日，日本厚生劳动省公布的人口预测表明，到 2060 年，日本总人口预计将在目前基础上减少三分之一，日本人的平均寿命将在目前基础上增加 4 岁，65 岁以上老龄人口将占日本总人口的 40%。日本国立社会保障人口问题研究所的报告显示，到 2048 年，日本人口可能遇到“分水岭”，总量将从目前的 1.28 亿人首次跌至 1 亿人以下，每年将以 100 万人的速度递减，2060 年将进一步减少到 8674 万人；其中 65 岁以上老龄人口占总人口的比例将从目前的 23% 增长到 39.9%，总数会达到 3464 万人，这意味着届时每五个日本人中就有两个人在 65 岁以上。

日本经历的是典型的“少子老龄化”发展历程。持续的低出生率和超低生育率是日本日益严重的人口年龄结构失衡的主要原因。出生率无法赶上加速的每年死亡人数的增长步伐。最近，年死亡人数出现了 1968 年以来的最高值。从 1996 年起，日本 15—64 岁的劳动适龄人口数量就在下滑。日本劳动人口的绝对数量在 1995 年达到顶峰，为 7980 万人，此后每年平均减少 55 万人，到 2010 年减少到 7150 万人。劳动人口的减少意味着养老金缴费人数的减少，而退休人数又在不断增加。这一“多”一“少”对养老金当年收支平衡带来严重威胁。2006 年，日本人口自然增长率首次为零，此后呈逐年递减趋势。到 2060 年，日本 14 岁以下人口数量将只有 791 万人。15—64 岁的劳动适龄人口将仅有 4410 万人。换句话说，在 2060 年，日本的一半人要被另外一半人供养。

在生育少子化方面，到 2060 年每位日本女性预计一生平均生 1.35 个孩子，这比 2010 年的平均育儿数 1.39 要少。要阻止人口减少，日本的平均育儿数必须达到 2.08，而目前全世界范围内的这一指标是 2.5。

在老年高龄化方面，日本人的平均寿命在未来半个世纪内将继续增长。2060 年，日本女性平均能活到 90.93 岁，比 2010 年的 86.39 岁增长了足足 4 岁多，日本男性的平均寿命也将从 2010 年的 79.64 岁增长到 84.19 岁。

20 世纪 90 年代中期以后，日本人口年龄“金字塔”发生倒转，65

岁及以上人口比例超过了少年人口比例。当不断缩减的年轻人口不得不供养不断增加的老龄人口时，比例失调的人口年龄构成可能会将日本的社会福利体系拖入麻烦丛生的境地。在日本，1990 年到 2010 年曾经被称为“失去的 20 年”。二十多年前，房地产和股票市场泡沫的破裂让日本进入经济冰冻期。从此，日本政府就开始探寻经济增长的新模式，但一直收效甚微。日本持续的少子老龄化不仅压缩了日本劳动适龄人口的供给规模，而且也影响到了国内的消费市场。例如，自 1999 年到 2009 年，日本 15—64 岁的劳动适龄人口减少了 2%，同期 65 岁以上的劳动力增加了 19%，而 25—34 岁的劳动适龄人口减少了 9%。失衡的人口年龄结构形成了日本经济的结构弱点，即过分依赖出口推动经济增长、内需疲弱、企业生产效率低下和市场竞争存在障碍。

尽管从 20 世纪 90 年代中期开始，日本试图用鼓励生育等办法来缓解人口老龄化所带来的劳动力短缺的危机，但效果甚微。日本政府曾经多年出台各种政策，来阻止人口出生率下降，但还是以失败告终。日本新领导人提议给新生育家庭每月发放补贴，每年总计发放 3300 美元左右，直至孩子年满 15 周岁。其他鼓励措施还包括增加国家承担费用的日间婴儿照顾服务，学费减免以及其他意在提高生育吸引力的措施。但事实是，单凭金钱鼓励还不足以刺激生育，经济刺激措施的影响力有时候难以超过其他影响生育的复杂社会因素。疲弱的经济已经导致工作不安全感增强，强化了日本已经十分拼命的职场文化，这令职业女性不敢生孩子，现在结婚年龄更晚了。这种情况还令工作的男性在家的时间更少，加重了女性的家务负担。金钱不是万能的。政府还需要考虑其他重要因素，除了父亲应该在家发挥更大作用之外，还包括社会接受工作母亲以及营造一种持支持态度的公司文化。日本民主党还提出要将生孩子时的一次性补助提高到 55 万日元（合 6000 美元）。其他政纲包括中学免费入学以及加大幼托设施方面的开支。日本民主党预计，总开支为每年 710 亿美元。日本希望仿效法国等一些国家的做法。法国将 GDP 的 3.8% 用于有利于家庭的政策上，比如费用低廉的托儿所以及延长育儿假，其出生率已上升到2.02。日本将GDP的1.3%用于家庭福利——比经合组织的平均水平低了整整一个百分点，不过与美国大致相当。

2012年4月16日，日本21世纪政策研究所发表的《全球化的日本——2050年模拟与综合战略》报告称，受少子化及老龄化的严重影响，日本经济将在2030年以后经常出现负增长，在从未实施有效经济增长战略的情况下，日本或将被挤出发达国家行列。报告从对日本人口、储蓄与投资动向以及生产率发展的预测，推测出日本经济长期发展的四种情境。在假设日本的生产率可以恢复到其他发达国家水平的“标准情境”下，日本经济在2011年到2020年间的年均经济增长率为0.43%，而从2030年开始经济开始萎缩，2041年至2050年之间，预估年均增长率为-0.47%。报告呼吁，日本要加强女性与老年人的劳动参与；应该实现农业产品的高端化，使它成为出口商品；同时，利用亚洲经济增长来弥补日本内需不足。

少子老龄化对日本经济社会产生了深刻的影响，一方面是年轻劳动力供给不足，经济增长乏力；另一方面是社会福利制度受到冲击。日本的少子老龄化对该国的社会福利和税收体制形成压力，目前的养老金、就业以及社会福利政策跟人口急剧萎缩的态势有很多矛盾，改革迫在眉睫。伴随着少子老龄化现象，日本财政在养老金、医疗等社会福利方面的支出每年要增加1万亿日元。在日本政府2010年度的预算案当中，社会保障方面的支出规模占到了整个预算案的30%左右。然而在现行的税收制度下，预算案的庞大支出将越来越需要依靠外债来支撑。随着人口老龄化的进一步加深，日本现行的社会保障制度将使日本的财政状况不堪重负。

日本的社会养老保障制度可以分为三个支柱：第一支柱是国民年金，设立于1961年，早期覆盖人口主要是农业人口以及未参加厚生年金或共济年金的城镇非正规就业人口（类似于中国的城镇居民养老保险和农村社会养老保险），这是“第一类被保险人”；后来被覆盖人口扩大到加入了厚生年金和共济年金者，被称为“第二类被保险人”；国民年金的“第三类被保险人”则是第二类被保险人的配偶。第二支柱是厚生年金和共济年金，厚生年金相当于中国的城镇企业职工基本养老保险，主要覆盖大中型企业职工；共济年金类似于中国的公务员和事业单位养老保险，主要覆盖日本政府公务员。第三支柱属于补充层，例如，厚生年金基金、企业年金等。日本的人口老龄化对日本社会养老保障制度的冲击首先表现在养老年金支付压力的日益增大上。在20世纪90年代，日本三支柱的养老年金支付额占国民收入比例一直在10%以下，例如，1990年占国民收入的比例只有6.90%，1995年为8.95%。然而进入21世纪，压力明显上升，2000年则上升到11.08%，2006年日本三支柱的养老年金支付已经占到了国民收入的12.68%。

为了应对少子老龄化对养老年金支付的冲击，日本政府在过去20年间进行了一系列的改革。纵观这些改革，可以分为三类：一是提高养老年金领取年龄，降低年金领取额；二是提高企业和个人的养老年金缴费率；三是增加政府财政对养老年金基金的支付。

日本国民养老年金的标准领取年龄为65岁，后来日本政府推出了弹性领取政策：如果提前到60岁领取，则养老年金支付额打折给付；如果推迟领取，则可以增加养老年金支付额。此举可以激励那些还有劳动能力的老年人继续就业。而厚生年金最初的领取年龄为55岁，此后在1954年和1985年将男性和女性的领取年龄一并提高到60岁。1989年厚生年金的领取年龄被推迟到65岁。但是日本企业的退休年龄却按照惯例维持在60岁左右。这样，就出现了一批已经退休，但是还没有资格领取养老年金的老年人。这也是日本老年人继续就业的原因之一。

对于养老年金支付额，2004年日本的年金改革提出建立“可持续的、确保国民信赖的公共年金制度”的改革宗旨，在此宗旨下，改革法案确保年金的家庭支付水平（夫妻二人的国民年金加丈夫的厚生年金）的替代率超过在职职工年均收入的50%；在此基础上，将年金替代率从2004年的59.3%逐步下调为2023年的50.2%。除此之外，其他降低年金支付额的措施还包括：从2007年4月，70岁以上老人的年金给付逐渐减少；对领取遗族年金的家属，年满30岁的无子女女性的领取期限由无限期领取改为只有5年领取期等。

2004年改革还提高了企业和个人的养老年金费率。国民年金的个人缴费由改革前的13300日元分阶段提高，直至2017年的16900日元；厚生年金费率逐步由改革前的13.85%（个人和企业各负担一半）逐步提高到2017年的18.30%。2006年日本厚生年金的费率已经提高到14.64%。

第三个措施是增加政府财政对年金基金的补贴额度。在2004年改革之前，日本政府财政负担国民年金支付额的三分之一，并负担国民年金、厚生年金和共济年金的管理费用。2004年的改革要求将国民年金中政府财政负担的部分由三分之一逐年提高，到2009财政年度提高到二分之一，以此应对不断增加的支付压力。但是，增加政府财政对年金基金的补贴又反过来对政府的财政造成了压力。在此之前，日本政府已经面临财政赤字的巨大压力，政府债务居高不下。2009年度日本政府的净外债额占GDP的比重高达111.6%，这个比例在2010年度和2011年度分别达到121.7%和129.8%。而在2010年度日本政府的财政预算中，社会保障支出已经占到了政府财政总支出的29.5%，比2009财政年度增加了9.8%。这给日本政府财政造成了巨大的压力。

为了解决财政方面的压力，对日本现行的税收制度进行改革成为日本各界热议的话题。近年来，日本各党派竞选的中心议题就是是否增加消费税以弥补政府的财政赤字。在各政党的辩论中，支持增加消费税一方的主要依据就是日本政府需要应对未来养老年金的支付压力。在人口老龄化趋势无法改变的情况下，增加税收从而减少日本财政对外债的依赖程度不失为一个行之有效的办法。大部分日本国民对政府提高消费税的做法表示理解，为了解决人口老龄化带来的财政压力，提高消费税成为必然趋势。

日本在老年社会保障制度建设方面起步较早。在1941年制定了《雇员年金保险法》，这是关于养老保险制度的首次立法。1954年制定了《国民养老金法》，规定在国民年金保险中，国家负担管理费和年金开支的

33.3%，余下的由雇主和雇员共同负担。1961 年正式实施“全民皆年金”的社会保障制度，1963 年制定了《老人福利法》，在一定程度上做到了有备而老。

20 世纪 70 年代初步入老年型国家后，日本为提高养老年金覆盖率和解决养老基金财政问题，又对原有制度进行了改革。1970 年，养老金支出 1 万亿日元，到 1990 年超过 24 万亿日元，到 2007 年时已达到 48 万亿日元；占国民总收入的比重也相应地从 1.4%、7.0% 上升到 12.3%。日本养老金支出上升的主要原因在于少子老龄化趋势加剧，老年赡养比逐年提高。

1973 年，日本成立老人对策计划小组；1983 年制定了《老人保健法》；1985 年为了使 21 世纪老龄社会的养老金制度更加公平和稳定，制定了新的养老金法；1986 年颁布了《长寿社会对策大纲》；1989 年制定了《促进老人健康与福利服务十年战略规划》。1989 年制定了推动老年人保健福利事业发展的“黄金计划”，决定 10 年内投入 6 亿日元，增加老年人的社会福利设施和为低收入老年人提供家庭照料和护理服务。

生育少子化的不断加深已经严重影响到了日本年轻劳动力的供给。因此，日本对雇佣结构和雇佣制度进行了改革，积极采取高龄雇佣对策，充分开发老年人力资源。日本政府在 1986 年制定了《高龄者雇佣安定法》，为老年人就业提供政策支持，鼓励和促进各企业延长退休年龄。同时建立老年就业体系，通过设立“银色人才中心”，严格规定企业老年职工最低比例，对雇用老年职工企业予以补助及相应贷款优惠等政策，让更多有劳动能力和意愿的老年人走上工作岗位，努力做到老有所为，同时推迟了养老金的支付年龄，减轻了政府负担。

1995 年，日本公布的《重新构建社会保障体制》的报告中建议引入护理保险，把护理服务纳入到社会保障体系中。少子化带来的家庭规模的缩小，使得家庭养老功能减弱。为实现家庭养老向社会转移，2000 年日本开始实施“护理保险制度”，旨在通过社会保险共同负担老人护理所需设施、服务等费用。该制度不仅解决了子女无暇照顾老人的顾虑，同时也给老人减轻了经济负担。

日本政府2004年对养老金制度进行了改革，已达到养老金的收支平衡，力图保证养老保险基金的充足和养老保险制度的长期稳定。为了应对老龄人口增加带来的医疗费用增多的问题，日本政府废止了老年人免费医疗制度，采取了医疗共济制度，老年人自己负担小部分医疗费，以缓解财政负担。2006年，日本成立了独立的老年人医疗保险机构，75岁以上的老年人都是该机构的被保险者，在他们需要支付的医疗费中，一成由本人承担，五成由国税负担，四成靠其他保险者的分摊。日本的老年福利对策包括了“在家养老”和“设施养老”，既注重改善传统的家庭养老环境，又重视社会养老设施服务网络的建设，两者构成了老年居住环境不可分割的组成部分。日本政府重视住房供应制度对家庭养老环境的影响，鼓励“两代居”的家庭以同居或者邻居的方式形成网络式家庭的社区结构，使家庭结构小型化的社会倾向得到了适当的调控。

日本还积极利用市场经济机制，发展老龄产业。老龄产业是指为老年人提供产品和服务的企业和部门，涵盖了满足老年人衣、食、住、行、乐、医等各方面需求的多种行业。日本老龄产业涵盖面日益广泛，满足老年人各个方面的需求。商家根据老年生理和心理特点量身定做并推出适合老年人的产品和服务，取得了很好的效果。

日本的一些机构专门负责管理老人问题，如厚生省等分别主管老人的福利、税收优惠、教育、辅导就业与制定雇佣政策和住宅规划，有效保护老年人的生存与发展的权益。

（二）对中国的启迪

第一，中国的人口老龄化具有未富先老、未备先老和孤独终老三大特征。和日本比较，在可预见的将来，中国将遭遇相似的人口危机甚至步入更为严峻的养老困境。与日本所经历的“少子老龄化”比较，中国面临着前所未有、耗时长久的“独子老龄化”甚至“空巢老龄化”的巨大挑战，传统的家庭养老体系事实上已经瓦解，但社会养老体系还很不健全，从而形成养老真空，导致巨大的养老风险，产生大面积的人道主义问题。日本的教训告诉我们，中国要预防养老危机的深化和雪上加霜，不仅要取人之长，更要防人之短。

第二，发达国家已经自觉地开始第二次人口转变，就是通过提振生育率防止陷入越来越深的“负人口转变陷阱”。日本的努力也昭示，鼓励适度生育是遏制快速老龄化冲击、重建家庭养老伦理的战略举措。然而，“抓住生育机遇”对于实现适度低生育率至关重要，这就是要千方百计保护一些年轻家庭生育二胎的意愿、能力和条件，共同为提升适度生育率作出努力。一旦低生育意愿甚至零生育意愿形成，成为一种根深蒂固的文化现象，中国必悔之晚也。已经有许多调研发现，中国年轻一代的生育意愿已经大大弱化，高昂的生育成本特别是时间成本和精力成本让城市的许多家庭望而却步。风起于青萍之末，中国要警惕生育文化的革命性变迁，一旦年轻人口失去了生育的热情，必然在宏观上损及国家的人口动力、人口活力和人口实力。

第三，养老保障制度的改革要未雨绸缪，时间上留足提前量，方能从容应对老龄化高峰期的挑战。日本的改革证明，弹性退休制度符合普世价值，早退少得、晚退多得的制度安排，尊重和保障了健康有工作能力的高龄劳动者工作或者退休的选择权，可以调动其中一部分人继续工作的积极性。选择权保护了工作热情和劳动生产率。弹性退休比“一刀切”的做法明显好处更多，彰显了现代退休制度改革的方向——能力本位而非年龄本位。

第四，养老保障制度的改革要走法治化道路。日本的养老改革着眼于制度层面，而且注重公平和效率。中国的改革面临的难题更多，如养老金制度不统一、碎片化、多轨制、低层次、低水平等等，公平性很差，效率也不高，尤其是保障性或者安全性更成问题，社会安全网恐怕空有其名，可以说很多老年人将暴露在巨大的养老风险之中。一方面是很多老年人得不到保障，老无所养、老无所依和老无所医；另一方面是更多的老年人得到的是“名义保障”，实际的保障水平很低、效能很差。日本高度重视养老问题，通过制度化路径寻求养老的终极之路，科学研究先行，措施细微周到，成为高度老龄化社会成功应对的范本。日本在过去几十年的历史中为全方位解决养老问题在立法体系上日臻完善。中国要向发达国家看齐，加快养老法治化的进程。

第五，重视政府在国民养老中的角色和作用。养老社会化是时代的趋势，中国也不例外。由于持续的低生育率，中国传统的依靠儿女的家庭养老模式受到极大冲击，难以为继。日本顺应老龄化的趋势和养老模式转轨的规律，不断强化政府在立法、顶层设计、宏观统筹和财政投入的“养老责任”。日本强化社会福利地方化，加强地方政府对老人福利的责任和职权。例如，政府出资为失智失能的卧床老人修建了特别养老院，接过了家庭养老的重担，这对中国如何解决失独家庭的养老问题是一个启示。日本各地还建立老人俱乐部，鼓励老人参与社会、融入社会。日本的按需提供养老护理为人称道，就是按失能程度细化护理等级，如不能站立、不能步行、不能穿衣、不能进餐、不能吞咽、不能如厕等，根据不同情况提供相应的机构养老服务，如上门服务型、短期托老型、特别护理型等，从而满足了不同类型老年人的养老护理需求。

老有所护：日本的长期护理保险制度

（一）挑战与应对

人口老龄化的挑战是多方面的，也是持久深刻的，其中一个主要的方面是人口老龄化过程中老年不健康人群在持续增长。以我国为例，老年失能多、照顾难已然是一个趋势化的相当严峻的社会问题。中国是世界上失能老年人口最多的国家，目前也是世界上唯一一个失能老年人口超过1000万人的国家。2007年底，全国城乡完全失能老年人口估计为1350万人，突破千万大关，几乎相当于3个挪威的总人口。如果加上生活半自理老年人，大约3500万人，几乎相当于5个瑞士的总人口。到2020年，中国失能老年人口将达到2185万人，比2007年增长61%；2051年人口老龄化高峰时将达到3850万人，是2006年失能老年人口的大约3倍，比2005年加拿大全国的总人口还多出600万人，相当于2005年荷兰总人口的2.34倍。

在中国，长期护理保险的重要性和必要性日渐突出。原卫生部的《第三次国家卫生服务调查分析报告》得出结论，老年人慢性病患病率是全国人口的3.2倍，伤残率是全国人口的3.6倍，平均住院时间为非老年人的1.5倍。据2006年"第二次全国残疾人抽样调查公报"，在全国残疾人口中，60岁以上的残疾人约有4416万人，占残疾人总数的53.24%；这比1987年调查时该年龄段残疾人数增加了2365万人，占全国残疾人新增总数的75.5%；65岁及以上的残疾人口为3755万人，占残疾人总数的45.26%。全国重度残疾老年人超过1000万人。

长期护理保险（Long-term CareInsuranceor Nursing Care Insurance，简称LTCI）是应对"不健康老龄化"挑战的重要举措。长期护理（Long-term Care，简称LTC）是指在一个较长的时期内持续地为患有慢性疾病（Chronic illness），譬如认知障碍（Cognitive impairment）或者伤残状态下功能性损伤（Functional impairment）的人口提供的护理照料服务。当被保险人身体衰弱不能自理或不能完全自理，甚至不能利用辅助设备生活时，由保险机构给付保险金以补偿其护理费用。护理服务一般是指为失能人群提供生活照料、康复护理、精神慰藉、社会交往和临终关怀等综合性的服务。在发达国家，长期照料服务体系是其公共服务的重要制度安排。

长期护理保险是健康保险的一种。世界卫生组织认为，长期护理的目的在于"保证那些不具备完全自我照料能力的人能继续得到其个人喜欢的以及较高的生活质量，获得最大可能的独立程度、自主、参与、个人满足及人格尊严"。根据美国健康保险学会的定义，长期护理保险是指为被保险人的医疗服务需求提供经济补偿的风险，也包括为因疾病或者意外事故导致工作能力丧失而引起的收入损失提供经济补偿的保险。日本《保险业法》中的"第三领域"将健康保险定义为约定给意外伤害和疾病给予一定金额的保险金，并对由此产生的该当事人受到的损害进行补偿的保险。总括看，长期护理保险是指对被保险人因为年老、严重或慢性疾病、意外伤残等，导致身体上的某些功能全部或部分丧失，生活无法自理，需要入住机构接受长期康复和支持护理，或在家中接受他人护理时支付的各种费用给予补偿的一种健康保险。扼要说，长期护理保险就是对被保险人提供长期护理产生各种费用进行补偿的健康保险。

放眼全球，老有所护是共同的追求。迄今为止，荷兰于1968年、以色列于1986年、德国于1994年、卢森堡于1998年、日本于2000年以及韩国于2008年都颁布了长期护理社会保险法。其他一些欧洲经合组织国家，如英国、奥地利、澳大利亚、瑞典等则推行了以公共财政为主要责任的长期护理津贴计划。例如，德国于1994年颁布了《护理保险法》，长期护理保险成为继养老保险、医疗保险、事故保险、失业保险四大险种之后的“第五大支柱”险种，并于1995年开始实施强制性长期护理保险。起初，此项目只提供家庭护理保障而不包括护理院保障。至1996年，其责任范围扩展至护理院护理服务。

目前，国外存在商业和社会保险两种长期护理保险制度，前者以美国为代表，后者以日本为代表。20世纪80年代，美国商业保险开始运作长期护理保险险种——承保被保险人在医院或家中因接受各种个人护理服务而发生的相关护理费用。到20世纪90年代，随着美国政府医疗保障体系改革的推进和相关法规的出台（1996年联邦健康保险可转移与说明责任法案），长期护理保险得以加速发展。直至今日，长期护理保险已成为美国最受欢迎的健康保险产品之一。日本在2000年将长期护理保险作为社会保障体系的一部分，建立了长期护理保险体系。1995年，日本政府提出了“关于创设护理保险制度”的议案，经过近3年的讨论，终于在1997年5月和12月，分别在众议院和参议院获得通过，并且于2000年通过了《护理保险制度》的法律。下面重点介绍日本的做法及其对我国的启示。

（二）背景和举措

“从摇篮到墓地”一直以来都是日本社会保障制度努力追求的奋斗目

标，而护理保险的实施正是为这个目标服务的，最终的目的是要让老年人安度晚年、老而无忧。日本于 1970 年进入老龄化社会。到 2020 年左右，日本 65 岁以上人口占总人口的比例估计将达到 27%。低出生率使年轻人占总人口比例绝对降低。到 2050 年时，约每三个人中就将有一个人的年龄超过 65 岁。随着老年人口的增加，需要护理的高龄人口也增加。长寿不等于健康。老年人较过去更为长寿，需要护理的卧床周期延长。然而，家庭规模不断缩少，老年独居家庭增多，日本年轻人结婚后离开父母独立居住的现象也十分普遍，以及女性就业率增加等问题，致使家庭护理力不从心。无疑，长期护理保险推出具有紧迫性。今日之中国也面临相似的挑战。一方面子女与老年人分居、家庭规模小型化的现状使得家庭照料逐渐弱化，居家照料不堪重负；另一方面这种家庭照料也是非专业的、不完善的。

“老有所护”是人口老龄化过程中的重要需求。在此背景下，日本《护理保险法》在 1997 年 12 月由议会通过，2000 年 4 月 1 日开始实施。长期护理保险正式加入日本的社会保险体系，它由大约 3300 个地方政府来管理。护理保险制度是日本继医疗保险、年金保险、劳灾保险、失业保险后的第五项社会保险制度。主要目标是构筑以使用者为中心的护理服务体系，把以前分属于老年福利与老年医疗领域的高龄者护理服务一体化，改变以前福利和医疗领域中使用者负担不均衡和手续复杂的状况，提高利用效率，并且通过在宅护理服务的积极展开解决一般病人的长期住院问题。

日本长期护理保险的保障区别年龄，总体上向 65 岁以上的被保险人倾斜，65 岁以上与 40—64 岁的被保险人的缴费和所享受的长期护理保障不同。65 岁以上的被保险人既是长期护理保险的缴费者也是主要受益者，而 40—64 岁的被保险人为主要的缴费者。日本的长期护理保险的资金一半由公费筹措，即中央政府负责 25%，地方政府占 25%（即都道府县和市町村各负担 12.5%）；另一半来自国民缴纳的保险费的收入，即 66% 来自 40—64 岁人员，34% 来自 65 岁以上人员。

被保险人被分为两类：

第一类称为第1号被保险者，是指65岁及以上的老年人。其缴纳与自己收入水平相对应的固定金额的护理保险费，一般每人每月缴纳保险费约2900日元，低收入者的保险费负担较轻。第一类人可以得到的护理保险服务包括：一是在因卧床不起、老年痴呆等原因需要经常护理时的长期护理服务；二是在需要有人帮助料理家务或起居等日常生活时的日常照料服务。

第二类称为第2号被保险者，是指40岁至64岁的人口，大部分为保险费支付者。其护理保险费与医疗保险费一起缴纳，根据收入水平及所处区域缴纳不同数额的护理保险费，以适应不同老人护理负担差异。保险费按照全国医疗保险费的一个固定比例支付，低收入者可减免。被保险者只有被确诊患有闭塞性动脉硬化、类风湿关节炎、慢性阻塞性肺疾病、脑血管疾病、老年痴呆症等慢性疾病，才能享受护理服务。

日本长期护理保险一个特点是采用强制政策，即所有年满40岁的公民都必须缴纳长期护理保险费。之所以选择40岁作为分界线，是因为此年龄阶段以上的人健康风险增大更有必要参加长期护理保险，做到未雨绸缪，这说明了国家代理决策、规避老年风险的重要性。其中65岁以上的公民被归为一类被保险人，他们的个人缴费部分在其养老金中直接扣除；40—64岁的公民被归为二类被保险人，他们的个人缴费部分在缴纳医疗保险费的同时缴纳。一类被保险人支付保费数额分为五种，主要取决于当地地方政府和被保险人的收入情况，但每月平均支付少于3000日元。二类被保险人的保险费按照全国医疗保险费的一个固定百分比来支付，每月费用2000—3000日元。

在日本，老年人要得到护理服务，需要经过严格而具体的审查和认定。并且，护理保险对老年人的具体服务内容、时间以及费用的限额都作出了详尽的规定。老年人从申请到得到护理服务，要通过下面一系列的程序：提出申请；调查访问主治医生的意见书；审查判定；认定是否需要护理及护理等级；制订护理服务计划；开始提供护理服务。如何判定被保险人是否应接受护理服务？这主要是通过详细的调查问卷收集病人的有关信息。这些问卷由医疗机构的看护和政府职员填写，有时是由医疗机构的人员来填写。收集调查问卷后，再采用电脑系统进行技术处理，由诊断软件确定是否需要接受护理服务以及接受何种层次的护理服务。被保险人可以选择不同的福利服务，但入住专业护理设施机构和在家里接受护理之间的费用开支存在很大的差别，特别是在只需要较低层次护理的情况下，两者间的数额相差很远。管理部门对于被保险人的选择需进行一定的指导。

日本长期护理保险制度的良性运行走的是专业化的道路。经过专业培训的有资质的护理经理，可以帮助被保险人选择最合适的综合服务方案。日本的护理机构为每50个被护理人配备1个护理经理，家庭护理援助中心也配备护理经理。护理经理大多是护理设施机构的雇员，因而在选择方案时有可能作出对其护理设施机构有利的选择，但是病人及其家属有权自由选择护理经理。

日本护理服务项目分为两种类型：即上门居家护理服务和入住专门机构护理。两种护理类型又分为6个不同程度的等级，即“要支援”“要护理1”“要护理2”“要护理3”“要护理4”“要护理5”。从“要支援”到“要护理5”的每一护理等级都有具体的护理费用规定。上门居家护理的老年人多数属于“要护理1”，其主要护理内容为，每周进行一次访问护理、一次访问看护和一次设施康复训练。专门护理机构有“老人护理保健机构”“护理疗养型医疗机构”等。保险赔偿也分为6个等级，即5级到1级以及“要支援”级。层次最高的第5级护理服务的对象是在身体或精神上无法处理日常基本生活的病人。“要支援”级主要是向被保险人提供预防性援助，原则上被保险人不允许入住专业护理设施机构。同时家庭看护护理服务分为1—2类，除了在家庭内提供服务外，还提供帮助洗浴或护理、恢复正常生活等服务。

（三）启示和思考

长期护理保险是适应人口老龄化社会发展趋势的保险产品。虽然这一险种出现较晚，但发展速度却较快，目前已成为一些国家人身保险中最重要的险种之一。长期护理保险制度是应对人口老龄化较好的制度选择。从日本等国的实践可以看出，长期护理保险很大程度上缓解了国民对健康保险需求的压力，降低了政府对长期护理成本的财政支出，避免了老年人因支付护理费用而背负上沉重的经济和精神负担，在应对人口老龄化方面发挥了重要作用。

第一，以日本为代表的长期护理社会保险模式，覆盖面广及几乎全体国民，解决了全社会共同面临的老年护理问题，体现了公平性、福利性和选择性。但日本的调查也发现，有大量的被保险人不能接受护理服务。因此，在目前的运作中如果增加支付现金补偿的方式，可以使这种不公平的现象在一定程度上得到改善。

同属东亚国家的韩国有现金补偿的做法。韩国 2008 年 7 月 1 日起实施《老年人长期护理保险法》，其长期护理保险给付主要有护理和服务两种形式，给付内容分为“在宅护理给付”（Home Care）、“入住护理设施给付”（Nursing Home）和“现金补助”（Cash Grants [substitutes acceptable]）等。“在宅护理给付”原则上以商品补助的形式进行，包括上门看护、上门洗浴、上门护理、日夜间护理、临时托付看护等。“入住护理设施给付”是指入住长期看护机构接受看护服务所需费用的给付。长期看护机构一般指老人疗养设施、老人专门疗养设施及集团之家，不包括老人专门医院。“现金补助”包括保险人对已经获得家庭护理被护理者的现金支付、部分老人专门医院的护理费用支付。

日本的长期护理保险不仅仅是经济补偿，而且以专业化、分层级的护理服务为依托。所以，“老有所护”不仅仅是经济的保护，而且有身体的护理，做到心无所忧、身有所安。保证高质量护理服务的有效方式是给予被保险人选择的权利。日本的经验是，为了能保障需要护理的老年人作出恰当的选择，允许提供护理服务的主体自由进入这个市场并保护其发育。

第二，政策扶持是长期护理保险发展的重要保证。政策扶持主要有税收鼓励政策和产业发展政策。对个人和企业参加长期护理保险进行税收优惠政策。产业发展政策主要对长期护理保险进行规划，建立服务标准、机构准入、人员培训等制度，促进长期护理保险发展。

第三，日本长期护理保险制度的一个缺憾是40—64岁的人口护理不保险，只有65岁以上的被保险人才能接受护理服务。这就对40—64岁的人很不公平，他们必须缴纳保险费却得不到保障。事实上，40—64岁人口出险的可能性是存在的。例如，一个40多岁的人在车祸中受伤而导致功能性损害需要长期护理，在现有的制度下却必须要等到65岁才能享受到护理服务，并且在此期间还需缴纳保险费，这就产生了义务与权利的不对等。事实上，任何年龄段的人都有可能遭遇失能风险，需要护理。虽然放宽接受护理的年龄限制会带来保险成本的上升，但是扩大保费缴纳群体的范围将增加资金来源。放宽接受护理保险的年龄限制看来是必要的。据统计，为65岁以下人口支出的费用并不太高，以德国为例，最近几年来的平均水平为15%左右。

第四，为避免日本制度的缴费年龄与保险年龄不一致的缺憾，中国可以建立“大人口”的长期护理保险制度。中国人口老龄化的挑战前所未有、举世罕见。中国是一个未富先老、未备先老也是一个边富边老的发展中国家。建构中国长期护理保险制度基本出发点必须从本国国情出发，同时借鉴国际经验。

中国可以实行结合型长期护理保险制度，即商业和社会长期护理保险并重。一方面培育商业长期护理保险的产品和市场。在被保险人出现日常活动能力丧失或认知能力障碍，即在没有他人的帮助下，不能进行日常生活，包括起床、穿衣、脱衣、洗漱、进食、行走、移动物品、如厕、沐浴等或患有老年性痴呆等症时，由保险公司给付被保险人保险金。中国商业健康保险市场还很不发达，到2010年，中国商业健康保险费收入677.47亿元，占GDP的比重仅仅为0.17%，人均健康保险费为50.6元，与世界平均水平相差甚远。高收入人群可以让老年生活有多重保障，锦上添花，国家要鼓励其购买商业长期护理保险。在我国，长期护理保险还处于萌芽和起步阶段，继2005年国泰人寿保险公司在上海推出“康宁长期护理健康保险”之后，2006年6月15日，国内第一家专业的健康保险公司——中国人民健康保险股份有限公司在全国范围内推出“全无忧长期护理个人健康保险”。它的推出标志着商业性长期护理保险在我国迈出了重要的一步。

保险公司应细分市场，不断开发适合不同层次客户需要的长期护理保险产品，使得长期护理产品的保险责任范围、保险费率以及给付额更加合理，以满足不同人群的需求。商业长期护理保险保费较高，我国目前居民可支配收入较少，人们支付能力不足，我国商业长期护理保险的发展应从富裕地区和高收入人群开始。重点发展团体长期护理保险，使其作为一些企业员工福利计划的一部分。政府应给予税收方面的优惠减免，以刺激有效市场需求。

但必须看到，目前市场上的商业健康险不提供长期护理服务。我国市场上的健康险大多是附加险，主要作为一种投资的形式存在，还谈不上提供长期护理服务，实现的是半个“老有所护”。

另一方面，中国长期护理保险的发展模式应从单一的商业保险逐渐过渡到强制性、普惠性社会保险和选择性、高端性商业保险结合的模式。老年人的长期护理问题不仅是一个家庭问题，更是一个社会问题。商业长期护理保险的保费太高，不是一般人能承受的，所以相当一部分人无法自行解决长期护理问题。所以，从长远看，随着国力的增强，我国应早日建立覆盖全民的长期护理社会保险，作为社会保障体系的重要支柱，更好地解决老年人老有所医、老有所护的问题。待条件成熟时，应将长期护理纳入到社会保险的范畴内，建立国家、企业（组织或者单位）、个人三方共同负担保费的三位一体机制，政府给予税收方面的优惠减免。

中国长期护理正式制度安排要采取社会保险模式，社会保险是处理社会风险的一种社会互助行为，健康风险通过社会成员统筹互济、博爱互助的方式来缓解。商业保险不可能具全民性和广覆盖，可以考虑建构兼顾公平性和选择性的基本社会护理保险，突出对认知障碍和有功能性损伤的被保险人的护理，并立法规定投保起始年龄以上的人口（例如像日本那样起始年龄定为40岁）必须主动缴纳长期护理保险。同时，突出国家的养老责任，重视维护制度的公信力和公平性，满足被保险人的合理预期，设计因死亡或者意外发生之后的退保机制，加大国家公共财政投入保险的力度，政府承担低收入人口的主要的甚至是全部的长期护理费用。

第五，建立完善的配套护理体系，为被保险人提供优质的护理服务。长期护理服务质量监管要由专门机构负责，像日本一样引入第三方质量评估体系。中国可以强化和依托社区、村社层面的“医养—护理”模式。除了考虑利用家庭和社区的资源降低护理服务的成本之外，老年人在“熟人社会”里接受长期护理服务也有利于提高他们的生活质量和生命质量，因为老年人所获得的精神慰藉十分重要。例如，城市以社区为依托，发展医院与社区的联合服务，强化家庭护理服务，建立不同服务层次的护理服务机构。农村可以乡、村卫生所为基础，建立托老机构和老年床位，提供迅速方便的护理服务。同时，建设完善康复医疗服务机构，建立小型化、专业化的长期护理中心，提高老年人护理质量。

应对“病苦老龄化”的国际经验

长寿但不健康这种“病苦老龄化”现象恐怕以中国为最。有数据称，目前全球有4400万名失智症患者，其中中国约有1000万名。2010年中国城乡部分失能和完全失能老年人约3300万人，占总体老年人口的19.0%。到2015年部分失能和完全失能老年人将达4000万人，21世纪中叶将接近1亿人。在现实生活中，失能老人照料之困难已经十分普遍。发达国家在应对病苦老龄化挑战方面进行了积极的探索，其经验和教训值得我们汲取。

首先在医疗方面。发达国家在老年福利方面的一大追求是老有所医、老无所忧，那就是建立公费医疗制度。例如，英国实行全民免费医疗，所有检查和手术全免费，药品只象征性收费6.65英镑。法国也是全民免费医疗，甚至境内的非法国公民一样可以享受免费医疗。挪威也采取公共医疗卫生制度，经费由国家财政负担，为全体国民提供免费的卫生医疗服务。古巴这个不甚发达的国家竟然也提供全免费医疗。在中国，大批缺乏福利性医疗保障的农村老年人过得却是“小病忍着，大病等死”的生活。

被联合国称为最适合养老的瑞典建立了完备的“从摇篮到坟墓”的社会保障制度，社会保障的险种及福利津贴将近50种。医疗服务制度是瑞典老年社会保障制度的重要组成部分。瑞典医疗服务制度包括：（1）初级医疗保健服务。瑞典的养老方式以居家养老和公寓养老为核心。居住相对集中的社区内，设一个医疗保健服务点，几个社区构成一个医疗保健中心。老人若出现病状，可先进入医疗保健服务点，难以诊治的可转诊。（2）省市级卫生保健服务。照顾老人的家属可以得到适当的津贴。老人若无亲属照料，可以享受护士的照料，完全失能老人可以得到国家免费提供的服务。（3）医疗机构服务。老人去医院就诊，只需交挂号费和少量医药费，其他绝大部分费用由当地保险机构支付。文明幸福的真实含义不仅仅是经济发达，而且是福利的无微不至和全民共享。这是人类共同的梦想，也是中国梦的题中应有之义。

其次在照料方面。瑞典的老年护理制度同样令人向往。瑞典每年投入老年护理方面的开支为600亿克朗，老年人只要自己提出申请得到核实批准，就有护理人员到家中做医疗、家政等项服务，并且所有的服务都是免费的公共服务。对有需要的老人配有专门的警报器，全天侯监测。从20世纪60年代起，瑞典在医院开始开设失能老人瘫痪护理病床。60年代末瑞典提出“就地养老”的观念，70年代起开始规划社区老年人护理之家。1982年通过了《社会服务法》，规定老年人有在任何阶段接受瘫痪护理服务的权利。1983年颁布《健康医疗服务法》，倡导为所有人提供公平的长期照料。从20世纪90年代开始，更是着手负责服务设施、日间老年人护理、巡回居家老年人护理、痴呆老人小规模住宅的建设。瑞典失能老人瘫痪护理的原则是让老年人持续地尽可能长时间地生活在自己的家。居家护理是瑞典长期照护服务的主导模式，包括生活照料服务、健康照料服务、社会心理服务。机构护理是另一种重要老年人护理模式，包括老年之家，为失能老人提供诊断、评估、护理、康复等服务。养老院为不能独自居住和生活的老年人提供住处，并照料其日常生活。老年病房和康复中心为完全失能老人提供更高水平的日常照料和康复服务。

老年福利政策同样确保挪威人老有所依。高质量的老年生活需要高质量的人力资源的有力保障。在挪威的大多数老人护理院，医生、护士、厨师等人员的总数与老人总数之比为1∶1，不妨称之为“挪威护理比”。对于需要照料的老年人，挪威提供分类分层分级的养老服务。一是护理院。挪威老人中有10%左右住在护理院，这种护理院完全由政府出资，重病或年岁过大基本丧失生活自理能力的人才能入住护理院。二是养老院。一般为身体不很健康但又不够入住护理院标准的老人提供养老服务。入住老人除自己付费购买房间外，还需付服务费。

瑞典国家健康护理委员会（HCB）对失能老人瘫痪护理服务进行统一管理，其职责是对家庭老年人护理、老人护理院及其他老年护理机构进行监督和管理。各地区设健康管理委员分会，由经理负责管理，为本区域所有的老年人提供尽善尽美的医疗和老年人护理服。作为福利普享型国家，瑞典国家税收承担了几乎全部的瘫痪护理服务费用，使用者只需要自付很少一部分。在服务提供者方面，瑞典规定瘫痪护理服务从业人员必须是接受过护理专业或社会工作专业的本科及以上学历的正规教育专业人员，并且护理专业毕业生还需要在毕业后接受一年以上的老年护理专科训练才能正式上岗。从业人员配合各专业治疗师对失能老人进行有关功能训练、康复护理和功能评价等。瑞典的临终关怀制度也值得学习。当老人处于病危状态，将启动妥善的临终关怀制度，除了通知有关亲朋临床慰藉告别之外，24小时有专人守护，使老人在弥留之际享受体面和尊严。老人去世将获得良好的安葬。老年人善终成为现实。

中国在养老服务方面具有某种后发优势，可以借鉴别国先进经验，省去探索时间。例如，国内已经开始引进一些国外的养老理念。从2014年5月起，杭州市西湖区政府推出一项名为“喘息服务”的项目，通过将老人接到养老福利机构或者派人上门，进行临时性的照顾，由此让长期照顾失能老人的家属能够得到“喘息”的时间，短时间歇息一下。“失能的预防”是具有战略意义的安排，为此国外非常重视健康教育，增强全民的健康意识。学习国外经验，发展福利性或者补贴性老年护理院是大势所趋。大力建设民办公助、公建民营护理型养老机构，恐怕是今后我国养老服务业建设的重点方向和中心任务。国家要帮助家庭摆脱困境，接过完全失能老人由专业机构来照料这个重担。

在社会保障及福利水平高的国家和地区，普通老人都能够享受到较多的社会公共养老资源，如我国香港地区的公办养老机构，所有符合条件的老人都能够通过排队免费入住。为了解决失能老人的医养护问题，一些发达国家已建立福利保障型、分层级的长期照料服务体系。但在中国，机构养老的护理成本往往超出家庭的承受能力。例如，在长沙天心区青山居家养老院，一位失能老人每月的床位费、护理费、伙食费及水电费加在一起不超过2000元。据说这样的收费标准，即使与公办养老机构相比也算是低的。但是试问，目前农村失能老人有多少能越过这样的养老门槛？个别老人失养是儿女的耻辱，多数老人失养则是国家的耻辱。中国政府要为保障和提升普通老年人的社会福利权利和水平付出更多更大的努力。

最后在慰藉方面。挪威老年护理院高度重视老年人的需求，特别是潜在的需求、沉默的需求（如失智失忆老人表达不出的需求）和心理心灵情感的需求。老人的精神世界有时更需要关爱。挪威“洛伦森林”老人护理院有心理医师、音乐理疗师，甚至有牧师这样的“另类工种”。但在挪威，也有虐待老人现象。在老人院或者护理院，一些失能老人被剥夺了自己决定私事的自由和权利，甚至有需求得不到满足抗议也没用。失智老人大多痛苦不安有攻击性，容易激发护理人员的对抗性虐待。为此，挪威成立了“高龄者保护服务”组织，提出“平等关爱”理念，即无论对什么样的老人都应该给以平等的关爱，不应该根据老人原有的生活环境、经济条件、经历背景和老人是谁而区别对待。总之，福利国家的老年人大多生活得很快乐，因为他们老有所养、老有所依、老有所护、老有所尊、老有所足。

第五章

实现成功老龄化

成功老龄化的框架

健康老龄化战略

积极老龄化战略

和谐老龄化战略

成功老龄化的框架

社会的可持续发展需要良好的人口条件，而这样的条件不仅包括了适度的人口数量和较高的国民素质，而且必然要包括合理的人口结构。人口的年龄结构作为人口发展最基本的内生性力量，是社会总体的可持续发展不可忽视的存在。人口老龄化是机遇和挑战并存、福音和困难同在。既然人口老龄化的趋势不可阻挡，那么余下的问题就变得如此的明了：在我们人类智慧和能力所及的范围内，我们应该去追求和实现一个什么样的人口老龄化？与社会总体的可持续发展要求相匹配，我们需要什么样的人口老龄化战略加以回应？

积极老龄化的拓展战略从广义的积极老龄化出发，包括了健康老龄化和和谐老龄化，实际上是成功的老龄化，即通过恰当的制度和文化安排使老年人群、老年人所在的家庭以及已经老龄化的社会都能成功适应老龄化的事实，实现老年人价值的最大化和老龄化负面影响的最小化。在西方，“成功老龄化”（successful ageing）的说法最早可追溯到20世纪60年代。但定义上一直没有得到统一。譬如，从保有健康存量（health capacity）的观点认为：成功老龄化是指在老龄化过程中，外在因素只起中性作用甚至于抵销内在老龄化进程的作用，从而使老年人的各方面功能没有下降或只有很少下降。从增加个人收入的观点出发，成功老龄化则被理解为可以继续参加有收入的经济活动。过去，人们将老龄化习惯理解为“受损的老龄化”（impaired ageing）和“正常的老龄化”（normal ageing）。1987 年，西方学者在“正常老龄化”中进一步划分出“平常老龄化”（usual ageing）和“成功老龄化”（successful ageing）。一般认为，实现了成功老龄化的老年人是局限最少的老年人。

成功老龄化不仅涉及老年人自身的行为，而且关系到发展战略和社会政策问题，是一个微观和宏观结合的话题。首先要顺其自然、因势利导；其次则要有所作为、兴利除弊。“适应”和“转化”需要同时抓，“顺势”和“利导”必须两手硬。成功老龄化最重要的特征是“和谐”、“有活力”和“有效益”。作为回应多样化老龄问题的系统化战略，成功老龄化战略是自成体系的，必然要包括若干个相互支持、互相配套的子战略。

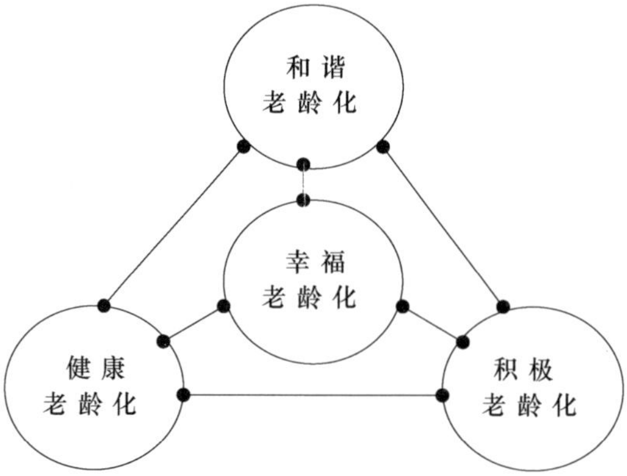

图 5-1　成功老龄化的战略框架

成功老龄化至少需要具备如下一些标准：一是提高老年人的养老质量和生活满意度；二是帮助家有老人的家庭摆脱传统的养老困境，减轻中青年的养老负担和角色冲突，构建互助互惠、互敬互重的理想代际关系；三是通过老年人在社会和家庭双重的价值实现来发挥老年人的积极作用，增进社会财富的总量、可持续发展的人力开发和能力建设。这样，老有所健，老有所乐，老有所学，老有所教，老有所美，老有所为，老有所用，老有所成就成了“成功老龄化战略”的基本点。这些方面是老年人需求结构中非常具有积极意义的地方，是社会进步的原动力之一。

健康老龄化战略

世界卫生组织1946年章程中关于健康的经典定义：“健康是身体、心理和社会功能的完美状态。”因此，“健康老龄化”应该是老年人群的健康长寿，群体达到身体、心理和社会功能的完美状态。

（一）健康老龄化的理论渊源

早在1987年5月召开的世界卫生大会就提出了“健康老龄化”（healthy ageing）一词。1990年9月，世界卫生组织又在哥本哈根老龄大会上第一次把“健康的老龄化”作为一项战略目标提出来。1993年，第十五届国际老年学学会布达佩斯大会，进一步倡导“科学要为健康的老龄化服务”。近10余年来，健康老龄化的理论和实践在发达国家受到普遍的重视。随着我国人口老龄化进程的迅速发展，国内有关专家对于如何评价和实现健康老龄化的探讨也十分活跃。目前，老年人普遍重视自身的身体健康状况，逐渐认识心理健康和参与社会的重要，开展丰富多彩的健身和娱乐活动，关心国家和社会发展，为实现健康老龄化而努力。

联合国第四十七届大会通过决议，将1999年定为“国际老人年”。老年人身体衰弱是不可抗拒的自然规律，身体健康问题是老年人面临的严重问题。从生理上看，老年人的体力、智力与记忆力均在衰退。疾病，尤其是慢性疾病和伤残在折磨着他们，妨碍其参与社会活动及进行力所能及的家务劳动，其行动能力、独立生活能力逐步降低，疾病发生的频率不断增加，有的甚至完全失去了生活自理的能力。从心理上看，由于身体健康水平下降，减少了参与社会交往和经济领域里的活动，减少或失去了实际的或潜在的收入，减少或失去了人际关系和社会活动，逐渐丧失或降低了其在家庭和社会中的地位。这一切都可能导致老年人产生自卑感、失落感、孤独感，觉得自己是多余的，从而逐渐将自己封闭起来，与外界隔绝开来。同时，老年人容易受到意外事件的刺激和损害，如自己病重、家人变异、亲朋好友的生离死别等，这些身心健康问题是每一个老年人都将面对的难题。卫生保健系统中针对老年人的服务变得尤为重要。

参照世界卫生组织对健康的定义，健康老龄化包含着丰富的内涵。邬沧萍认为：(1)健康老龄化的目标是老年人口群体的大多数人健康长寿，体现在健康预期寿命的提高上；(2)健康的老龄化体现在寿命的长度和质量上；(3)老年群体健康是老年前各个阶段所有制约健康因素的最综合表现；(4)健康老龄化联系着各个年龄的人口，需要全民性保健的社会系统工程。[1] 笔者认为，健康老龄化就是指"在一个不断老龄化的人口群体中，健康的老年人构成了老年型人口的主导性力量，而总人口出生队列对老年人口总量增长的影响又能保证甚至强化这种主导性力量，那么，就可以说实现了健康的老龄化"[2]。进一步地，笔者试图通过测度健康老年人所占比例的变化来衡量健康老龄化的实现程度。[3] 从所包括的方面看，健康的老龄化意味着老年人余寿中带病的、带伤残的和不能自理的时间尽可能缩短，尽量减少或压缩老年人余寿中受病痛折磨的时间；从心理方面来说，健康的老龄化强调老年人应保持积极向上的精神风貌和生活心态；从社会适应性方面来讲，健康老龄化意味着社会要减少年龄歧视，老年人能够积极和平等地参与社会的发展。[4] 健康老龄化战略，简单说，就是要追求健康的长寿，就是要提高寿命的质量，就是要尽量延长老年的健康期，缩短老年的病残期。侧重于人口学的视角，就是要在人口老龄化的过程中设法扩大健康老人的规模和比例并使之成为老龄化的主体性力量。

---

〔1〕 邬沧萍：《健康老龄化的科学涵义和社会意义》，《实现健康老龄化》，中国劳动出版社 1995 年版。

〔2〕 穆光宗：《有关人口老龄化若干问题的辨析》，《人口学刊》1997 年第 1 期。

〔3〕 穆光宗：《人口老龄化中的健康问题》，《社会学研究》1996 年第 3 期。

〔4〕 罗淳：《人口研究与健康》，载张开宁、邓启耀主编：《多学科视野中的健康科学》，中国社会科学出版社 2000 年版，第 445 页。

（二）老年健康评价

老年人是健康保护和健康促进活动的重点目标人群之一。[1] 2002年，顾大男、曾毅用隶属等级（Grade of Membership，GOM）模型将反映1998年被访高龄老人不同健康维度的50个变量进行综合，得到健康、比较健康、功能受限、体弱多病、极度虚弱5个纯类。用这5个纯类将高龄老人预期寿命进行了分析。[2] 中国正面临着解决社会老龄化的严峻挑战，老年人口健康指标的评价是提供养老保障决策的重要依据。从社会学、医学、人口学和养老保障经济学的综合角度出发，采用健康评价理论，分析已经被应用和未被应用的老年人口的生理、心理、社会适应性等方面评价内容的合理性，为合理表达不同社会背景的老年人口的生活自理能力（ADL）和社会服务设施利用能力（IADL）提出了健康状态评价原则。[3] 周丽苹开创性地探索了中国老年人口健康评价指标体系，包括了躯体机能维度、情绪性格维度、生活自理功能维度、认知功能维度、社会关系维度和社会支持维度。[4]

根据2000年12月中国城乡一次性抽样调查，大约有26.8%的老年人认为自己健康状况处于健康不佳的状态。陈功、宋新明发现，老年人身体健康随着年龄的增长呈现明显的下降趋势，尤其是活动能力和听力。活动能力丧失最严重的是洗澡。[5] 中国老龄科研中心2003年采用日常生活自理能力（ADL）和操持家务能力（IADL）两项指标对老年人健康水平的分析发现，城、乡老年人ADL丧失率平均为5.2%和8.9%，IADL丧失率平均为18.3%和22.0%。靠配偶照顾的老年人中，城市男性为75.4%，女性为35.6%，对子女的依赖程度，城市男、女性老人各为50%左右。

---

〔1〕谭晓东主编：《社会医学与健康促进学》，科学出版社2000年版。

〔2〕顾大男、曾毅：《中国高龄老人健康预期寿命研究》，《人口与经济》2002年第2期。

〔3〕郑晓瑛：《中国老年人口健康评价指标研究》，《北京大学学报（哲学社会科学版）》2000年第4期。

〔4〕周丽苹：《老年人口健康评价与指标体系研究》，红旗出版社2003年版。

〔5〕陈功、宋新明：《老年人的健康状况与医疗服务》，《中国城乡老年人口状况一次性抽样调查数据分析》，中国标准出版社2003年版。

在生殖生育健康方面，葛美云等对江苏妇女的研究发现，社会对更年期妇女（一般在45—60岁）健康问题比较忽视。认为妇女更年期的健康就是更年期妇女处于生理、心理平衡状态，在社会生活方面比较适应；相反地，所谓“妇女更年期身心困扰”则是指一些处于绝经期前后的妇女，由于雌激素水平下降，内分泌紊乱导致身体和心理出现多种不适应反应或者障碍并影响了正常的生活和工作。20世纪90年代初期的调查发现有15%的妇女有明显的更年期生理和心理反应。[1] 更年期妇女生殖健康问题的提出，说明了“年龄别健康”概念的重要性。生殖生育的健康是一个随着时间而变化的动态量。到了更年期和老年期，生殖生育健康可能出现递减的趋势。2002年，桂世勋认为丧偶是老年妇女成为弱势群体的一个重要原因。女性老年人口的患病率比男性高，但男性人口患致命性疾病的机率却比女性高。提出改变导致男性老人患致命性疾病的行为因素，使未来男性人口平均寿命的增长速度更快些，从源头上关爱女性老人。[2]

心理健康是维护老年人良好生活质量的重要组成部分。项曼君、汤哲、孟琛利用“北京人口老龄化多维纵向研究”课题资料，分析观察了1992—1997年间北京市老年人心理健康的变化，得出了几个重要结论：（1）与横向观察中得到的结论一致，即女性、高龄、低文化水平、居住在山区的老人发生抑郁症状的危险性比较高。（2）在横向观察中，发现认知功能随年龄增加明显减退，认知功能异常者从55岁组的3.6%上升到80岁组的29.8%。纵向观察进一步证明认知功能随增龄下降的特点。（3）心理健康随年龄下降。对这个现象，研究者追问了两个问题：一是物质生活的改进为什么与主观满意度相背离，二是影响心境和满意度的原因到底是因为年龄的增加还是因为其他因素。（4）最后作者呼吁，要如同重视老年人身体健康一样重视老年人的心理健康。[3] 在北京的体育

---

〔1〕 陶春芳、萧扬主编：《中国妇女生育健康研究》，新世界出版社1995年版。

〔2〕 桂世勋：《关注男性人口的健康长寿》，《人口研究》2002年第3期。

〔3〕 项曼君、汤哲、孟琛：《北京老年人心理健康纵向（1992—1997年）观察》《北京市老年人的需求与对策》，中国人口出版社2002年版。

人口中，老年人口是一个重要的力量。根据北京市老龄工作委员会办公室对老年人在市属10大公园晨练的调查，常年每天在10大公园晨练的人口有12万—15万人，其中老年人占了80%。[1]

一般的规律是老年人口的发病率会随年龄的升高而提高。譬如，我国60岁的老年人病残率为六分之一左右，到70岁升至五分之一，到80岁时可能接近二分之一。目前，需要照料的老年人有1100万人，到2025年可能要增加1倍多，达到2600万人左右。2001年10月，世界阿尔茨海默氏症大会上发出警告：随着社会日渐老龄化，越来越多的人将受阿尔茨海默氏症（又称早老性痴呆症）的折磨，全世界到2025年将有2200万名阿尔茨海默氏症患者。如果人类不能找到有效的治疗方法，到2050年患此疾病的人数将达4500万人。阿尔茨海默氏症将成为人类社会的流行病。阿尔茨海默氏症打乱了大脑的正常工作，损害大脑中控制思维、记忆和语言的部分。遗传、头部受伤和高血压等是致病因素，但最大的威胁来自衰老，65—85岁的老年人易患此病。[2]

我国的高龄老人是增长最快的人群，由于高龄老人的依赖性比较强，所以老龄工作的重点和难点问题也在这个人群身上。陶立群发现：（1）老年人健康自评是反映老年人自理能力的良好指标[3]。（2）一般情况下，老年人的健康状况与年龄呈负相关关系，健康状况的好坏随着年龄的增高而比例下降。高龄老人每增加5岁，其日常生活自理功能下降的危险性增加12%，而女性高龄老人日常生活自理能力下降的危险性是男性老人的67%。身体健康的女性老人比例明显低于男性老人，高年龄组身体健康的老人比例明显低于低年龄组的老人。（3）不健康比任何与衰老有关的变化更可能降低个人应付自身所处环境的能力。城市中有15.45%、农村有18.46%的老年人要在日常生活方面部分或完全需要家庭和社会给予帮助。有57%的老年人患有慢性病。高龄老人一般患有两三种慢性病。

---

〔1〕白恩良主编：《北京市老年人的需求与对策》，中国人口出版社2002年版。

〔2〕《科学家警告早老性痴呆将成为流行病》，《北京晚报》2001年10月18日。

〔3〕刘贵平、张震：《健康自评及其影响因素》，《健康长寿影响因素分析》，北京大学出版社2004年版。

(4）通过对高龄老人在穿衣、吃饭、洗澡、室内活动和如厕5项老年人在家独立活动的能力等方面的指标来测量高龄老人的自理能力，即日常生活活动能力测定法。(5）高龄化社会最使人忧虑的是高龄老人的日常生活照料问题，特别是那些独居的高龄老人、高龄老年妇女的生活照料问题会更加突出。[1]

“健康自评”是社会科学中常用的，也比较容易测度的一个变量。为获得健康自评这一信息，被访问者被要求按很差、差、一般、好、很好的有序等级来对自己的健康状况作出评估。健康自评带有强烈主观色彩，与体质健康状况不一定完全一致。比如，健康自评涉及心理健康，但体质健康不一定直接与心理健康有关。刘贵平等发现：(1）与家庭成员合住的高龄老人自评健康更好；(2）年龄是影响健康自评的显著影响因素；(3）男性高龄老人健康自评好于女性高龄老人；(4）百岁及以上的老年人自评健康好于80—89岁老年人。中国百岁老人是一个高选择性的群体，正是由于他们具有与其他群体不同的特质，他们才有可能活到100岁及以上。同时，进入百岁之后更能得到家庭和社会的关照。但顾大男却提出了相反的看法，通过健康隶属度的方法，得出结论：无论城乡，女性进入90岁，男性进入95岁以后，处在健康状态的可能性开始小于50%。百岁老人无论在慢性病、认知能力、自理能力、躯体功能等几乎任何一个健康的维度上都处在最脆弱状况。他们是健康最为脆弱的群体，是弱势中的弱势。[2]

当健康的概念从传统的没有疾病或身体虚弱转变为一种生理、心理以及社会交往各方面的完好状态时，自评完好（Subjective well-being）作为心理健康的一个重要方面得到了越来越多的重视。自评完好是“成功老龄化”的两大组成部分之一。1987年，Rowe和Kahn率先提出的“成功老龄化”的定义包括了客观和主观两部分，客观部分包括长寿、没有

---

〔1〕 陶立群：《生活自理能力及其影响因素》(第四章)，载曾毅等主编：《健康长寿影响因素分析》，北京大学出版社2004年版。

〔2〕 曾毅等主编《健康长寿影响因素分析》，北京大学出版社2004年版，第115页。

疾病和功能衰退、认知功能和生理功能高、积极地投入生活；主观部分包括自评完好。根据李强介绍，自评完好的定义是多维的，包括生活满意度、积极的自评、消极的自评、快乐、个体成长以及满意的社会关系等。如果老年人的认知能力较高、获得的社会支持多、有较高的日常活动的参与程度，并且对自己身体的健康有较高的评价，那么高龄老年人的自评完好程度不仅不会下降，还有可能提高。健康和日常活动的参与程度是影响高龄老年人自评完好非常重要的因素。[1] 高龄老人虽然经历了身体健康、生理功能衰退以及失去配偶和亲人等许多负向事件，但是高龄老人的自评完好程度保持了相对高的水平。1992 年，Lawton，M. P 等指出，高龄老人并非是我们想象的完全处于“丧失（loss）”状态的一个群体，而是“获得”（gain）和“丧失”（loss）并行的一个群体。[2]

1963 年，Katz 提出用日常生活活动来评价老年人的健康状况，1983 年又提出了“健康预期寿命”（Active Life Expectancy，ALE）的指标，被世界卫生组织等国际组织认可。健康预期寿命就是老年人能够维持良好的日常生活活动功能的年限。预期寿命的终点是个体的死亡，ALE 的终点是老年人日常生活自理能力的丧失。健康预期寿命的提出使得死亡、疾病不再是评价老年人健康状况、活动能力的唯一指标。

伴随着死亡水平的下降，我国人口的健康状况存在两种情况：一是医疗卫生条件完全达到人民的需求，死亡原因从根本上得到控制，疾病致死的情况未发生，疾病转归以健康为标志；二是某一人口特征的人群患病后，因现有经济和医疗条件的改善，将不会发生死亡，其生存表现为带病生存，可以是伴随慢性病、失能、残疾、生理生命等形式存活。老年人口中比其他的年龄段表现出更多的带病生存现象，因而研究老年人口的健康预期寿命或健康余寿可以更好反映出老年人口的健康水平和生活质量。郑晓瑛（2000）采用 Sullivan 方法，利用 1990 年中国人口儿

---

〔1〕 曾毅等主编：《健康长寿影响因素分析》，北京大学出版社 2004 年版，第 68—89 页。

〔2〕 Lawon, M. P. , Kleban, M. H. , Rajagopal, D. , & Dean, J. (1992) . Dimensions of affective experience in three age groups. Psychology and Aging. 7, pp. 171-184.

童死亡率和1987年中国残疾人口抽样调查数据对65岁及以上人口的预期寿命和无损伤预期寿命进行了比较研究。[1] 指出，不仅要广泛使用健康预期寿命测量生理健康，还要遵循心理健康和生理健康并重的原则，因为老年人的心理健康会直接或间接影响其他生理指标的准确性和代表性。心理健康的评价大多用精神疾患诊断量表对老年人心理健康进行分析，有关抑郁症研究的量表是最为常用的。[2]

如何将大量的老年人各个方面生活自理能力的年龄别数据综合成少数几个简明的指标，1993年国外提出的生活自理期望寿命提供了一个有效的方法。其基本思路是综合应用老人调查中收集到的生活自理能力数据信息及现有的生命表，运用人口分析的方法将老龄平均期望寿命分解成“完全自理（Active）”、“轻度丧失自理能力（Mild disability）”与“严重丧失自理能力（Severe disability）”三种状态。例如，估算表明，我国农村85岁女性老人平均期望寿命为4.9岁，其中3.7年、0.7年、0.5年分别处于完全自理、轻度丧失自理能力、严重丧失自理能力状态。三种自理能力状态分别占85岁总的平均期望寿命的75.4%、13.6%与11.0%。[3]

健康老龄化，是指三种状态的交叉组合。这三种状态包括：（1）无疾病、无残障，这里更强调对未来遭遇无病无残障的可能性；（2）良好的认知能力和身体功能；（3）生活的积极参与，包括人际关系和具有社会价值的社会活动。

健康老龄化是从保障和增进老年人健康的角度来减少老年人对卫生医疗资源和照料性资源的依赖，来增进老年人自立自助的能力和生活满意度。笔者于1994年提出了“健康储蓄”的概念和主张，其目的就是要推进健康老龄化的人生实践。在这个意义上，我们需要在通常所讲的五个“老有”的基础上再加上一个“老有所健”。

---

〔1〕 郑晓瑛：《老年人口健康生活质量评价原则的探讨》，《南方人口》2000年第1期。

〔2〕 郑晓瑛：《中国老年人口健康评价指标研究》，《北京大学学报》（哲学社会科学版）2000年第4期。

〔3〕 曾毅等主编：《健康长寿影响因素分析》，北京大学出版社2004年版，第94页。

（三）老年道德健康

在健康老龄化的命题中，“健康”的含义已经超越了生理的或者是肌体的角度。从人文生态和系统科学的角度出发或者说在社会老年学的学科视野中，越来越多的有识之士开始重视人们精神心理的健康、生活方式的健康和社会关系的健康对于整个老年人群的生活质量和老龄化社会健康地、可持续地运作所具有的深远意义。

从个体和社会这两个层面的整合上，对个人来说，养老的关键在养心；对社会来说，养老的关键在积德。所谓养心，是说要努力将个人的心理状态调整到“知足常乐、自强不息”的层面上，在积极、健康的心理下实现健康长寿和老有所用的目标。所谓积德，是说作为一个社会，要实现的是健康的老龄化社会的目标，为此就要努力积累可以支持一个日趋老化的社会健康运作的道德资源，甚至可以说健康的老龄化社会要可持续发展，就必须建立起自己的道德基础，建设好道德的长城。相反地，如果一个老龄化的社会是缺乏秩序和对老年人的人文关怀、道德关怀的话，非但老年人不能幸福，其他更年轻的人群也不能看到光明的前程。

我们知道，老年人问题不仅仅是老年人群自身的问题，而是更多地关联着其他人群的理念和行为以及整个社会的制度安排和道德风尚。譬如，就养老问题来说，实际上就是一个家庭和社会范围里的代际交换关系问题，这里的交换又不仅仅是经济上的交换，而且是感情上的联动和生活上的安排。所以，撇开其他人群和整个社会来谈所谓的老龄问题或者是老年人问题，实际上是说不清道不明的。

毫无疑问，我们要实现健康的老龄化和健康的老龄化社会这样的目标，那么这里的健康就不仅仅是身体健康的含义，而是赋予了更丰富的内涵——包括了生活方式的健康和社会关系特别是代际关系的健康。

综上来看，对老年人的健康指导和健康咨询需要提上我们各级政府的议事日程，通过对老年人群生活行为的有效干预来实现健康老龄化的目标。同时，良好的代际关系的建设也需要提上各级政府的议事日程，通过建设道德长城和积累道德资源来实现老龄化社会的可持续发展。

积极老龄化战略

说到底，健康只是“独善其身”，只是对“给生命以岁月、给岁月以生命”的表象化诠释。仅仅局限于健康老龄化的战略框架并不足以解决老龄化的问题。积极老龄化战略的实质是促进老年人的社会发展，使老年人融入这个社会、全方位参与社会活动并与社会和谐并存、共同进步。

（一）积极老龄化的思想渊源

无论从个人、家庭还是整个社会的发展来说，健康老龄化都是非常重要的一个方面和目标，是我们回应老龄化挑战的基本战略。但健康老龄化还不是我们的终极目标，如何使老年人群的存在成为社会发展的建设性力量，这才是最重要的。换言之，我们对老年人群的期待不仅是独善其身，而且是兼善天下。代际和谐、多代并存、共同发展才是21世纪老龄化社会的根本目标，或者说就是国际社会所倡导的不分年龄、人人共享、老少咸宜的目标。21世纪的社会需要老年人。在2002年马德里第二次老龄问题世界大会上，联合国秘书长安南希望大会能够更广泛地向全世界传递这样一个信息，即老年人并非另类，而是我们自己的未来。因此，我们还必须结合时代精神，超越健康老龄化来回应老龄化的巨大挑战。倡导积极老龄化（active aging）是通向健康老龄化、尊严老龄化、幸福老龄化、效益老龄化和成功老龄化的必由之路。

积极老龄化的思想从理论渊源来说大概与20世纪60年代初期美国学者提出的以“成功老龄化”为口号的活跃理论（activity theory）有关。这一理论主张老年期应该继续保持中年人的活动和价值观。这一理论是对老年期是一个不可避免的角色、关系等的退出时期的“脱离理论”（disengagement theory）的回应。到80年代，活跃理论又以“生产性老龄化”（productive aging）的面目出现。生产性老龄化的确切含义是指老年人从事有产出（产品、服务或者是自身的生产和服务能力）的活动，但不一定有报酬。

1982年，在维也纳举行了第一次老龄问题世界大会，并通过了《维也纳老龄问题国际行动计划》，这是老龄问题上第一份此类正式国际文件（United Nations，1982）。1991年，在《维也纳老龄问题国际行动计划》出台9年后，联合国大会又通过了一份极其重要的相关文件，即《联合国老年人原则》[1]，在议程和方法上，为国际社会处理老龄问题确立了重要标准，以确保老年人问题在国家决策过程中能得到重点关注。这份文件强调了老年人的地位和社会贡献，其中所包含的18条原则，可以分为五个相互联系的部分：自主、参与、照料、自我充实和尊严。该文件鼓励各国政府尽可能在自己的国家计划中体现这些原则（联合国大会第46/91号决议）。联合国通过的《联合国老年人原则》为如何实现老年人的独立、参与、照顾、自我充实和尊严等提供了指导。1992年，联合国大会选定1999年为“国际老年人年”，此举旨在“确认人类老龄化时代的到来，并根据这个前提，在社会、经济、文化和精神方面，改善人类的态度与能力，而不仅仅是为了21世纪的全球和平与发展”（联合国大会第47/5号决议附件中所包含的《老龄问题宣言》）。1997年6月，西方七国首脑丹佛会议提出了积极老龄化的主张，会议讨论了通过什么途径取消提高劳动参与率的障碍，以及如何减少部分时间就业的限制。1999年5月，欧盟通过了老龄政策公报，即“建立不分年龄的欧盟——促进繁荣和代际和谐”。1999年9月，日本东京主办了积极老龄化国际研讨会。在20世纪最后的时刻，欧盟提出了积极老龄化的政策框架。

积极老龄化战略的基本内容是通过各种方式为老年人参与社会创造条件，以期老年人能更好地适应老龄化社会的发展变化。这一战略的理论基础是能力本位论，就是说年龄的增高并不必然带来能力的衰退，所以只从年龄来评价一个人能力的高低是不客观的。积极老龄化将消除年龄歧视的不利影响，使老年人生活更加舒适、更有尊严、更有价值。对老年人的年龄歧视不仅是不公正的，而且会浪费老年人力资源，所以1997年欧盟条约规定了反对年龄歧视的内容。

---

〔1〕 General Assembly resolution 46/91, annex.

2001年，世界卫生组织老龄化与生命历程项目（处）出版《健康与老龄化：讨论稿》一书；2002年1月，世界卫生组织健康发展中心召集来自21个国家和地区的29名代表参加的专家小组会议，讨论修订了题为《健康与老龄化》的初稿，并于2002年4月经瓦伦西亚国际老年学论坛讨论后报送联合国第二次老龄问题世界大会[1]，最终形成《积极老龄化政策框架》一书。2002年在西班牙马德里召开的全世界160余国家参加的第二次老龄问题世界大接受了有关《积极老龄化：政策框架》的建议，并把积极老龄化的内涵写进了《老龄化马德里政治宣言》。

世界卫生组织把积极养老定义为："当步入老年时提供最佳的健康、参与和保障机会以提高生活质量。"[2] 《积极老龄化政策框架》指出，"积极老龄化是人到老年时，为了提高生活质量，使健康、参与和保障的机会尽可能发挥最大效益的过程。'积极'强调的是继续参与社会、经济、文化、精神和公益事务，而不仅仅是体力活动的能力或参加劳动队伍。积极老龄化容许人们在一生中能够发挥自己的物质、社会和精神方面的潜力，按照自己的需要、愿望和能力参与社会，在需要帮助时，获得充分的保护、安全和照料"[3]。

随着健康老龄化进程的加快，老年人群的寿命延长的同时，身体更加健康，人生更加活跃，所以老龄化也隐藏着发展的机遇，可以也应该善加利用。新时期的老年人群身上存在着强烈的发展性需求和价值性需求，满足这些需求是开启成功老龄化社会大门的一把金钥匙。联合国大会1990年通过决议，规定从1991年开始，每年的10月1日为"国际老人日"，以促使国际社会关注人口老龄化问题。1991年，联合国大会通过了具有指导性意义的《联合国老年人原则》，提出了独立、参与、照顾、自我充实和尊严5大原则。其中独立、参与、自我充实和尊严4大原则都彰显了老年发展的必要性和重要性。譬如，在独立原则里谈到老

〔1〕 世界卫生组织编，中国老龄协会译：《积极老龄化政策框架》，华龄出版社2003年版。

〔2〕 WORLD HEALTH ORGAN IZATION. 2002. Active ageing. a policy framework. Geneva：WHO.

〔3〕 世界卫生组织编，中国老龄协会译：《积极老龄化政策框架》，华龄出版社2003年版。

年人要有工作机会和教育培训的机会；参与原则谈到老年人要融入社会发展，参与决策，传承知识，服务社会；自我充实原则中谈到老年人应能追寻充分发挥自己潜力的机会，应能享用社会的教育、文化、精神和文娱资源。可以说，倡导老年发展是国际社会的一贯主张。这里所说的“老年发展”特指老年人在健康、认知、学习、参与、角色、体验、能力等方面多维的发展过程。

1999 年国际老年人年提出的“不分年龄，人人共享”的主题被第二次老龄问题世界大会所继承和发扬。确保老年人继续各尽其能、为社会作出有益贡献成为时代的呼声。积极老龄化的政策框架要求我们在 21 世纪发挥老龄人口的巨大潜力，确保全世界所有人都能够安全和有尊严地步入老年，并继续作为享有充分权利的公民参与社会。

事实上，世界各国的老年人正在积极参与社会的发展，为社会和家庭继续作出新的贡献，成为 21 世纪变革的推动者之一，从而改变了老年人仅仅是依赖者的传统看法。新老年政策就是要从关注老年人的养老问题到关注老年人的发展问题。

欧盟所提出的积极老龄化主张，在老年人一端来说，就是坚决主张：要有健康的生活方式，工作更长时间，更晚退休，在退休以后继续积极地参与社会，尽可能长时间地保持活力，生活上的自理和自主。欧盟成员国普遍认为，老年人继续参与社会活动，不仅是提高老年人生活质量的需要，可以延缓社会老龄化和生理老龄化的过程，可以增强自身的自理自立的时间和能力，也是社会发展的需要。因为老年人的继续参与并不是仅仅解决一个精神寄托的问题，而是可以实现自己的价值，为社会继续作出新的贡献。欧盟提出积极老龄化的主张在根本上是为了克服劳力短缺所造成的经济增长的人力投入的障碍。应该看到，欧盟积极老龄化的主张并非只采取让老年人介入正规劳动力市场的一种方式，而是包含着使老年人全面参与社会生活、与社会融合而不是隔断的意思。譬如，在各种非政府组织和志愿者团体中，老年人比例很高，而且相当活跃，成为社会进步的巨大推动力。

2002 年马德里大会则从制度安排的角度提出：在有些国家、地区和行业，强制老年人 60 岁退休已不合事宜。其实很多老人愿意在原有的岗位上多待一段时间，甚至可以义务工作，不收取任何报酬。老年人的工作热情应该得到保护。马德里老龄问题世界大会认为，通过调整政策，比如说提高退休年龄，各国政府可以帮助人们改变对老龄人口的态度，并使老年人充分发挥余热。这次大会的一个宗旨是提醒各成员国在制定和修改各项政策时必须考虑人口的老龄化现象。与之前相比，老年人现在更加活跃和健康，他们的退休年龄和工作时间可以考虑作相应调整。

“构造一个老幼咸宜的社会”是第二次老龄问题世界大会的主题。只要加以正确的政策协调和引导，老年人绝不应该成为社会的问题和包袱，他们的经验、智慧和创造力是整个社会的一笔宝贵财富。老龄问题与教育和就业问题应该拥有同等重要的地位。

从维也纳大会到马德里大会，我们不难发现一个基本的认识路线：自 1982 年从人道主义和社会经济发展的角度来关注老龄问题，已经进化到越来越有必要将全球老龄化问题纳入全球可持续发展的大框架里讨论，并从老年多维发展这一生命历程的角度出发来看待和处理 21 世纪更为繁复的老年人问题和老龄问题。例如，前联合国秘书长安南曾于 2004 年 10 月 1 日为纪念“国际老人日”发表文告时，呼吁全人类重视老年人在家庭、社区和社会中的作用，让他们参与社会生活并为社会作出更多贡献。2004 年“国际老人日”的主题是“老年人在多代社会中的作用”，其目的就是要让全社会承认老年人在家庭、社区及社会中所起的重要作用。

老龄问题的本质归根结底是发展的问题，所以我们要用发展的眼光去看待问题和解决问题。积极、成功的老龄化战略必然沿着促进健康、促进保障和促进发展的方向继续前进。

关于健康的含义，世界卫生组织定义是：“健康是个体在身体上、精神上、社会上的安全安宁状态。”或者说，“健康是指一种完美的身心和社会健康状态，而不仅仅是不生病或不虚弱”。世界卫生组织研究结果表

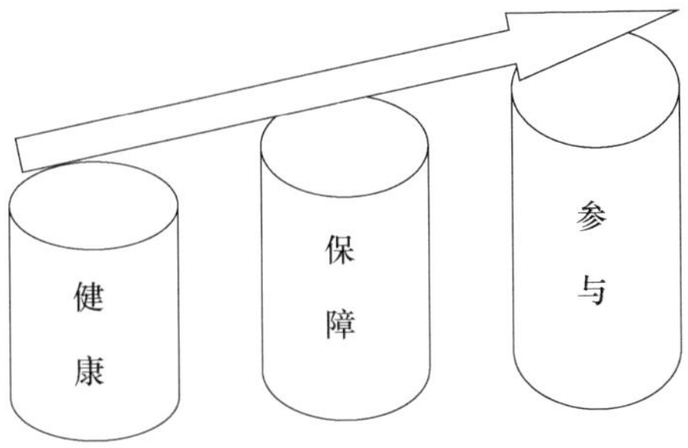

图 5-2 联合国积极老龄化框架

明，虽然老人比较多有一些慢性病或其他的疾病，但这并不表示他就是病残，就是负担。老化是功能退化，不是功能缺损，疾病会带来功能的缺损，这是两回事。80% 的老人其实是健康的，是正常老化。《积极老龄化政策框架》进一步指出：健康是“使环境和行为两个危机因素对于慢性病和功能衰退的影响保持在低水平上，而保护因素的影响较大时，人们将会享有数量和质量都好的长寿；他们在步入老年时既能保持健康，又能生活自理，极少有人需要高开支的医疗和照料服务。那些现在需要照料的人，他们在步入老年时必然需要得到全方位的医疗和照料服务”。仅仅“健康”这个词不足以概括我们已经为人口老龄化作出的贡献和即将努力实现的目标。

关于保障的含义，《积极老龄化政策框架》指出，“保障是‘在政策和计划承认社会、财政、人身安全和老年人的权利的条件下，老年人一旦生活不能自理和不能保护自己时，他们的保护、尊严和照料受到保障，家庭和社区将尽力为其老年成员提供支持。’”保障是老龄化过程中必须解决的首要问题。社会保障是现代国家最重要的社会经济制度之一，建立健全与经济发展水平相适应的社会保障体系，是人口老龄化与经济社会协调发展的必然要求，是社会稳定和国家长治久安的重要保证。

经合组织（OECD）更强调该定义的生产性含义：“积极养老指步入老年时仍在社会和经济中生产性地生活的能力。”（OECD，2000，P. 126）约翰克劳利指出，“对‘积极’这一概念还有更光明的表达，这也是联合国马德里会议的意思：成功应对老龄化的挑战，会造就让所有人受益、更雄健更灵活的社会制度”。[1]

杜鹏指出，“积极老龄化战略的基本内容是通过各种方式为老年人参与社会创造条件，以期老年人能更好地适应老龄化社会的发展变化。这一战略的理论基础是能力本位论，就是说年龄的增高并不必然带来能力的衰退，所以只从年龄来评价一个人能力的高低是不客观的”。[2] 国内学者比较一致的观点认为，积极老龄化的基本内容是通过进一步完善社会养老保险和医疗保险制度、完善医疗保健体系，提供老年人参与社会发展的机会和营造全社会共同参与的良好氛围等有力措施，让老年人都能够享受高质量的生活，并且成为受到社会承认的有用的社会成员，促进实现不分年龄人人共享的社会。“健康”“参与”“保障”是积极老龄化的三大支柱，这三大支柱相互依存、相互促进，缺一不可。

积极老龄化传达着一个比健康老龄化内涵更为广泛的启示，并且认识到健康照料之外的因素如何影响个体老年人和老年人群体，是对健康老龄化的进一步完善与升华。换言之，仅仅“健康”这个词不足以概括我们已经为人口老龄化作出的贡献和即将努力实现的目标。正如布伦特兰夫人在联合国第二次老龄问题世界大会上所说：“健康老龄化包括的要远远多于单纯的消除疾病因素。我们的目标是每个人都能够享受高质量的生活并且作为有用的社会成员而扮演一个受到社会承认的角色。许多主要的健康决定因素处于健康系统之外。”无论从个人、家庭还是整个社会的发展来说，老年人的期望和社会的经济需要，都要求老年人能够参与他们所在社会的经济、政治、社会和文化生活，对老年的认可和对他们充分参与的促进是积极老龄化的主要内容。

从健康老龄化到积极老龄化是人类老龄观的重大变革，穆光宗在《老年发展论——21世纪成功老龄化战略的基本框架》一文中曾经指出：“无论从个人、家庭还是整个社会的发展来说，健康老龄化都是非常重要的一个方面和目标，是我们回应老龄化挑战的基本战略。但健康老龄化

---

〔1〕 纪苏：《编者的话》，《国际社会科学杂志（中文版）》2007年第4期。

〔2〕 杜鹏：《欧盟的老龄问题与老龄政策》，中国人口出版社2000年版，第55—60页。

还不是我们的终极目标，如何使老年人群的存在成为社会发展的建设性力量，这才是最重要的。”[1]

健康、保障与参与是联合国提出的三大原则。现在，我们可以用“成功老龄化”将更多的内容统一起来。差不多20年前，美国麦克阿瑟基金会赞助了一个长期的研究计划，目的是收集相关知识来了解老龄化过程的积极方面。[2] 这一研究的基本概念框架就是“成功老龄化”，即研究促使老年人发挥积极作用的诸多因素，研究的目标是超越年龄衰老的局限，弄清楚晚年生活中保持和增强人们生活能力的遗传基因、生物医学、行为和社会方面的因素。1987年，《科学》杂志对“成功老龄化”重新进行了定义。[3] 根据相关研究介绍，成功老龄化是指在老龄化过程中，外在因素只起中性作用甚至于抵消内在老龄化进程的作用，从而使老年人的各方面功能没有下降或只有很少下降。[4] 打个比喻，该项研究试图精确地找到造成一个80岁的老者能越野滑雪而另外一个老人却只能坐在轮椅上的众多因素。[5] 受到功能局限最少的老年人被看作是实现了

[1] 穆光宗：《老年发展论——21世纪成功老龄化战略的基本框架》，《人口研究》2002年第6期。

[2] 麦克阿瑟研究项目采取了各种形式，包括对1000名以上生活幸福的老人进行了8年以上的跟踪研究，从生理和心智方面来预测成功老龄化的因素；对瑞典数以百计对双胞胎进行详细研究，判定遗传基因和生活方式对老化的作用；以实验室为基础，研究老人对压力的反应；对人和动物的大脑老化进行了近12次研究。10年来，研究团体大约2—3个月聚在一起不断对变化着的概念和方法进行讨论，了解各自研究项目的最新进展，并共同分析研究资料。参见梅陈玉婵、齐铱、徐玲：《老年学理论与实践》（香港大学社会工作丛书），社会科学文献出版社2004年版，第5页。

[3] 在Rowe，J. W. & Kahn，R. L.（1987）重新定义成功老龄化之前，国际上的老龄研究习惯将老年人分成两类群体进行研究，一类是受损的老龄化（impaired aging），另一类是正常的老龄化（normal aging）。但这种分类方法掩盖了功能没有受损的老年人之间的巨大差异，不利于我们更精确地了解健康老年群体的特点、行为和价值，也不利于我们制定积极的老龄政策去促进健康、积极和成功的老龄化。因此，1987年，Rowe，J. W. & Kahn，R. L. 在《科学》杂志发表的论文中进一步区分了“正常老龄化”，即平常老龄化（normal aging）和成功老龄化（successful aging）。从此，成功老龄化得到越来越多学者的关注。参见杜鹏、［澳］加里·安德鲁斯：《成功老龄化研究——以北京老年人为例》，《人口研究》2003年第3期，第4页。

[4] 杜鹏、［澳］加里·安德鲁斯：《成功老龄化研究——以北京老年人为例》，《人口研究》2003年第3期。

[5] 梅陈玉婵、齐铱、徐玲：《老年学理论与实践》（香港大学社会工作丛书），社会科学文献出版社2004年版，第5页。

成功老龄化的老年人。笔者2002年提出的“老年发展”，试图从另一个角度来认识老龄化内在的积极力量并开拓促进老年人以及老龄社会实现成功老龄化目标的路径。[1] 老年发展往往肇始于个体生命的发展，结果却反映在健康老龄化、积极老龄化和成功老龄化的群体结构—功能的变迁上。

成功老龄化概念框架的提出为社会老年学的发展提供了很好的思路。人是生理—心理—社会的产物，老年学则是一门交叉学科。面对充满变数的快速发展的人口老龄化，我们并没有做好心理上、理论上和制度上的充分准备，这就更加凸显了老年学作为一门科学的重要性。在过去很长一段时期里，老年学因为种种原因根本就不存在。老年学有先天不足的劣势。海外学者梅陈玉婵等的批评是直率和中肯的：“与美国和其他发达国家相比，中国包括香港地区，在老年学研究方面严重缺乏多学科和长期的跟踪性研究。在研究方法上相对比较简单，因此在说明成功老龄化因素上，无法得出精确性和因果性的结论。”[2] 但问题的复杂性、严峻性和紧迫性却有目共睹。在现实生活中，还有很多问题值得进一步的深入探讨，我们的政策体系和制度安排也远没有达到完备的地步。

（二）产出性老龄化

产出性老龄化战略的主旨是尽量使老龄化产生出积极的政治、经济和文化的影响力，以增强社会可持续发展人口方面的能力建设。老龄化的影响是一把双刃剑，究竟是利是弊，固然一方面要取决于老年人自身的价值观念和行为模式；另一方面则要看社会和家庭如何回应、如何转化、如何导向。

人口老龄化是有效益的，但一切信奉可持续发展哲学的人们都会追问一句：人口老龄化对社会的净效益到底是“正”还是“负”？“正”正到了什么程度，“负”又负到了何种样子？笔者以为，这是人口老龄化与

〔1〕 穆光宗：《老年发展论——21世纪成功老龄化战略的基本框架》，《人口研究》2002年第6期。

〔2〕 梅陈玉婵、齐铱、徐玲：《老年学理论与实践》（香港大学社会工作丛书），社会科学文献出版社2004年版，第5页。

可持续发展的关系中最重要的接点或者是最重要的接点之一。在长寿时代，老年人力资源特别是人才资源的价值和重要性在升温，健康的、有知识、有技能、有爱心的老年人实在是老龄化社会极为宝贵的社会财富。一个社会越是能及早认识到这一点，就越是能及早获得老龄化的净收益。

老年人力资源有它独特的优势，即经验智慧的优势（经验是经过生活淘洗和实践检验的智慧化的知识）和文化的优势（自古以来老年人就是文化传承最重要的群体，优秀的传统是通过一代又一代的老年人继承下来的），而这在崇尚终身教育、知识经济的时代自有其升华的价值。事实上，不少追求“老骥伏枥，志在千里”这种人生境界的老年人正在不断地使自己变成社会的财富，创造出人生第二春的种种奇迹。但一个社会、一个政府对老年人群持什么样的看法实在是太关键了，因为这直接涉及老年人力资源开发利用的政策导向，关涉着千千万万的老年人积极的心理需求能否转化为社会进步之动力的大问题。一个不争的事实是，资源是中性的字眼，加以开发可能成为社会的财富，否则就可能成为社会的负担和包袱。这再一次启示我们，人口老龄化的挑战与其说是来自老年人群的规模扩大和高龄化这种结构性演变的趋势，不如说是现在的社会体制和相关的制度安排是否恰当的问题。

第二次老龄问题世界大会提出的“积极老龄化”包含了比“健康老龄化”更为广泛的意思。“积极”一词不仅仅指身体活动能力或参加体力劳动，而且指不断参与社会、经济、文化、精神和公民事务。积极老龄化是指在老年时为了提高生活质量，使健康、参与和保障的机会尽可能获得最佳机会的过程，适用于个体和人群。积极老龄化的目的在于使所有年龄组的人们，包括那些体弱者、残疾和需要照料者，延长健康预期寿命和提高生活质量。世界卫生组织强调以生命全程观点看待老龄化，老年人不是一个均一的群体，而且随着增龄，个体差异有加大趋势。

就经济负担而言，老龄化带来的挑战具有某种必然性。因为老年人群一般是已经退出经济活动领域的非劳动力人口。对社会来讲，人口年龄结构的老化所包含的信息是多样的，其中一个基本的方面是老年赡养比的变化，普遍的一个担忧是老年赡养比上升。人口老龄化所带来的老年人群的扩大意味着离退休金的增加和社会养老负担的加重，特别是老年人口的高龄化潜伏着很多风险，一个突出的方面是被照料和被赡养的老年人规模和比例都可能上升。

老龄化的正面效应需要通过开发和转化老年人口的健康资源和能力资源，这个过程实际上就是老年人的价值实现过程。总之，我们在追求健康老龄化的过程中，需要眼光放远而不能仅仅满足于保障老年人的健康——虽然这是最基本和最重要的；积极投资老年人口，形成老年人力资本，开发老年人力资源，进一步实现“产出性的老龄化”和“成功的老龄化”，这才是我们的终极性目标。

“产出性老龄化”的主张在根本上是基于老年人的价值实现需求。其目的是要将老年人的健康资源和能力资源进行生产性的转化，使之在健康自乐的同时，既能增强自己在经济上的自我保障能力，同时也能为国家的经济建设和社会进步贡献出新的力量。应当指出，老年人的健康并不足以满足老年人需求的全部。事实上，在我国庞大的老年人群中，有相当数量的老年人有再就业和续就业的需求，其动机一方面是因为经济上的窘迫需要通过再就业和续就业来克服，另一方面是出于自我价值实现的高级需要——这一点在老年人才中表现得极为突出。但遗憾的是，有相当比例和规模的老年人这方面的需求因为缺乏机会和组织而被抑制了。这种人力资源的浪费虽然常常是无形的，但从总体和长远看却是非常巨大的社会损失。目前，我国低龄健康老年人价值实现的主要方式是帮做家务和帮助成年子女，是家庭中的老有所为，这种情形对于老年人才来说恐怕是一种浪费。只有在“产出性老龄化”的框架内，老年人才资源的开发利用才可能及早提上我们的议事日程，并作出战略性的安排。譬如鼓励老年人再就业、鼓励企事业单位录用合格的老年人才、对特殊的老年人才采取特殊的离退休制度（如返聘）、放宽某些领域职业老年人才的退休年龄，等等。

（三）积极老龄化的三个维度

关于积极老龄化的新理念，笔者试从态度、行为和环境三个维度作一系统分析。

首先，在态度层面上，需要倡导积极的“自助而助、自助互助”的老年价值观。积极老龄化的老年价值观不是“独善其身”，而是要努力“兼善天下”。什么叫“善”？在人类普遍追求可持续发展的今天，老年人最大的善、最高的境界就是要在步入晚年之后继续为社会的进步和发展贡献自己的力量。不仅要追求生命的快乐，而且要追求生命的价值。但结合现实情况，需要提醒一点：我们要鼓励老年人发挥的是“余热”，而不是“余威”。否则，一些思想僵化、顽固不化的老者完全可能成为社会可持续发展的羁绊。

积极老龄化需要以“自立自助、自强不息、帮扶儿女、奉献社会”为内核的老年文化的支持。积极的自我养老也是一种老有所为，自助精神是老年人力资源开发和价值实现的原动力，所以是与可持续发展天然统一的养老态度、价值取向和行为模式。马德里大会认为，老龄化现象并不应该被看作是一个棘手的难题，健康的、有知识、有能力、有追求的老年人应该被视为人力资源中的重要组成部分。老年人的需求是一个内涵丰富的复杂结构。中国政府代表团在马德里会议呼吁：在满足老年人物质生活的同时，各国政府应充分重视满足老年人的精神文化生活需求。

“自助互助”是指理想的代际关系应当是自助为主、互助为辅。无论是父代抑或子代，都要自尊自强，加强自我保障能力，对异代保持最低程度的依赖而自求多福。另外，两代人又要互相关心、互助帮助，上一辈人要以慈爱为怀，下一代人要以孝心为本。“自助互助”也表明老年人自身的力量是解决老年人问题必须认真考虑和充分重视的基本方面。西谚讲：“自助者天助。”老年人只有自己帮助自己，保持自强不息、独立不依的精神和修为，才可能一扫被动、依赖、无助的消极形象，树立起积极、健康、可敬的社会形象。以“刚健自强”为旗帜的老年文化建设必须摆上我们的议事日程。这样，如果我们真想坚定不移地推进健康老龄化的战略，那么老年人的自爱自强、自立自助是解决老年人问题的第一原则。

“自助互助”的精神是新时代老年文化的魂魄所在，是积极老龄化强有力的文化支持，我们要努力建设这样的文化氛围和精神品质。鼓励老年人自助互助是解决老龄问题的重要原则。当然，老年人群作为一个相对脆弱的群体，生活在一定的社会关系网络之中，需要我们的关爱和帮助。但的确在一个以年轻老人为主体的老龄化初级阶段，我们很需要通过自助互助的文化建设去激发老年人群的潜能。显然，没有这样的文化战略相依托，健康的和生产性老龄化战略的实施是缺乏根基的，因而是难以长久的。社会的可持续发展要求良好的社会关系、社会结构和社会功能，就人口老龄化来说，我们需要维系和建设的是父慈子孝、自助互助的代际关系和文化传统，然后保持其文化的适应性和持续性。一个可持续发展的社会需要这样的文化依托和道德资源。譬如，鼓励健康老人通过劳务储蓄和时间储蓄的方式服务他人、自我养老就是一种典型的自助互助的做法。

当然，老年人群个体差异是很大的，作为对这个人群的尊重，我们对老年人多样化的选择本身是需要理解的，“有所作为”也好、“颐养天年”也罢，都是悉听尊便的选择。但从社会的角度出发，为了实现可持续发展，我们就没有理由不重视人口老龄化的社会经济影响，就没有理由不继续期待老年人“兼善天下”的社会理念和文化追求，就没有理由不去激发和转化老年人健康的社会意义和经济价值。毫无疑问，老年人可以通过各种各样参与社会的方式来展现自己的风采和价值。笔者相信，鼓励老年人通过合适的渠道参与社会的发展、发挥出老年价值的效用的理念一定会在21世纪大行于天下，成为人类共同的纲领。

其次，行为层面上，积极的老龄化是对老有所为的超越，意味着老有所为、老有所乐、老有所用和老有所成。老年人完整的价值实现模式是“鼓励老有所为、体验老有所用、收获老有所乐、实现老有所成”。如果说“老有所为”是老年价值的行为层面，那么“老有所用”是老年价值的心理层面，“老有所乐”是积极老龄化的精神价值，“老有所成”则上升到了老年价值的社会层面。这是老年人价值实现的递进关系。积极老龄化意味着生活方式健康积极，保持自理自主的状态，工作更长时间，更晚退休，退休后能继续积极参与社会活动，尽可能长时间地保持活力。

老有所成是老有所为的结果。“成”者，无非古人讲的立德、立言、立事。只有卓越的老者才可能攀升到“老有所成”的境界。显然，这里面包含了社会统一的积极的评价。正是在这个意义上，到了这样一个层面，我们才说老年人实现了社会价值。当然，它可以体现在很多器物——如著作、发明、楼宇、利润等——的身上，也可以通过文化的传承、道德的教化——如关心下一代、帮教青少年、自觉奉献、志愿者服务等——折射出老年价值社会化的影响力。“老有所成”可以是小成，也可以是大成。面貌可以万端，万变却不离其宗——其实质是存在着来自社会的肯定。这种积极的评价波及的范围越广、延续的时间越长，其成功的程度就越高。

“成功老龄化战略”的基点，是维系住老年人个体和外部世界建设性的平衡关系或者说良性的互动关系，并在这个过程中使老年人的价值实现最大化，从“老有所为”到“老有所用”进而到“老有所成”，与此同时使整个社会在生产性老龄化的推动下实现人的全面发展、代际之间的公平和公正以及人口与政治、经济、文化、生态全面的协调发展。

最后，在环境层面上，积极的老龄化意味着老年不是人生的终结，而是人生的转折和新的开始，是生命和生活体验新的发展期；老年人群蕴藏着巨大的发展潜能和价值潜能；老年人群不仅是社会发展的受益者，更是未来社会发展的参与者。所以，我们要为老年人的“老年发展”创造一个良好的社会环境。

所谓老年发展，就是老年人能够在健康、认知、角色和价值方面得到新的发展。马德里大会希望这个世界上越来越多的老年人发现他们生活在一个可以按照自己的意愿选择如何渡过他们的老年岁月。这意味着步入老年不是一件令人沮丧的事，而是我们每个人都会经历的阶段，在这一阶段，我们仍然可以享有高质量的、得到安全和健康保障的、对社会作出贡献的生活。整个社会如何去创造一个对老年人友好的文化和生活环境使他们能够得到愉悦的精神享受是大会所关注的。马德里大会的主题告诉我们：只有将老年人、家庭、社区和政府符合积极老龄化的态度和行为完好地整合起来，才能有效地激发人口老龄化的正面效应。

积极老龄化具有多重含义：

首先，是有尊严的老龄化。进入老年期的个体老龄化的主体当然是老年人自己。个体老龄化的根本挑战在于这是一个不断丧失生命生活资源的过程。这也是老年人群成为弱势人群的根本原因。无视甚至剥夺老年人的发展权，无异于加剧了这一群体的边缘化、弱势化的倾向。所以这是不能等闲视之的大问题。

其次，是有保障的老龄化。这里的保障体现在多个方面，包括了健康保障、精神保障、医护保障、经济保障、权利保障等方面。在中国，如何通过出生率、死亡率和迁移率的调节实现一个适度水平的有积极影响力的人口老龄化，是研究的核心主题。中国需要研究人口政策调整和不调整状况下的人口老龄化前景。已经有学者明确指出：实行计划生育必然导致人口老龄化，低生育政策会大大加速人口老龄化，这是人口决策中的两难抉择。关于生育政策的取向有不同的主张。无论如何，未雨绸缪十分必要，人口是一个长过程，需要提前调节，一旦形成人口的年龄结构，就会依其自身的惯性力量继续发展。至于老年经济学、老年社会学等所要探讨的问题也是极其深广而且意义深远的。

再次，是有欢乐的老龄化。欢乐来自需求的满足，简单说，就是“心满意足”四个字。欢乐体现了老年人的满意度。没有尊严、没有保障，都不可能达到真正的欢乐。

最后，是有效益的老龄化。有尊严、有保障、有欢乐的老龄化不仅对老年人群十分重要，可以提高和改善他们的生命生活质量，而且也将有力地促进社会经济的持续发展。因为，如果真的实现了有尊严的老龄化、有保障的老龄化和有欢乐的老龄化，那么这样一个老龄化的过程一定会产生良好的社会经济效益，给社会的健康、持续发展提供巨大的推动力。所以上述四个方面实际上是一个层层递进、不可分割的完整过程。

和谐老龄化战略

“积极老龄化拓展战略”还必须高度重视老年人的社会适应和融合问题。这样，以帮助老年人接受再教育和再社会化以期跟上时代的步伐为主旨的“活跃的老龄化”或者说“社会化的老龄化”就成了积极老龄化的重要含义。年长有时是一种资本，但这种资本也可能被某些老而不尊的人错误地使用。那种尸位素餐、顾而不问却横加干涉的“老有所为”是要不得的。理想的老有所为是个人收益和社会效益能够统一起来的价值实现活动。

（一）人口老龄化过程中的代际冲突

近年来，各地出台了很多关心老年人的福利性、优惠性社会政策，这原本是一件好事，但在实施过程中却遭遇了一些尴尬。一个案例是，河南郑州市给老年人发放免费乘车证，1997—2006 年 8 月共发了 19 万张，不仅增加了公交公司的运营成本，而且诱发了上班高峰期的交通拥堵，给社会和谐带来了一定的负面影响。在上下班高峰期，许多持老年免费乘车证的老年人与年轻人一起挤车，引发是否让座之争。一些年轻人提出了自己的利益诉求：“我们这些年轻人起早贪黑，真是上班拖着一身的睡意，顾不上吃饭；下班拖着一身的疲惫，顾不上休息…… 如果我们让了座，对得起道德，对不起自己；如果不让，对得起自己，对不起道德。”

问题的实质是什么？表面看来是越来越多的老年人在分享公共交通资源的过程中与年轻人发生了代际冲突。推而广之，随着人口老龄化程度的加深，老年人口的增加，老年人和年轻人在分享稀缺的公共资源的过程中也会发生各种各样的社会冲突。2004 年，总部位于华盛顿的战略与国际研究中心同保德信金融集团联合发布了引人注目的报告《银发中国——中国养老政策的人口和经济分析》。报告指出，到 2040 年，中国老龄人口总数将达到 4 亿人，超过法国、德国、意大利、日本和英国当时人口的总和。中国面临的一个巨大挑战是既要为老年人提供良好的生活和医疗保障，又不至于让年轻人承受过重的负担。但是，老龄人口的激增将大大影响这种理想状态的实现，这就是自古以来的“生之者寡，食之者众”的担忧。迅速膨胀的老龄人口群体意味着老年人口赡养比和老年社会负担的上升。不争的事实是，社会的公共资源毕竟有限，人口年龄结构却在持续老化。那么我们该如何保证人口老龄化是一个幸福和成功的过程呢？

无论是健康老龄化还是积极老龄化，都包含着十分丰富的内涵，这两个概念之间也有交叉的内容。从老年人口学的角度出发，健康老龄化是指身心健康的老年人口比例和规模扩大的过程，积极老龄化是指参与发展的老年人口的比例和规模扩大的过程。健康老龄化强调的重点是人在进入老年之后，在各方面包括生理、心理、智能等方面尽可能长久地保持良好的状态。积极的老龄化是指老年群体和老年人自身在整个生命周期中，不仅在机体、社会、心理方面保持良好的状态，而且要积极地面对晚年生活，作为家庭和社会的重要资源，可以继续为社会作出有益的贡献。

健康老龄化、积极老龄化的政策和制度安排有助于提升老年人的福利水平，但可能与“社会和谐”构成一定程度的冲突，因为健康老龄化和积极老龄化更多是从老年人的利益最大化出发的。也就是说，在构建“和谐社会”的大命题下，仅仅健康老龄化和积极老龄化解释不了老龄化过程中所遭遇的代际冲突和社会冲突问题。在构建和谐社会的过程中，还需要进一步在健康老龄化和积极老龄化的框架外寻找新的出路。

（二）和谐老龄化：促进社会和谐的新路径

老龄问题不仅仅是发展问题，也是社会关系问题、文化发展问题和制度规范问题。如果说健康老龄化和积极老龄化更多是从个体或者群体的角度来理解老年人和老龄问题，那么，和谐老龄化更多是从个体和个体之间、个体和群体之间以及群体与群体之间甚至老年人与环境之间的关系来理解老年人和老龄问题。和谐老龄化则要促进家庭关系、社会关系、人际关系、天人关系的和谐。这些关系的和谐不仅有助于社会的总体和谐，也必然有助于提高老年人的幸福感和满意度。

和谐老龄化实际上是经济学所描述的帕累托最优状态，可定义如下：老年人在行使公民权利的时候不损害他人和社会的利益，在不损害他人福利甚至增进社会总福利的前提下享受和增进老年人自身的福利。和谐老龄化站在了社会和谐发展的立场上来思考和促进家庭关系、社会关系、人际关系、天人关系的和谐。因此，在上班高峰时段政府取消老年乘车优惠卡符合和谐老龄化的价值取向。

从健康老龄化到积极老龄化再到和谐老龄化的认识路线，使我们认识到其实人类真正需要的不单单是健康的、积极的或者是和谐的老龄化，而是成功的老龄化。毫无疑问，成功老龄化是多维度的集合概念，是健康、积极、和谐老龄化的交集。成功老龄化的“实现度”可分类如次：首先，最成功的老龄化是健康老龄化、积极老龄化、和谐老龄化的集合；其次，亚成功的老龄化则既可以是健康老龄化、积极老龄化的结合，也可以是健康老龄化、和谐老龄化的结合，或者是积极老龄化、和谐老龄化的结合；再次，偏成功的或者次成功的老龄化，则意味着健康老龄化、积极老龄化、和谐老龄化处在分离和相对独立的状态；最后，不成功的或者失败的老龄化，就是与健康老龄化、积极老龄化、和谐老龄化无涉的病例性、消极性和风险性的老龄化。

物质的或者经济的供养已不能克服老年人对孤独的恐惧，也不能替代老年人对亲情的期待。在现实生活中屡见不鲜的家庭养老“供求错位”问题，说明了代际和谐对于保障老年人福祉何其重要！儿女提供的经济性养老供给与老年父母的非经济性养老需求错位，提出了一个养老供给的有效性问题，说明养老支持可能是负效供给（如啃老一族）、也可能是无效供给和低效供给。如果在农村，儿女能给养老钱应该算是孝顺了，但在城市却有一些老年父母因为孤独而将给了钱但因为忙没有经常性看望父母的“孝顺儿子”告上法庭。社会的变迁导致两代人对“孝”的理解的冲突。显然，缺了和谐老龄化这一维度，老龄化就不可能真正成功。

综上所述，我们要站在社会发展和社会公正的立场上准确定位老年社会福利政策。关爱老年人不是偏爱老年人，限制权利不等于剥夺权利。从“以老年人为本”走向“以人为本”这是历史发展的方向。老龄社会的制度安排要考虑权利平等与资源有限的矛盾。首先，要承认自由出行是每一个公民的合法权益，我们要尊重老年人的自主选择、知情选择。其次，要明确老年福利政策的制定要考虑其他人群的感受和评价，要充分考虑代际公正，尽量避免代际冲突。关心老年人并不意味着一定要以老年人为本位。从长远来看，还是要站在社会协调发展的高度来看待这个问题。增进老年社会福利不能损害代际平等互惠的前提性原则。最后，老年免费乘车证的发放使老年人出行更加便利，这可能是诱发郑州等城市高峰期乘车拥挤的一个因素。所以，需要在增进老年福利和减少乘车拥挤、保障乘车安全之间建立一种平衡机制，哪怕这种平衡是暂时的、相对的、动态的。在这个意义上，明确规定老年免费乘车证的有效时间段是一个现实的政策定位。如果做不到重新定位政策，也可以在道义上规劝老年人尽量不要在上下班时间外出乘车，以免增加交通拥堵和保证自身安全。

2006 年重阳节，北京一个名叫 Lisa 的外企白领，写了一封千余字的《致北京市老头老太太们的一封信》。这封发表在名为“黑夜の彩虹”博客上的文章，在 1 天多的时间里点击率就超过了 1 万多，甚至在 11 月 1 日那天登上了某网站的博客首页推荐。这封信如是说：

1. 当您行走在马路上，请尽量靠边，靠右边；

2. 当您听到身后的自行车铃、汽车喇叭、口头警告时，请及时作出反应对后车进行合理避让；

3. 当您过马路时，请留意红绿灯指示；

4. 若一定要在红灯时穿越马路，请您留意来往车辆，顺序是先看左、后看右；

5. 清晨起早后，为了创建和谐安宁的社区环境，请不要开窗吊嗓子；

6. 若有逛公园的喜好，请您切勿在早高峰时间乘坐公共交通工具；

7. 在乘坐公共交通工具时，请不要以任何手段向车内乘客索要座位，包括口头明示、故意咳嗽及其他肢体暗示；

8. 当有乘客主动向您提供座位或其他帮助时，请说谢谢；

9. 当您在公共场合遇见任何不合您个人品位的现象比如少女露脐装、年轻人接吻，请不要当众说教；

10. 由于触犯上条而引发的争执，请您主动收口；

11. 在争执平息后，请您切勿不依不饶；

12. 任何场合，请您不要倚老卖老；

13. 任何场合，请您不要凭经验主义判断及处理现阶段产生的一切问题和现象，包括社会的和家庭的；

14. 在家庭中，请不要过多询问或干涉小辈人的隐私；

15. 对左邻右舍的隐私，请您给予最多的尊重，不要以任何形式打听、传播及强行干预；

16. 出于对你们身体最大限度的关爱，请于任何时间及场合自备自救药物，并携带注明家庭住址及亲属联络方式的卡片；

17. 当与家人产生纠纷时，请切勿采取任何不理智的行为譬如威胁跳楼、离家出走；

18. 当遇到陌生人向您打探家庭情况，请不要理睬；

19. 请勿以任何形式向外界传播您子女的婚姻及收入情况；

20. 若没有当事人许可，请勿自行替子女寻偶，包括向外界透露您子女的照片及联系方式等传播隐私的行为；

21. 当您在任何场合遇到国际友人，请不要在其背后指手画脚或作评论；

22. 若不能摒弃老观念，请您对当今社会一切现象给予包容和理解；

23. 要得到别人的尊重，请首先尊重您自己。

这封信不是空发议论，是有所指的，肯定也还有些问题不在其列。这封信只是一个年轻女子个体视角观照的结果，却是代际文化平等化、多元化的一个事件。笔者并不认为文中提出的这些问题有多么普遍，有些问题其实与年轻人也并不构成利益的冲突，只是一种社会现象而已。多数老人不仅可尊可敬，而且可亲可爱。我们会发现这封信大致提出了以下9条建议：遵守交通秩序、维护社区安静、减少交通拥堵、不要当众说教、不要倚老卖老、不要放大纠纷、宽待新生事物、尊重别人（小辈）隐私、自备自救药物。虽然有些措辞还可以委婉和客气些，但出发点应该说是善意的。至于9条建议所针对的几类问题恐怕从来就存在，今后也不会绝迹。归根结底，是两代人在观念和行为上的某些冲突因为老年人的增多和年轻人的敢言而放大了。理解年轻人，就是理解了新时代。年轻人之所以敢写文章规劝老年人，有一个大背景，就是随着人口老龄化浪潮的到来，老年人越来越多，同时引发了老年人与年轻人在分享公共资源中的矛盾冲突。这封信之所以引起关注，是借了网络科技这个宽广的平台。写文章规劝老年人，不是颠覆而是发展了“顺者为孝”的传统，即“劝者为孝”“助者为孝”“明者为孝”。

过去的代际关系不仅在年龄上是一种纵向关系，而且在伦理上也是一种纵向关系，年轻人不能说老年人的不是。现在社会进步了，代际关系在年龄上是一种纵向关系，但在伦理上已逐渐演变为一种横向的关系，年轻人和老年人可以平等地讨论彼此的问题。这些现象在一定程度上与某些老年人不适应社会的迅速发展有关。“老”的含义是多重的，真正的“老”既可以是身体上的老态龙钟，也可以是思想上的故步自封，但社会不会因为老年群体的老而停止发展的步伐。一些老年人的故步自封、不爱学习、不懂得社会秩序或者以不变应万变等等，都是不能适应社会发展的表现。

对这封信，老年群体有赞成和反对等不同反应，这是正常的，折射出了“老年群体的差异性”这一命题。老年人不是简单地用年龄一个指标就可以归类的一个群体，其实老年群体是比青少年群体的差异性更大的一个群体，因为他们经历和积淀的更多，并因此产生出实力水平、认识水平、道德水平等诸多差异。很多老年人自已为什么意识不到这些自身的缺点？这就应了一句老话：当局者迷，旁观者清。做儿女的，可能会将一些糊涂的老年人当作“老小孩”来宠容，导致习惯成自然。也有一些老年人丧失了学习进取的精神和精力，导致在惯性中生活、在回忆中度日。这封信所产生的正面效应是唤醒了部分老年人的道德自觉，更明确了老年人作为社会一员的行为规则和道德指向，有助于和谐老龄化的建设。

（三）老年群体在公民道德建设中的作用

在人口逐渐老龄化的社会里，老年群体是最大的公民群体，所以探讨老年群体在公民道德建设中的作用很有必要，意义深远，是一个常说常新的永恒话题。我们在应对老龄化挑战的过程中，提出了健康老龄化、积极老龄化和和谐老龄化的主张，最终则要实现成功老龄化和幸福老龄化。我们不要忘记，老年人是健康老龄化、积极老龄化以及和谐老龄化的人口主体。

在传统中，我们有一句话：尊老敬贤。历朝历代的老年人都有很多道德的楷模。老年人之所以值得尊重，不仅在于他们在前老年期——也就是中青年期——为家庭和社会作出过贡献，而且进入老年之后，很可能因为独善其身和兼善天下而达到新的道德境界。所以，我们说长者为尊，尊者为范。

人之将亡，其言也善；人之将终，其行也美。这恐怕是一个规律。为什么呢？分析起来，至少有四个原因值得关注：

第一，老年人的人生阅历。通过正反两方面的经历和经验，老年人对人生的意义有了很多的体味和洞见。他们变得更为宽容、平和和自律。

第二，老年人有闲暇时间。很多老年人退职之后，有很多的余暇可以自由自主支配，通过再社会化扮演一定的新角色，重新发现人生的乐趣和意义。到了老年了，做人可以作出新的价值和境界。老年人可以描绘更新更美的人生图景。

第三，老年人以奉献为乐。老年人退职之后虽然全部或者部分失去了有报酬的工作，但他们在中青年时期就形成的人生价值观却一直主导着他们的人生航向和生活态度。特别是受党教育多年的一些老党员，他们的境界就更高。事实表明，2007 年中央文明办等单位共同评选的全国道德模范中占70%的获奖老人（其中两位是不到60 岁的准老人）几乎都是中共党员。虽然退职了，年纪大了，但是他们以奉献为乐的人生价值观却没有退色，而是坚如磐石。这种价值观是他们成为新时期道德楷模的伦理基础。

第四，老年人的角色权威。无论是老年人自己还是老年人所在的社会和文化，都认为老年人是有权威的。老年人之所以值得尊重，是因为老年人群的社会价值。

（1）老年人的文化价值。老年人曾经是人类文明的创造者，到了老年又成为人类文明的传承者，他们是活的历史。特别是老年知识分子，他们的文化价值因为历史的积累而更高，有些著名知识分子成为国宝级的人物，成为文化的活字典。

（2）老年人的知识价值。知识价值包括经验知识和理论知识。非洲有一句话赞美老年人："一位老者的逝世，意味着一座图书馆的消失。"我们所倡导的老有所为包括了老年人的知识创造。心理学研究证明，智力的衰退是缓慢的，中国的老话是"用进废退"。老年人在技能层面的价值也很重要，如民间一些身怀绝技的老艺人、老工匠就有这样的价值。1930 年 5 月，毛泽东在光辉著作《反对本本主义》第七部分"调查的技术"中谈到调查对象选择时看到了老年人的优势："以年龄说，老年人最好，因为他们有丰富的经验，不但懂得现状，而且明白因果。"[1]

（3）老年人的经济价值。老年人通过再就业和续就业可以发挥积极的作用，成为和谐社会的共建者。老年人在老年期依然有经济产出，这是一个不争的事实。譬如，农村老年人通过自然就业一直劳作到做不动为止，城市老年人也通过各种方式在从事有报酬的工作，这在西方被称为"生产性老龄化"。随着老年人口知识程度和健康程度的提高，老年人的经济价值也将因之提高。

（4）老年人的道德价值。中国文化有一个遗产需要重新认识，这就

---

〔1〕《毛泽东选集》(一)，人民出版社 1991 年版，第 116 页。

是“父为子纲”。父亲和长辈应该成为子孙后代的榜样，为人做事有尺度，纲举才能目张。成功的人生是积德行善的过程。很多智慧的老者深谙其道。他们自觉地通过自身道德的建设和完善走过一生，实现老有善终的终极目的，如“仁者寿”“死而不亡者寿”等古训，其实都是道德的引导，也是道德的实践。

最后有几点建议：

第一，倡导。社会要倡导老年价值，通过道德的建设实现健康老龄化、积极老龄化、和谐老龄化、成功老龄化和幸福老龄化。老有所为有多个层面，工作为生计，行善为快乐。老年人的道德健康是健康老龄化的重要内容。评奖也是一种倡导。老年人不仅是小康社会的共享者，也是和谐社会的共建者。社会和谐的关键在道德秩序的建设和完善上，社会主义和谐社会需要弘扬互助、奉献、快乐的道德，老年人群因为他们的优势可以大有作为。

第二，示范。先进的老年人应该成为后进老年人的道德楷模，也可以成为中青年人的道德榜样。家家有老人，人人都会老。如何面对人生的挑战？如何面对老龄化的难题？老年人可以通过自己的言行影响全体公民。道德的示范可以体现在很多方面，自律自助、诚实守信、见义勇为、助人为乐、敬业奉献，老有所为、老有所用、老有所成。他们可以是知识精英、文化瑰宝，也可以是草根英雄、平民救星。古人讲：“天行健，君子以自强不息；地势坤，君子以厚德载物。”“但得夕阳无限好，何须惆怅近黄昏”等等，形成了一种刚健有为、自助助人、德主老年的老年文化。

第三，空间。老年人的道德实践需要机会和平台。社会倡导和道德教化对老年人是有意义的，尽可能让更多的老年人成为道德的主人和道德的楷模，道德层面的老有所为就成为社会和谐进步的动力源泉之一。

（四）亲吾亲以及人之亲

在建设社会主义和谐社会的大命题下，我们需要的不仅仅是健康老龄化和积极老龄化，和谐老龄化以及更广义的成功老龄化都具有重要的理论和政策含义，需要更多的理论研究和政策关注。

促进和谐老龄化的思路包括了两个方面的努力，一是文化建设：互爱、互谅、互助、互惠、互赢；二是制度促进：共融、共建、共担、共享、共进。和谐老龄化需要公民的文化自觉和社会的制度规范。“文化自觉”是一种对文化的了解、尊重和维护，达到自律效果。“制度规范”是对制度安排的尊重，自觉接受制度的规范性约束，达到他律效果。在政策层面上，可以通过推进和谐社区、和谐邻里、和谐家庭、和谐车厢、和谐身心等建设活动来促进和谐老龄化，进而实现社会的总体和谐。

实现和谐老龄化可以也需要在我国灿烂的传统文化中寻找启迪和支点。“和谐”是中华民族传统文化的精髓。中华文明本质上是一种“和”的文明，“社会和谐”一直是中华民族孜孜以求的社会理想。

和谐的本质是恪守“以人为本”。仁者，人也。孔子主张以“仁”待人，以“仁”待物，即所谓“推己及人”“成物成己”。孟子提出：“尽其心者，知其性也；知其性，则知天矣”（《孟子·尽心上》）。他所追求的是通过“尽心知性知天”的途径，达到“上下与天地同流”的境界。他还提出“亲亲”“仁民”“爱物”等主张，也就是要扩展“爱”，由己及人，由人及物，把仁爱精神扩展到宇宙万物。这样，和谐的社会图景就会如《礼记·礼运》中所描绘的：“大道之行也，天下为公，选贤与能，讲信修睦。故人不独亲其亲，不独子其子，使老有所终，壮有所用，幼有所长，矜、寡、孤、独、废、疾者皆有所养。”

“和谐老龄化”命题的提出，让我们注意到了一个人口老龄化大潮初起的时代“代际关系的冲突与和谐”的话题并赋予其现代性。和谐老龄化的一个重要维度是处理好老年人与年轻人的关系。

首先，对年轻人来说，尊老与敬贤是两个层面的态度和行为。年轻人无论是儿女或者晚辈，都应该更多地关心和爱护老年人。家有一老，如有一宝；家家有老人，人人都会老；老吾老，以及人之老。我们维护了一种尊老敬贤的文化，实际上是为年轻人的未来培植了一种极其珍贵的道德资源并分享由此带来的福祉。只要不违法不逾矩，该顺从就顺从，能迁就就迁就，空间是很大的。

其次，对老年人来说，在年轻人要求独立的时候要尊重，在年轻人犯错的时候要宽容，在年轻人批评的时候要虚心，在年轻人进步的时候要喝彩。开放乐观的心态、不论得失的恬淡、健康愉悦的生活将成就一个健康、充实和幸福的晚年。年轻人是可爱的，老年人是可敬的；老年是值得向往的，和谐是需要建设的。

在文化层面上，成功老龄化需要构建的是“亲吾亲，以及人之亲”的社会新秩序，本文所提倡的“亲吾亲，以及人之亲”的人际文化，既包括了“老吾老，以及人之老”，也包括了“幼吾幼，以及人之幼”。以铜为镜，可以正衣冠；以人为镜，可以知得失。哲学家冯友兰先生曾经提出的“后喻文化”对于建设和谐老龄化也有重要启迪，就是鼓励老年人向年轻人学习，以终身学习为已任。年轻人的忠言逆耳也是扩充老年人心量、修正老年人道德的机会。在这个学习化的时代，老年人要继续成为道德的榜样，不仅是可能的，而且是必要的。老年人的有所作为、老有所成必将进一步加固“尊老敬贤”的文化传统，成为构筑和谐老龄社会的道德和文化力量。在笔者的理想中，我们需要的和谐老龄社会大致是这样的：老老人老，幼幼人幼；亲亲人亲，人人和谐。

第六章

树立积极老年观

看待人口老龄化的四个关节点

年龄是一个符号　老年是一种选择

老年须五立

老年贵养心

老有所为的第三年龄时期

老年精神当自养

不教青山落斜阳

中国义老之道

看待人口老龄化的四个关节点

人口老龄化是一种全球性的人口发展趋势，各国、各地区殊途同归，必有规律可循。人口老龄化既可以是“长寿革命”的成果，也可以是“生育革命”的产物，结合人口年龄金字塔，前者我们称之为“顶端老龄化”，后者我们称之为“底部老龄化”，概要说，就是“上扩下缩老龄化”。在开放人口的假定下，人口老龄化的进程可能被缓解甚至逆转，出现减速型或者逆向型人口老龄化也是可以想见的。综合各家之说，笔者提出“年龄—能力—结构—权利四要素理论”，试图在最一般的意义上从四个关节点着眼，来结构性描述人口老龄化的图景。

首先是年龄。年年岁岁花相似，岁岁年年人不同。年龄是人生进度的标记，是看待和讨论人口老龄化的首要变量。岁月具有天然的磨损能力，年龄的演进在总体上意味着功能的退化，但个体之间的确存在着很大的差异性。细分的话，年龄有两个概念：一个是起始年龄，另一个是组群年龄。

起始年龄通常同于退休年龄，但考虑到我国农村老年人并不享受退休制度的福祉，所以还是用起始年龄为好。起始年龄是老年的起点，但不是老龄化的起点。老年的起点在中国是60岁，在国际上是65岁。但由于各国退休年龄不一致，所以从领取养老金的角度看老年，起始年龄的确存在着差异性。人口老龄化的起点是60岁及以上老年人口比例达到总人口的10%或者65岁及以上老年人口比例达到7%。

组群年龄提示我们，老年这个群体因为年龄的不同存在着功能上的差别。有些老年人属于70岁或者75岁以下的低龄老人，年轻有活力，不是负担，相反地可以为家庭和社会作出很多新的贡献；但也有个别老年人开始进入“能力丧失的发轫期”，演变为失能老人。有些老年人属于70岁到80岁或者75岁到85岁的中龄老人，一般健康状况要差一些，部分老人开始逐渐失能甚至提前完全失能，处在“能力丧失的关键期”。有些老年人属于80岁或者85岁以上的高龄老人，处在“能力丧失的完成期”，可能会有更多的老者从部分失能转变到完全失能，因此需要全方位的长期照料。随着人口老龄化程度的提升、结构的深化、规模的扩大和影响的重化，低龄老人、中龄老人和高龄老人的组群年龄到底如何划分，是三分类还是多分类，各个组群的起始年龄和终结年龄各是什么，这一切都是可变的，如何科学厘定有待于进一步的研究论证。

其次是能力。人口老龄化的主体是老年人，所以老年人的健康状况、功能状况和能力状况如何，对于人口老龄化所产生的作用力方向和利弊具有决定性影响。老年人的能力主要包括生理生殖能力、生活自理能力、劳动工作能力、学习创造能力以及社会交往能力。如果多数老年人是健康的、有知识、有能力、乐于奉献并且在老有所为中作出实质性的贡献，那么这个老龄化就是“有贡献的老龄化”，就是“生产性的老龄化”，就是“有价值的老龄化”。如果说健康老龄化的主张是维系甚至提升老年人的能力，那么积极老龄化的主张则是开发和证明老年人的能力。健康老龄化和积极老龄化是推动实现成功老龄化和幸福老龄化的两个巨轮，缺一不可。从能力的角度区分老年群体，可以包括健康老年人、亚健康老年人、不健康老年人，也可以包括能自理老年人、部分失能老年人、完全失能老年人。无论从年龄还是从能力的角度看，老年群体均表现出巨大的差异性，老年差别化是一个公理。

再次是结构。结构就是关系，结构就是功能。从结构—关系—功能的角度看待人口老龄化是必需的视角。为此，我们需要超越经典的健康老龄化和积极老龄化的框架，提出“和谐老龄化”的命题。换言之，成功的老龄化战略必须处理好人口老龄化过程中的代内代际、家里家外的人际关系、老年人与社会的关系以及老年人与自然环境的关系。特别重要的是，人口老龄化进程中老年人幸福与否在很大程度上取决于老年人与日常接触最多的也是最亲近的人——如配偶、儿女、儿媳女婿以及孙辈、保姆等——的关系能否处理好。

人口老龄化由内而外产生的影响不仅取决于老年人这个群体的能力和态度，还取决于老年人与老年人的关系、老年人与年轻人的关系是否合适和谐。在和谐老龄化的基础上，我们可以进一步提出“适度老龄化”的新命题，就是说老年人口的规模和年轻人口的规模以及两个亚人口之间的比例关系需要保持一个适当的区间。在文化的层面上，中国传统的孝道文化就是要解决成年儿女和年轻人口对于老年父母和老年群体的养老支持问题。

最后是权利。权利关涉保障，权利提醒责任。人口老龄化过程中，很多老年人成为高龄、长寿的老人，同时也更加脆弱，他们需要更多的家庭支持和社会支持。根据贡献—回报理论，老年人作为权利主体，普遍享有赡养、共享、参与、选择、发展等权利。老年人权利的落实和保障状况在很大程度上反映了一个社会的发达程度和文明程度。一个老年友爱型的社会一定是老年群体能够全方位、全人口、全过程得到关怀、服务和保障的社会。中国需要努力建设的是能力和权利本位型的幸福社会。

年龄是一个符号　老年是一种选择

据预测，2015 年后我国劳动年龄人口每年减少几百万人，而老年人口每年增加数百万人。这一减一增的人口“剪刀差”发展趋势，意味着年轻劳动力的供给短缺势难避免，就业人口的老龄化当在必然，老有所为的话题也因此变得重要起来。关于如何应对人口老龄化的挑战，国外提出过积极老龄化和生产性老龄化的重要主张，与我们倡导的老有所为可谓异曲同工、殊途同归，都是着眼于老年人的生活质量和社会的和谐持续的发展。

理论是灰色的，而生活之树常青。通过对生活的观察和体验，我们可以丰富对老年人的看法。一日笔者去学校，出小区门，见一帮民工在为马路边的街树根部重铺网状地砖，大概是为了未雨绸缪地加快地面水的渗透。忽然看见一个头发花白的老者也在其列，不禁相问：老人家多大岁数了？老者笑答：66岁了。笔者顺手一指不远处正用铁锹往车上装土的另一老者，问：那位老人家多大了？答曰：他76岁了。笔者有点惊诧，这么好的体能，幸哉！壮哉！一般人看到老者这么辛苦，心中会感到不忍，甚至顿生怜悯之心。其实这只是一面，老有所为彰显着老年人的生命尊严。笔者想起了远在浙江老家的白发亲娘，信佛吃素的妈妈80岁高龄了，身体并不太好，除了要照顾半失能的父亲外，还在自己开垦出来的田地劳作，因为家在拆迁的别墅区，离市场远，买菜不便，所以就想到自给自足。我们总劝她不要太辛苦，老人家却总是闲不住，忙于松土、除草、播种、施肥、浇水、收获，以苦为乐，乐此不疲，春华秋实，笑送斜阳。每当收获时节，她的喜悦写在脸上，母亲非常快乐地与亲朋分享新鲜瓜蔬。她以强烈的自尊、辛勤的劳作赢得了所有人的尊敬！

据此，我们可以发展出老年的符号—功能同差理论。众所周知，我国人口老龄化势不可当，日趋深化，但老年的起点是约定俗成的60岁，西方则为65岁。社会老年学告诉我们，老年人口是一个异质性很强的群体，既表现在年龄、性别、文化程度、居住安排等特征变量上，也表现在健康状况、行为能力等功能变量上。健康固然重要，但我们不应轻忘一句名言：给生命以岁月，给岁月以生命。换言之，我们不仅要追求健康老龄化，而且要追求生产性老龄化。在个体的意义上，只要老年人自己愿意、心里高兴，旁人眼里辛苦备偿的“老有所为”其实包含着深刻的老有所乐、老有所用、老有所成和老有所尊所带来的幸福感、价值感和自豪感。毫无疑问，老有所养是基本的，也因为其基础性地位，所以需要通过提升和超拔来提高老年人的幸福指数。直言之，老年人向往的不是简单的生存层面上的老有所养，而是有保障、有快乐、有尊严、有作为的老有所养。老有所养、老有所为、老有所乐相伴共生，对老年人的很多需求我们无法也不能割裂对待。

走笔至此，该回答本文的主题了——年龄是什么？年龄是岁月的印记，是符号，是标签。年龄作为符号是统一的，年年岁岁花相似，岁岁年年人不同。但功能是有差别的，同样岁数的老年人其自理能力和活动能力因为健康水平的差异而表现出很大的功能差别，所以老年存在着选择的空间和可能，可以积极，可以消极。积极老龄化的时间含义就是过充实而有寄托的生活，对年轻人如此，对老年人也如此。

笔者曾经提出以“老年发展”和“老年人口红利”为核心的乐观老年论。我们要收获“老年人口红利”并延长收获期，老有所为、积极老龄化和生产性老龄化所实现的“老年发展”是不二法门。在这个意义上，对一切老有所为的老者，我们都要给予尊重、奉献敬意，他们老骥伏枥、自强不息的精神是积极老龄化的支柱，是构建幸福老龄社会的精神动力。但与此同时，我们要全方位健全老年保障体系，减少非意愿、不快乐、有害身心的“老有所苦”现象，让每一个老年人活得有尊严，也让每一个老年人活得有欢乐。

老年须五立

20 世纪 80 年代初，湖北的卫衍翔先生提出了“六十而立”论，影响日隆。其后，国家提出了五个“老有”、六个“老有”的工作方针，其中包括了非常重要的“老有所为”主张。2002 年，国际社会在马德里召开了意义深远的第二次老龄问题世界大会，提出了“积极老龄化”的战略主张。同年，笔者在《人口研究》第五期发表了“老年发展论”。

我国人口老龄化的趋势不可阻挡。我国进入人口老龄化迅速发展时期。预测显示，从2015年到2035年的20年时间里，中国老年人口比例将会增加一倍，达到20%；此后一段时间，老年人口将占中国人口的五分之一到四分之一。人口老龄化是必然趋势，那么在我们智慧和能力所及的范围里，我国不仅要为广大老年人构筑起强大的关怀—服务—保障体系，而且要塑造老年形象，提升老年境界，促进老年发展，挖掘老年红利。

其一，曰立身。毛泽东早年讲过一句话“野蛮我体魄，文明我精神”，深刻又生动。发展以人为本，人以健康为本。健康是老年最重要的资本。如果说金钱是物质财富，那么健康就是幸福财富。健康是1，功名是0。有了健康，拥有的一切才有附丽。健康老龄化是极为重要的国家战略、社区战略、家庭战略和人生战略。社会老年学主张从全生命历程出发来推进和实现健康老龄化，也就是说，要在中青年期就注意自身的健康建设，建立科学的、有益于身心的健康生活方式。中青年人口的亚健康和过劳问题需要引起各方面的关注，健康的自我管理和自我建设尤其重要。每个人都是自己的保护神、幸福的创造者。老年人也需要“健康行动”和“健康储蓄”。老年人有更多的闲暇，可以在躯体健康、功能健康、身心健康、道德健康和社会适应性健康方面有所作为。

其二，曰立志。老年期容易成为生命的一个萎缩期。但是一个志行合一的老者却能展现晚年别样的风采，收获人生最后的果实。志向是激发生命能量的动力。老年须立志。从工作和劳动的舞台退隐下来不应该成为老年无所用心、无所追求的遁词。曹操在传诵千古的《龟虽寿》中用激昂的诗句表达了一个老者的志向：“老骥伏枥，志在千里；烈士暮年，壮心不已。”哀莫大于心死。老年需要“成长”而不是“变老”。生命的意义在于自强不息。尼泊尔前常驻联合国代表、前外交大臣赛伦德拉·库马尔·乌帕德亚雅2011年5月9日在试图攀登珠穆朗玛峰时不幸遇难，享年82岁，但他勇于挑战自我和生命极限的精神却永放光芒。他当时说：“登山运动通常是体能考验，但是，它也是一种意志的考验。我想证明，像我一样的老年人也能完成挑战。”马斯洛的五层次人类需求理论完全适用于老年人，最高层面的自我实现的需求是老年人实现老年价值生生不息的动力。

其三，曰立德。孔子说：老年戒之在得。古人讲“三不朽”：立德、立言、立功。救死扶伤是谓德，敬天爱人是谓德，慈护弱小是谓德。1979年，69岁的印度修女德蕾莎被授予诺贝尔和平奖，她一生为印度加尔各答的穷人服务，以维护穷人的尊严著称。一位贫病交加的老人临死前拉着德蕾莎的手低声地说：“我一生活得像条狗，而我现在死得像个人，谢谢了。”德蕾莎修女对死亡有独到的看法，她认为人类的不幸并不在于贫困、疾病或饥饿，真正的不幸是当人们生病或贫困时没有人伸出援手；即使死去，临终前也应有个归宿。在中国文化传统中，养老送终、老有善终是共通性需求。但“独子高龄化”却给国家和社会带来了巨大深远的挑战，今后将有很多老人老无所依、老难善终。有爱心、有能力、有条件的老年人可以去帮助社会上需要帮助的老年人，特别是空巢独居、病残孤苦的老年人，奉献自己宝贵的爱心。

其四，曰立言。随着一批又一批中年轻人进入老年期，知识老人的比例也随之增加。著书立说、建言立言的老年人大有人在。例如，国学大师、楚辞专家、长寿老人文怀沙以文子名世，以“正清和”三字立言，做到了为天地立心，为往圣继绝学，开老年立言之高风。

其五，曰立功。在事功的层面上，老年人可以大有作为。例如，我国杰出院士、著名肝胆外科医生吴孟超老人90多岁了还坚守手术台，以炉火纯青的医术、以敬业爱人的高德品质真正实践了“长寿到老、学习到老、工作到老、奉献到老”的“四到老”精神，堪为老者楷模。

老年贵养心

我们讨论人口老龄化问题需要确立一个根本的出发点，就是对个体老龄化和生命衰老挑战的回应。倘若在个体衰老的过程中，老年人个个能健康自立、欢喜自适又能奉献家国，那么人口老龄化有什么可以忧患的？显然，在应对老龄化挑战的过程中，老年人自己是一个不可忽视的力量主体，“发现老年”是一面需要高高举起的旗帜。哀莫大于心死。在深层的意义上，老龄化的挑战也来自心态的老化，所以笔者认为，老年人需要创建属于自己的“阳光心学”。正心修行，积德行善，幸福自求，是老年人生共同面临的大课题。

首先，老年人要修一颗“年轻心”。岁岁年年花相似，年年岁岁人不同。岁月的老去，年龄的增大，功能的衰退，是一个客观规律。但人类发现了另一个规律：身体的衰老并不必然导致心灵的衰老，相反地，心理的年轻可以在一定程度上遏制生理的老化。身虽老年身，心却年轻心，这是老年人应对落寞晚年的“阳光心法”。换言之，心态的年轻并不受年龄的限制，精神上的青春是人人可以做到的。年轻心态需要老年人通过积极的社会化过程保持开放、好学、乐观、进取的生命姿态，乐意与年轻人为伍，敢于挑战自我，力所能及地做一些年轻人做的事，积极参与社会活动，保持生命活力，保持精神张力，焕发生命光彩。鹤发童心，阳光老年，老年人就能收获精神的快乐、心灵的满足和情感的慰藉。社会和政府则要创造老年人参与社会、参与社团、代际融合的机会、场地和条件，共创一个青春国家和活力社会。

其次，老年人要修一颗“欢喜心”。老年似乎有很多的困难甚至苦痛，空巢孤独，疾病缠身，老无所依，怎一个“苦”字可说？但老年人需要理性、客观地看待老年的生命和生活。生老病死，花开花谢，是一个自然规律，我们无法抗拒。生命必然以悲剧收场，但生活可以以喜剧告终，这是人类参透生死的智慧。老年可以欢喜，关键在于对生命价值内在的感悟和深层的感恩。想想那些英年早逝的人们，活到了老年又是何其幸运！想想挣扎在社会底层的人们，老年的丰衣足食又是何其幸福！想想战争年代种种悲欢离合，生活在和平社会的老年人又是何其安心！生命是一个奇迹，长寿是一个胜利。生命来之不易，长寿人瑞难得，所以理应倍加珍惜。活一天，就是赚一天，就得高兴一天，以一颗欢喜心对待岁月的沧桑，享受命运的馈赠，无论穷达也不论病否，一概接受并鼓起勇气去战胜自我。生活永远是比下有余，所以应该满足；人生永远是比上不足，所以应该自强。

最后，老年要修一颗“天地心”。到了老年，人生总该谢幕。人生的彼岸在哪里？伟大的佛教智慧如海，开启人类：肉身的死亡不等于生命的终结。肉身是精神的寓所，性灵不灭说告诉人类，生命的奇迹在一个“空”字，它不是“有”，也不是“无”，是其大无外、大象无形的生命之母。道家曰：人法地，地法天，天法道，道法自然。人来自天地亦将复归天地。人生的规律一是无常，二是因果。老年人需要关心生命之外的世界，关心自我之外的世界，胸罗万象，思接千载，入历史烟云，穷天地奥妙，与天地共呼吸，与社会同进步。《易经》说：“天行健，君子以自强不息”；“地势坤，君子以厚德载物。”可以肯定的是，心灵的天地有多大，幸福的天地就有多大，在浩瀚的天地面前，小我的得失与悲欢实在不足挂齿。一个在心灵世界上有高度、广度和深度的老年人哪怕是孤独一个人，也是心花常开、幸福自来的。老年只是年龄上的一个相对划分，但人生的追求应该是连续登高的过程。退出了生活角色的舞台，不等于就退出了人生价值的舞台，而是到什么山唱什么歌。大器晚成大有人在，老年人在立德、立言、立功诸多方面完全可以抵达新的人生高峰。老年不是简单的颐养天年，还有正心修行的人生使命，这是需要每一个善待自己生命的老年人活到老、学到老、做到老的大事。老年要修一颗道德心、慈悲心、社会心，不敢轻忘对生命的责任和对社会的义务。社会和家人则要帮助老年人努力开拓“精神天地”和“活动舞台”。老年人的种种贡献将不仅成就其晚年的幸福，也成就了社会的希望。

老有所为的第三年龄时期

社会要追求“老有所养”，保障老年幸福；老人要追求“老有所用”，实现老年价值。“幸福老化”和“尊严老化”各有所图，都是成功老龄化的核心目标，社会目标和个人目标有所区别又殊途同归。

老年人要抓住老年期的黄金时期——活跃期或者说第三年龄时期——有所作为，通过老有所爱、老有所求、老有所为，实现老有所用、老有所成、老有所立，尽情释放生命最后的能量和光芒，让生命在灿烂中获得最后的尊严和最高的价值，让老年之爱温暖他人，让老年之光照亮社会，让老年之用服务家国，让老年获得超越自我的意义存在和永恒价值，这是老年的最高境界。最幸福的老年人是价值实现并能超越自我的长者，最幸福的老年是悠然度过身心自由又能产出价值的岁月。

利他型的老有所为成就的是“义老”的境界。感动中国人物、已故的白芳礼老人就是“义老”的典范。他虽然只是天津一个普通的三轮车夫，却以辛苦助学的大爱精神感动了很多人。他辛苦挣钱不是为了满足一己之私欲、实现个人的幸福，而是为了资助贫寒子弟的求学，他在成就他人的同时也成就了自己——建立了自我，同时超越了自我，达到实现无我的无上境界。白芳礼老人的修为给了我们巨大的启发，重新定义老年的意义——那就是为爱燃烧生命，重新发现老年的价值——取决于能释放多少爱的正能量，重新认识老年的力量——老年人的修为将极大影响人口老龄化的作用方向和强度。

毫无疑问，老年的终极幸福依然是对生命的终极关怀和无限热爱，就是坚定不移地追求生命的意义和价值，让老年之躯、老年之心成为爱的载体和化身，服务于国家和社会的人生可能遭遇很多挫折和苦难，但因为意义和价值而必然展现其夺目的光彩。在这个意义上，如果生命有意义，那么痛苦的体验也是有意义的，它可以激发直面痛苦的勇气、体悟人生的智慧。甚至，不幸的人生可能更有意义，更能彰显一个人的胸襟、抱负和担当，使之达到超拔有为的境界。这就是命运的不幸非人所能掌控，但面对不幸的生活态度却操之在我。因此，以大爱为怀抱，以贡献为己任，以无我为追求，是老年人超越小我之苦痛、实现大我之成就、彰显无我之幸福最为积极的人生态度。

如果是幸福是享福，那么意义就是造福。身体与情感的满足可以带来幸福，心灵的宁静和价值的肯定也能带来幸福，第二种幸福是意义造就的，真正直抵心灵的幸福是一个大的循环，所谓爱出者爱返、福往者福来。满足的幸福只是存在于此时此刻的情感体验，然意义的获得却连接着过去、现在和将来，流转于和滋养着生命的过程。那些追求生命意义的人，在给予他人的过程中，不断提升自我、壮大自我，获得价值肯定和精神愉悦。所以，追求生活幸福和追求生命意义，老年的境界自出高下。

有价值、有意义、有尊严的老龄化意味着老年人要追求“精神自养”、“道德健康”和“积极老化”，让老年生命不仅有活力、善给力，而且要让老年生活有趣、有味、有用。在应对生命老化的过程中，老年人应该而且可以有所作为，让活跃、自由的生命成为创造性、价值性、独特性和唯一性的存在，莫待失能空悲切！追求生命的意义，实现大我甚至无我的幸福，不惜以小我的幸福为代价。老年是一段向死而生的最后时光，更要知天理，晓使命，明意义，重价值，用老年的全部能量和才情去服务一个超越自身的目标，这才是高贵的老年和老年的伟大。

老年精神当自养

精神养老问题已经引起了社会各界的关注。老年人的精神文化需求是强烈的也是普遍的，显著影响老年人群的生活质量和生命质量，是解决好老有所养的深层次话题。精神养老问题包括了代际关系和主体努力两大方面的问题。通常，人们只看到代际关系问题，也就是“精神赡养”问题，其中又包括家庭范围的精神赡养和社会范围的精神赡养，这方面论述很多。本文着重谈谈主体努力问题，即老年人应对老龄化的态度取向问题，也就是精神自养问题，或者说自求多福问题，正如曹操在《龟虽寿》中所曰：“盈缩之期，不但在天；养怡之福，可得永年。”

毫无疑问，在精神养老问题上，我们同样需要强调发挥几个积极性，即老年人自己、老年人家庭、组织和单位、国家和政府。我们对我国人口老龄化的情势有了越来越清晰的认识，这就是人口老龄化的同时也必然伴随老年人口的高龄化、空巢化和残障化。依靠家庭和社会并不能完全应对个体老龄化和群体老龄化的挑战，我们不要忽视老年群体身上所蕴藏的积极力量。人总是要有些精神的，老年更是如此。“精神自养”是指作为生命主体的老年人依凭主动进取的人生态度、通过积极有益的活动交往，实现精神的愉悦、满足和发展。

第一，多交流。社会老年学认为，朋辈友情和社会交往是最重要的“养老资源”和“老年支持”之一。老年人需要聊得来、玩得来的朋友和经常性的社会交往。实践证明，良性社交有助于老年人建立积极的自我意识，提升信心，欢度晚年。人是社会动物，人的存在价值在很大程度上取决于其社会性，社会性越丰厚，人生附加值就越高。退休往往意味着老年人社会化进程的中断，所以我们需要提出老年人的再社会化。多交友作为再社会化的方式之一，恰恰可以弥补老年期的社会性丧失，使得晚年生活获得强大的社会交往支持。交友方式一般有：一是故交旧友的持续性交往；二是新朋新友的创新性交往，通过社区活动或者有组织的社会活动来实现。

第二，多活动。到了老年，往往静多于动，一直走到不能动的生命终点。生命在于运动，生命更在于平衡。如何维系好静与动的平衡和转化关系，这是摆在每一个老年人面前的共同课题。根据山东等省的调查，我国经常参与文化娱乐活动的老年人不会超过70%，经常参加身体锻炼的老年人不会超过60%。生命在于阴阳互动、活力转化。在条件许可的条件下，老年人要走出家门，多参加积极有益的社会活动、体育活动和文娱活动，愉悦自己的身心，开阔自己的视野，提升自己的境界。但调查却发现，我国多数社区缺乏老年活动场所和健身设施。

第三，多学习。我们生活的时代是一个崇尚学习的时代，好学则进，善学则强，不学则退。一个老龄化的社会需要激发老年人的学习热情，创造学习型老年的社会舆论氛围。人口老龄化也该是老年学习化，“与学偕老”才凸显出人口老龄化的积极意蕴。学习是保持精神活力的最好途径。“四十不学艺”已是旧观念，新时代提倡的是“乐龄”理念，正所谓“六十正当年，七十犹康健。百岁不是梦，乐龄寿如天”。快乐老年的根本标准是拥有精神的青春，保持学习的热情，享受生活的乐趣。需要强调的是，老年期的学习不仅仅是老年的生活态度问题，也需要社会和家庭的“老年学习支持”，如开设老年学习场地、提供老年学习用品、培育老年学习组织，等等。山东等地的调研发现，我国上老年大学的城镇老人比例不会超过3%，能够使用互联网的老年人不会超过1%。老年学习化大有潜力。

老年残障化是一个客观趋势。我国已有上千万失能老人，他们如何精神自养？失能老人与外界交流少，生命活动只剩下吃饭、如厕与睡觉，循环往复，了无生趣，精神文化生活普遍空虚。因此，家庭和社会需要注意培育和发展失能老人的交流意愿、活动能力和学习兴趣，让这部分弱中之弱的老者也能享受到有品质的精神养老。说到底，“精神赡养”和“精神自养”不可偏废而应有机结合，才能更好地满足老年人的精神文化需求，更好地保障老年群体的生活质量和生命质量。

不教青山落斜阳

老贵有志。孔子说：“三军可夺帅也，匹夫不可夺志也。”古往今来，身体力行积极老龄化的长者大有人在。他们以豪迈的姿态、昂扬的精神、卓越的心志和勤奋的修为一再证明了“老而不衰者贵”。这里的“衰”不仅指身体的衰老，而且指精神的衰老。一个老者虽然难以阻挡岁月的老去，却保持了健旺的心志和健康的功能，这才是长寿的胜利，才是真正意义上的“成功老龄化”和“幸福老龄化”。

1984年，湖北的卫衍翔先生率先提出“六十而立论”，影响广远。我国人口老龄化的挑战不仅在于宏观上的未富先老和未备先老，也在微观上的未老先衰和心志衰老。老来怕空，空巢又空心最可怕，精神若不空，空巢无所惧。通过老有所为、老有所动、老有所学追求老有所用和老有所乐，最终实现老有所成和老有善终，这是积极老龄化的新诠释。

2011 年 8 月是卫衍翔先生 90 大寿，笔者感佩先生的精神，以诗相贺，其中的寓意其实也适用于全体长者——《翔》：“平生最爱高飞翔，壮怀激烈老更狂。风云际会三十年，不教青山落斜阳。”《立》：“六十而立年年立，老贵精神志不休。一点浩气消闲愁，贤德高风万古流。”《歌》：“自古英雄多奇志，虎步人生当自立。不叹白发秋色晚，长歌红霞尚满天。”这些诗句表达的不仅是诚挚祝福，其实也是笔者对老年人生、老年发展和老年形象的诗意感受。笔者于 2002 年提出“老年发展理论”，就是要证明在“制度性退休”和“功能性退休”之间还存在一个“心理性退休”现象。退而不休，必老有发展。对于终生勤奋、活到老做到老的长者来说，只要健康允许，是不存在心理性退休的，老年发展具有很大的张力和空间，老有所成是老年发展的最高峰！

2011 年 9 月是笔者的业师、中国老年学学会名誉会长、中国人口学会顾问、著名人口学家和老年学家邬沧萍教授 90 大寿，笔者以诗敬贺导师：“九秩松青长，沧桑笑斜阳。百岁犹可待，健笔书华章。”邬先生以知天命之年进入人口学，以耳顺之年开创老年学，著作等身，新论颇多，至今笔耕不辍，老而弥坚，健而不休，坚持学术创新和培养年轻后学。近年先生还提出老有所为不仅仅指知识分子老年人群，而且指全体有能力的老者，具有重要意义。

行文至此，笔者还必须提到一个“老有大成”的榜样人物，令人尊敬的书画大师刘海粟老。回想 2011 年 8 月 13 日上午笔者看央视纪录片《刘海粟》，感慨万千。先生 90 岁高龄十上黄山，吞吐黄岳，妙笔写造化，千古一美谈。其诗“一轮最爱腾天镜，中有彤彤报国心”，让笔者落泪！先生教诲道：“怀抱至诚至爱，不管人生成败，朝既定目标坚韧不拔地攀登上去，直到一览众山小……”真个是：气雄万夫，胸罗千峰。纵观海粟老晚年岁月，扑面而来的是一股浩然之气、正大之气和磅礴之气。海粟老的事迹人们早已熟知，笔者青年时期即购买并拜读海粟老的《存天阁谈艺录》，至今书柜里还保存着中国青年出版社 1990 年的第一版书。此日电视得见音容笑貌，如遇恩师大德，其壮阔的人生、豪迈的气概、卓越的精神、非凡的成就，堪为人师！更加大师诗词独迈千古，心胸浩瀚，雄才阔步，不由感佩：大师的晚年是何等气象万千啊……老年的大师和大师的老年，多么辩证！非老年不成大师，非大师不到老年。杜甫云：丹青不知老将至。最后笔者以歌咏大师的小诗收笔。《大师——敬写刘海粟老》："山登绝顶尊为峰，万千气象一点红。人生快意大自由，笔走造化云中龙。"《巨匠——歌颂刘海粟师》："平生志在第一峰，四海翻腾中国龙。百年风云酬高名，笔墨丹青万古红。"人到老年当如是！

中国义老之道

生活中有很多感人的故事是传颂老年人的。很多长者奉献了爱心，温暖了人心，引导了社会，他们可能平凡无闻，精神却闪闪发光。他们可能年岁大、体力差，但贡献不亚于甚至高于年轻人。他们有一个共同的光辉名字，叫"义老"。义老们以实际行动诠释了"给时间以生命"，"给岁月以价值"，展示了"义老贤老"的光彩，诠释了"尊老敬贤"的依据。他们是散落大地的珍珠，是我们灵魂的导师，是社会道德的标尺。社会不应该忘记他们，他们将在"义老文化"的历史记忆中获得永生！

几年前，笔者就听说过天津白芳礼老人助学故事，至今印象深刻。蹬三轮车的白芳礼老人活了93个春秋，2005年9月23日逝世。这位老人在74岁以后的生命中，像一个坚守战斗高地的战士一样坚守着他的追求——助学支教，靠一脚踏一脚蹬三轮车以及开办"支教公司"赚取的辛苦钱，从1986年至2000年，挣下35万元人民币，捐给天津的多所大学、中学和小学，资助了300多名贫困学生。而他的个人生活几近乞丐，私有财产账单上是一个零。白芳礼老人是大义的化身，是中国义老的典范，曾被评为"全国支教模范""感动中国·2004年度人物"，获得"全国老有所为精英奖""中国消除贫困奖"等荣誉称号。他虽然是一位大字不识几个的普通老人，但他对社会的道德贡献却超过很多人。他将爱国深情放心中、将人才培养放心中，却从不图回报，大无大有，大爱大成，大爱之心给了他无上的幸福。老人对他的老友说：“我过得是苦，挣来的每一块钱都不容易。可我心里是舒畅的。看到大学生们能从我做的这一点点小事上唤起一份报国心，我高兴啊！”

新加坡等地早有“乐龄”一说，说的是老有所乐。笔者提出“义老”之说，则包含了老有所为、老有所用、老有所成、老有所教、老有所乐等多重含义，是积极老龄化的老年实践，是幸福老龄化的精神保障。

其一，义老与老有所为。义为结合，这是最天然的关系。但能否成为义老，还要看老有所为是否产生了社会价值，他们的行为是否“义举善行”。这里的老有所为，是指没有报酬但有道德和精神产出的社会参与活动。善待是道德产出，快乐是精神产出。

其二，义老与老有所用。“义老贤老”以他们的言行证明了老年人是解决老龄问题的重要力量，他们身上有无穷的力量。老年人是有用的，生命都有其存在的价值，没有一个老年人是没有用的。关键看我们怎么理解老年人的“用”，也就是老年的价值，包括生命价值、亲情价值、经验价值和道德价值等。义老群体是老年人口社会红利的创造者，老年人的道德贡献就是无形的社会红利。一位新加坡乐龄义工人士如是说：“只要我们还能够工作，只要头脑还灵活，我们就应该帮助别人，因为生命的价值就在于分享与关怀。”

其三，义老与老有所成。老年期固然是衰老期，但也可以是发展期。老年人需要成长、成功和成就。老年人可以在立德、立言、立功三方面各有成就。老年期可以大器晚成、大道爱成、大德修成。古今中外，登上老有所成巅峰的长者大有人在。他们不仅仅在发挥余热，更是生命之花的光荣绽放，是生命光华的倾情发射。他们可能著书立说，六十而立；他们可能自强不息，挑战自我；他们可能平凡奉献，贵在点滴；他们可能创造发明，再立新功！

其四，义老与老有所教。远古的老子教导人类，凡见老者和老树，都应膜拜。经过岁月的淘洗和磨砺，老年人的德行常常对年轻人有所教导和启迪，老年负载着教育后生的使命。这才是“老有所教”的真实含义。义老们是我们共同的老师，他们的德行义举彰显了“老有所教”无言的价值。现在，社会各界开展的“老有所为贡献奖”“老有所为先进个人”等评选活动，实际上就在助推中国特色的义老文化。

其五，义老与老有所乐。物质关乎满足，精神关乎幸福。幸福老龄化与物质的丰裕度并无必然联系，义老文化就是要鼓励老年人走出“私我”，成就“大我”。无一例外地，义老们都具有强烈的幸福感，难怪新加坡乐龄人士也被称作乐义人士。“义举善行”升华了存在的意义，贡献了老年的价值，打开了幸福的大门。

笔者心目中义老的文化画像是：志于道、乐于义、成于善。也就是说，义老们崇尚大爱之道，追寻生命意义；通过急公好义，乐善好施；达成善其身，也善天下。义老们实现的是有尊严、有价值、有欢乐的老龄化，他们是老年人的榜样，更是社会的瑰宝。

第七章

老年发展理论

老年资源与老年需求

重新发现老年

老年人的社会发展

丧失与获得：驱动个体老龄化的两种力量

老年的获得性发展

老年发展与老龄化的性质

营造促进老年发展的社会环境

一般地，可以将人口老龄化区分为群体老龄化与个体老龄化。有老年人问题不一定有人口老龄化问题；有人口老龄化，必然有老年人问题。如果老年人个个都健康、继续拥有生产能力、活动能力和自理能力，那么老龄化就不是什么严重的问题。老龄化究竟意味着什么？我们需要追根溯源考察个体层面的老龄化。

老年发展不仅是老年人的需要，也是社会的需要。老年发展是对老年丧失的克服和超越，老年发展就是要克服个体和群体老龄化所带来的丧失挑战。老年发展是多向度、全方位的，包括了老年人的健康发展、角色发展（婚姻发展）、认知发展和价值发展等等。老年发展的作用巨大，可以填补老龄化带来的老年资源（资本）的丧失，保有、扩大和提升老年资源（资本）等存量。

老年资源与老年需求

人口老龄化的成功与否、老年人口生命质量和生活质量的高低取决于老年资源（资本）能在多大程度上满足老年人口的需求状况。老年资源（资本）是指个人社会化过程中必须具备的六大老年资源（资本），包括了健康资源（资本）、角色资源（资本）、收入资源（资本）、亲友资源（资本）、知识资源（资本）和道德资源（资本）。

（一）老年的六大类资源

一是健康资源（资本）。身心健康，自立自助，这是第一重要的资本。老年期是各种疾病的多发期和高发期。在老年人的余寿中总是不可避免地带有或长或短的一段带病期，健康预期寿命就是对平均预期寿命的修正。生物学意义上的老化是机体功能不断丧失的过程。“健康丧失”意味着活动能力的受限，意味着生活满意度的下降。“健康丧失”最彻底的表现是死亡的到来。随着人口老龄化的深化，高龄阶段病理性的老龄化才是常见的个体老龄化，正常的老龄化只是大多数人的梦想。

健康的概念中包括了心理健康。哀莫大于心死。心理老化是最可怕的，而伴随着生理的老化，很容易出现心理的老化。等吃、等睡、等死的心态就是很典型的“理想丧失”现象。在一定意义上，“理想丧失”也可以理解为“追求的丧失”、“意志的丧失”和“心理健康的丧失”。如果抱着“百无一用是老人、苟延残喘是老年”的心态，那就很难保证生命质量和生活质量。

二是角色资源（资本）。在社会继续扮演积极的社会角色，拥有相应的地位，享受一定程度的社会保障。“角色”是一个人自我认知的基础。许多老年人之所以不能很快地适应离退休以后的生活，就在于角色的中断产生了心理的落差和新生活适应上的困难。许多老年问题特别是老年人的心理病症大多出于这种角色的丧失所带来的负面冲击。

“角色丧失”往往意味着一种生活方式的终结、一种人际资源的断送、一种良好感觉的丧失。因为这种丧失同时也就意味着权力的丧失，社会地位的失落以及与所熟悉环境的告别。“无角色”的景况对老年人的心理一般都会产生巨大的影响，角色的丧失会导致老年人对自己的社会性存在产生怀疑和困惑，一种退出历史舞台就是被社会抛弃的不良感觉油然而生。在社会老年学的经典理论——连续性理论（Continuity Theory）看来，如果一个人在老年时仍能保持中年时代的个性和生活方式，那么他便会有一个幸福的晚年。

三是收入资源（资本）。有个人的资产储蓄和收入来源，足以自养而不必依赖别人，甚至自养之余还可以有一定的积蓄来防备未来的不时之需或者对子代有所帮助。

四是关系资源（资本）。可以在紧急时获得来自亲朋（如配偶、儿女、亲属和朋友）和组织（如单位、社区、志愿者团体、政府机构）的各种支持。老年人所需要的关系资源包括了配偶、儿女等血亲关系，单位、同事等组织关系，以及朋友关系和社区关系。

五是知识资源（资本）。可以通过体验、工作和学习来获得。老年人的经验和智慧是非常宝贵的知识资本。老年人的生命生活质量以及老龄化社会的健康运作与知识的获得和学习能力有极大的关联。

六是道德资源（资本）。世纪之交时，世界卫生组织关于健康的概念有了新的发展，即把道德修养纳入了健康的范畴。健康不仅涉及人的体能方面，也涉及人的精神方面。将道德修养作为精神健康的内涵，其内容包括：健康者不以损害他人的利益来满足自己的需要，具有辨别真与伪、善与恶、美与丑、荣与辱等是非观念，能按照社会行为的规范准则来约束自己及支配自己的思想和行为。

把道德健康纳入健康的大范畴，是有其道理及科学根据的。善良的品性、淡泊的心境是健康的保证，与人相处善良正直、心地坦荡，遇事出于公心，凡事想着道德，使心理保持平衡，有利健康。良好的心理状态，能促进人体内分泌更多有益的激素、酶类和乙酰胆碱等，这些物质能把血液的流量、神经细胞的兴奋调节到最佳状态，从而增强机体的抗病力。有悖于社会道德准则的人，其不当行为可能导致紧张、恐惧、内疚等种种心理，甚至寝食不安，惶惶不可终日。这种精神负担，必然引起神经中枢和内分泌系统的功能失调，干扰其各种器官组织的正常生理代谢过程，削弱其免疫系统的防御能力，最终在恶劣心境的重压和各种身心疾病的折磨下，或早衰或早亡。[1]

2002 年，笔者提出过“丧失理论”假说，认为老年期的各种丧失是

〔1〕 巴西医学家马丁斯经过 10 年的研究发现，屡犯贪污受贿罪行的人，易患癌症、脑出血、心脏病、神经过敏等病症而折寿。

人口老龄化的根本挑战。[1] 丧失理论的基本假设是：所谓老化，可以解释为一个丧失和丢失的过程，就是“老来空”现象的出现。老龄化与一系列的丧失和丢失事件相伴相随。个体老龄化的一切挑战都来自“资源或者说资本的丧失”。例如，亲友的丧失在老年期也是常见的，特别是老来丧偶对老年人的打击有致命性。“少年夫妻老来伴”，夫妻感情越好，这种丧失的打击越大。1999 年初，百岁老人章克标登出征婚启示，在社会各界反响很大。章老在广告中如是说：“老伴仙逝以来，渐觉孤独单调难耐。为此，征求伴侣，以解孤寂。”另有一种打击也很大，就是老年丧子，特别是独生子女家庭更是如此。这种丧失事件的发生又有不可预料和难以防备的特点，所以一旦发生，对老年人的打击就特别巨大。

丧失理论的提出旨在告诉人们，老年人需要的支持和关爱程度实际上就取决于“丧失事件”所出现的时机和“老来空”的严重程度。一般来说，老年人迟早都会遭遇“丧失事件”和“老来空”问题。譬如，“角色丧失”往往出现在老年生活的起点，而亲友丧失、健康丧失和理想丧失随时都可能出现，这几个丧失也正是老年人群的脆弱点所在。换言之，老年人群是一个脆弱群体的说法在理论上是可以获得支持的。丧失理论表明，老年人群的确生活在风险之中。当然，我们同时也要看到：老年人群存在着极大的差异性，本质上是一个异质性很强的群体。

（二）老年的三大类需求

老有所养、老有所医、老有所为、老有所学、老有所乐，是我们耳熟能详的说法，这种说法点出了老年需求的主要方面却不是全部。老年人的需求可以分出三个大类，即生存性需求、发展性需求和价值性需求。

首先是老年人的生存性需求，追求基本需求的满足，健康和安全就属于生存性需求。这样，“老有所养、衣食无忧”和“老有所医、身心健康”就构成了老年人需求最基本的层面。

其次，广义的发展性需求（含感情需求）包括老有所爱、老有所伴、

---

〔1〕 穆光宗：《挑战孤独·空巢家庭》，河北人民出版社 2002 年版。

老有所乐、老有所亲、老有所学和老有所美。老年不是人生的终结，而是新人生的开始。在这个意义上，“开创人生第二个春天”的说法是有道理的。毫无疑问，这一段岁月在延长，长寿是挑战和福音并存的事情。老年人有更多的闲暇，同时没有了太多的羁绊，更重要的是，在老年人的基本需求得到较好满足之后，就必然会提出更高层次的需求实现问题。这样，老有所爱、老有所伴、老有所乐、老有所亲、老有所学和老有所美就必然会摆到全体老人和社会成员面前。这种种需求都有利于促进老年人心智的发展和角色的发展，所以具有非常积极的意义。老年期的精神老化是可怕的，新加坡“乐龄”的提法说明了保持老年人精神健康和青春的根本意义。

最后，广义的价值性需求（含归宿需求）包括老有所为、老有所用、老有所成和老有善终。老年发展涉及的就是老年人的高级需求——发展性需求和价值性需求——的实现和满足问题。积极的养老文化要关注老年人的发展性需求和价值性需求。发展性需求包括老有所爱、老有所学、老有所乐和老有所为，价值性需求包括老有所用、老有所成和老有善终。

重新发现老年

世界卫生组织曾经提出：“生命已经增加了岁月，现在我们必须给岁月以生命。”如果说“给生命以岁月”指的是对长寿的追求，那么“给岁月以生命”实际上是要赋予生存时间以价值和意义。所以，这里的生命具有两个不同的含义，前者指的是生物学意义的生命，后者指的是社会学意义的生命。

长期以来，脑神经生理学家们认为，人过了中年以后，随着年龄增长，大脑神经细胞逐渐衰老，记忆力和接受新知识的能力越来越差，这主要是由于大脑中传递信息的通路——脑细胞树突萎缩变短、分支减少的缘故。进入21世纪，脑科学研究发现：人的大脑并不一定会随着年龄的增长而衰退，说明大脑中生长和衰老的竞争也是不断地进行着的。随着年龄的增长，某一群脑细胞衰老了，而另一些脑细胞却兴旺起来。例如，美国全国衰老研究所神经科学家斯坦利·拉波特也认为：从20岁至70岁，大脑的平均损失大约是其体积的10%，这只造成认知能力的细微差别，而大脑的完整性仍能得到维持，因为即使损失了一些脑细胞，大脑也往往能加以补偿，使用与青年人不同的大脑部位来完成同样的任务。这些发现使人们对大脑的生老病死又有了新的认识，对许多愿意学习的老年人来说，也是令人鼓舞的。

所以说，老年人的大脑未必衰退，只要有顽强的毅力，老年人也有可能学会青年人、中年人能学会的东西。人老脑不老，老年的认知还有发展的潜力。老年人的智力可以得到保持。在智力结构中，一般记忆力是最先丧失的，但观察力和分析力可以是惊人的，只是个体差异很大。通过积极的角色，老年人在找寻晚年的价值。美国密歇根大学心理学家对美国884名65岁以上的老年人进行了调查，结果发现，那些认为对所充当的重要社会角色感到心满意足的老年人，一般寿命都比较长。感觉自己是成功的父母、祖父母或外祖父母及其他重要的社会角色，将会使老年人的晚年生活质量提高，生活更加积极健康。而那些自认为在所看重的社会角色上表现不佳的老年人容易染上吸烟、酗酒等不良习惯。[1]

美国前总统卡特是老年发展的典范人物。1981年，56岁的卡特大选失败卸任，携妻带女回到了老家佐治亚州普莱恩斯。卡特说当时的退休心情："一种全新的、未曾料想的极度空虚的生活在等待着我。""按寿命预期表计算，我还能活25年。这25年我能干些什么呢？我生活在只有600人的小镇上，根本没有就业机会。"后来，他走上了游说著书的充实之路。日常生活中，他管理种植在自己农场里的树木和花草。自己打家具，自己酿酒，在教堂的主日学校授课。由于给自己积极的角色体验，卸任之后的不快心情不久一扫而光，他认为，"最好的年华就是退休之后"，"现在是一生中最好的时候"。他在《老年的好处》一书中阐述了他对晚年生活的态度。他的书对希望保持积极态度的其他退休老人是一

---

〔1〕《富有成就感有助于老年人长寿》，《光明日报》2000年12月18日。

个鼓舞。他注意饮食，每天早上五时起床就开始锻炼。60 岁时，开始滑雪；64 岁时，登上了非洲最高峰乞力马扎罗山；70 岁时，登上了日本的富士山。按心理学的观点，真正的快乐是在从事建设性、有意义的活动中产生的；是在人的活动取得成绩、自信增强、自我满足的时候产生的；也是在得到他人的承认、被他人所接受，从客观上证实自我的价值、自我得到肯定的时候产生的。卡特的故事证明了这一点。

在 21 世纪的中国，态度积极的老年人也越来越多。老年的力量是存在的，这种力量的推动力是老年发展的需求。老年并不必然是依赖的年龄，而是可以继续有所作为的“第三年龄”。新加坡“乐龄”的说法体现了一种积极乐观的老年观，这种健康和上进的老年观，是面向 21 世纪的老年观。“第三年龄”这种相对中性的说法是对“老龄”和“衰老”的超越。

老年期暗布着许多生长的节点，本身并不是人生的终结，而是人生新的开始。例如，退休往往意味着退而不休，这也常常是有很高自我实现要求的老年人自觉的追求。在这个意义上，退休只是意味着换一个领域，对角色来说，是旧的不去新的不来，所以是“转岗”而不是完全意义上的“下岗”。因为只要拥有健康，老年人照样可以在不同的程度上作出自己的贡献，创造出新的价值。到了晚年，如果能够做到养老无忧有保障，“老年发展”就是绝对不可忽视的社会问题了。事实上，在老年人口中，总有一部分老年人存在着强烈的“老年发展”欲求。

成功的老龄社会对老年人群中的精英至少有一种冀望：不要倚老卖老，止步不前；而要自强不息，再攀高峰。“独善其身”固然不错，老有所成、“兼善天下”则更好。这才是老年价值实现的最高境界。老年发展是体现老年价值的最好途径。

社会和家庭固然有着养老的责任，但老年人对社会和家庭也有不可推卸的责任。我们需要强调老年人对社会发展的责任。这种双向责任才可能形成良性循环，实现社会和老年的持续发展。健康老龄化是老年发展的基础和前提，但不是老年发展的终极目的。

老年发展理论的基调是要将老年人群看作是老龄化社会发展新的推动力量。我们看老龄问题，不应当仅仅看政府、社区和家庭如何对待老年人，也需要研究老年人如何在社会的帮助下以合适的方式继续贡献于社会。例如，当老年志愿者就是一种利人利己选择。

老年是使人生趋向完善的阶段，是自我价值实现再上台阶的阶段。所以，对“养老”的研究要上升到对“养心”的研究，或者说从对“消极养老”的研究要拓展到“积极养老”的研究。“消极养老”无异于等死，老年生活如果没有了目标和意义，将是没有快乐可言的。老年人在解决了老有所养问题之后，支持老年最重要的是丰富而有意义的精神文化生活，精神文化生活的实际状况将直接关联着老年人的生命快乐感和生活满意度。老年发展就是要“给岁月以生命”。

回望历史，生产方式、生活方式决定着养老方式。过去是体力和经验型的经济，现在是脑力和创造型的经济。老年人在新的时代可以找到自己新的位置。过去生产力水平很低，随着生命的老化，体力是下降的趋势，所以老年的价值是下降的。老年人的自我保障能力很差，只能通过对子女的道德约束来保障晚年的生活，这也是中国孝文化的实用功能之一。老年发展和社会进步是良性互动的过程。如在日本，老当益壮、退而不休的老人大概占了20%以上。

世纪之交时中国就拉开了老年人口进入互联网时代的帷幕。中国50岁以上的“银发网民”群体不断扩大，曾被网络革命抛在后面的老年人正在迅速追赶上来。上网人口年龄年长化在发达国家表现明显。例如，美国55岁以上人口为上网人口中成长最快速的群体。2004年，55岁以上网友人数达3410万人，为1999年1110万人的3倍。“养老”是老年人的基本需求，是初级的人道主义问题，而“发展”则是老年人的高级需求，是高级的人道主义问题。养老只是老年人不断伸展的需求之链的出发点。我们要从这个出发点出发，逐步走向深入。

关注老年发展，无论对于老年人自身，还是对整个社会和家庭体系都有越来越重要的意义。老年人的存在对于社会发展的影响是非常巨大的，老年发展越是停滞，社会发展的障碍就越大。

发展是老年的主题。让生活有新色彩，让生命有新体验，这将是新一代老年人的追求。老年人最好的心理疗养就是适度工作。想着还有人需要自己，心里就感到无比快乐。让老年人重归社会，关爱社会，实现自身的社会发展，从消极的力量变成积极的力量，既获得人生的乐趣，又促进社会的发展。

老年人的社会发展

毫无疑问，日趋庞大的老年人口其存在的力量形态不是正面的就是负面的。我们要建设一个成功的老龄化社会，一个可以持续发展的社会，就必须高度重视老年人的正面作用，如果作用是负面的，那也要想方设法进行转化。正面或是负面的价值评判，取决于老年人口的存在是否有利于社会的可持续发展。老年人的社会发展之所以需要引起重视，是因为老年人的价值只有在“老年的社会发展”中得到提升和转化。

简单说，“老年发展”是指老年人的社会发展，就是老年期的继续社会化，就是老年生活的学习化和工作化倾向，具体包括了老年期的健康发展、知识发展、角色发展、心理发展、婚姻发展、价值发展等。

老年人的社会发展大致有这么几个特点：

其一，老年人到了老年并不是走到了终点，而是翻开了人生新的篇章。老年人的社会发展就是新人生开始的契机。老年人到了老年期往往少了许多羁绊，可以有更多的闲暇和精力来实现自己的梦想。特别是在老年经济保障得到很好解决的发达国家，“人生从60岁开始”“新生活从退休后开始”的观点已经被社会各界所广泛认同。犹太人的谚语更是包含哲理：“人生在狗儿死去和孩子离家后才开始。”

其二，老年人要融入社会和参与社会，就要继续保持积极有益的社会角色。这样的角色可以是传统的工作角色，也可以是超越了其他无报酬有收获的社会角色。例如，老年大学生的角色，老年志愿者的角色，老年旅游者的角色，老年探险者的角色，等等。

老年人可能处在社会的边缘状态，但不应该处在被社会遗忘、抛弃的状态，或者完全与社会隔绝的状态。老年人要走出家门，继续社会化的进程，这是时代进步使然。老年人的社会发展或者说老年人的继续社会化，是重新获得友谊、开发心智和实现价值的过程。没有老年期的社会化，老年人群任何积极的社会影响都无从谈起。

其三，在继续社会化的过程中，老年人群之间以及老年人与其他亚人口之间需要良性的互动，否则会影响老年人正常和健康的社会发展。这种互动一般是通过有益的社团活动、社区活动或者老年组织来展开和形成的，当然具体形式可以非常多样化。

其四，老年人的继续社会化是通过参与、学习、娱乐和贡献等途径来实现的。老年人的社会发展对老年人来说将促进老年人的角色发展和心智发展，最终将提升老年人的健康水平、道德境界和生活满意度。进一步地，社会也会因为老年人积极有益的社会发展而大大获益。老年人是通过社会性发展展示自身的价值的。老年人社会发展程度越高，老年人积极的社会影响就越大。广义的养老社会化其实包括了老年人的社会发展这一命题。

其五，老年人社会发展的中断主要是因为疾病和失能，也可能是因为缺乏积极的生活态度，或者老年发展社会条件不够等因素所致。

当然老年人与社会的融合是需要良好的环境和文化氛围的，最重要的是我们需要以实现老年价值、促进老年发展为价值取向的新老年文化来指导我们的行为。老年人非但不能与社会隔绝，相反地，需要促进老年人与社会的良性互动和积极融合。1999 年国际老年人年的时候，笔者提出了国际老年人年“不分年龄、人人共享”的中国化表达，即老年期是老年人与社会各界人士“共融、共建和共享”的新时期，我们要为创造这样的时代而努力。国际老年人年的主题实际上又是整个老龄化时代的主题，这同样是老年人社会发展的三个基本点。将老年人的发展纳入社会整体可持续发展的轨道之中并产生良性的互动，就可以最大限度地激发和转化老年人的力量表达。老年人将继续成为社会的建设性力量，虽然从个体生命周期的角度看，随着老年人健康存量的减少，这样的力量的确存在着递减的趋势。

“老年发展”问题是今后将引起越来越多关注的战略性问题。因为在人口不断老龄化的情势下，老年发展和社会发展的关系只会越来越密切而不会相反。更重要的一个原因是老年人的代际差别问题。随着社会的进步，不断进入老年行列的新一代老年人将是知识水平更高、保障能力更强、价值实现的需求也更加强烈的老人，他们不仅不会满足于传统的老有所养的范畴。他们对精神赡养、自我发展、价值实现和精神满足将更加看重。如果社会不看到老年人群发展变化的这一特点，不仅无法真正体现可持续发展的“以人为本”原则，而且事实上也是对老年人力资源的极大浪费。

总之，由于老年人群内部存在着极大的差异性，所以我们绝对不能将老年人全部看作是老有所养的受体角色。相反地，越是及早认识到老年人群身上的巨大潜力并及时转变我们的观念，将老年人更多地定位在主体的位置上并充分拓展老年人社会发展的空间和机会，那么一个成功的、生产性的老龄化社会就会逐步孕育形成。

其六，老年人的社会发展就是要让老年人融入社会发展的潮流，而不是让老年人成为发展的旁观者。学习、玩乐和贡献是老年人社会参与的主要方式。老年人的社会发展主要涉及老年人的角色发展、心理发展。保持工作角色或者说劳动的角色，对于老年人有重要意义。老年人的心理发展不能随着老龄化而老化，保持年轻的、有活力的积极心态，做活力老人、快乐老人是老年人心理发展的目标。老年人的社会发展将成为健康老龄化、安全老龄化、幸福老龄化、贡献老龄化以及和谐老龄化的原动力。老年人的健康程度、自我保障能力和对幸福的评价以及价值的实现程度和对社会持续发展的贡献程度都与老年人的社会发展有着密切的联系。

其七，老年人的社会发展是利人利国利己的好事。第一，老年人的社会发展可以促进老年人的健康水平和心智发展，增强老年人的自我保障能力和生活自理能力，可以提高老年人的生活满意度。第二，可以减轻对家庭和社会的负担。例如，节约医疗费用。第三，可以促进社会的发展，因为高层次的老年发展是与老有所为、老有所用和老有所成紧密相关的，所以老年发展将提高老年人对家庭和社会的贡献率。今后社会的发展将越来越多地倚重于这些老年人力资源和人力资本的开发和利用。创造加快老年人社会发展的社会环境是构建一个成功的老龄化社会所必需。

老年人的知识发展非常重要，因为受正规教育年限越长，到老年继续学习的动力就越强。人性的发展是以需求层次的提高而提高的。老年人“发挥余热”这种价值性需求在今后会越来越突出，因为今后知识型老人会越来越多。随着时代的进步，老年人的自我认知水平和需要层次都在提高。欠发达国家和发达国家相比，老年人的社会发展相对滞后。保持“角色的连续性”是老年发展的重要内容。过去的人力资本投资可以发挥作用。但通过学习获得的新角色却开辟了老年发展的新空间，从中获取的乐趣和成就感往往格外令人惊喜。

“促进老年发展、实现老年共享”，可以认定为中国21世纪老龄政策的基调。促进老年发展实际上是要努力提升和实现老年的价值，不仅使老年人群感受到生活的价值和乐趣，而且社会和家庭从中也享受到了老年发展的益处。老年发展的意义在于证明老年的存在是积极和健康的一支力量，他们可以对社会和家庭产生价值。但得夕阳无限好，何须惆怅近黄昏！老年发展将成为未来社会发展的新动力。通过积极的老年发展，国家将化压力为动力，激发人口老龄化的正面效应。重新认识老年的力量，重新激发老年的力量，重新运用老年的力量，是时代赋予我们的使命。

丧失与获得：驱动个体老龄化的两种力量

个体老化是一种功能性衰竭现象，是一种生物现象，是不可避免的人生共同历程。如果将老龄化理解成“增龄”过程，那么生命个体的老龄化贯穿整个人生的过程。人口老龄化的过程实际上是一个“丧失”和“获得”的关系问题。老年发展的过程是一个“丧失”和“获得”同时发生的过程。

笔者提出的“老年发展”就是要通过积极老龄化的各种途径和方式来增强老年资源（资本）的存量，进而降低老龄化的各种风险和冲击。老年发展内涵丰富。大致说来，老年人的健康发展、角色发展、认知发展和价值发展是必须予以高度关注的四个方面。在一个健康、积极的老龄化社会里，老年人可以获得有益的锻炼和健康的发展，通过体验和参与获得角色的发展，通过学习和创造获得认知的发展，通过实现和证明获得价值的发展。

（一）年龄的含义

对老年人的定义和认识大多与年龄有关。其实，“年龄”有多种含义，包括了年代年龄（日历年龄）、生物年龄、心理年龄、社会年龄。（1）年代年龄是根据年月顺序排列计算的年龄。影响年代年龄的就是不可逆的时间变数。（2）生物年龄是指一个人现有年龄在生命周期中所处的位置或在潜在寿命中所达到的阶段。影响生物年龄的主要因素是遗传因子。（3）心理年龄是指一个人现有年龄在有关已经观察到的适应能力的人口群体中所处的位置或者从行为尺度推导出来的适度能力中所达到的阶段。心理年龄也可以看作对个体发展的主观反应。（4）社会年龄是指发挥与人口群体或社会有关的个人的行为特性和作用的年龄。社会年龄与年代年龄（日历年龄）、生物年龄、心理年龄密切相关，但又有自己的独立性，往往反映一个人在社会某个职位或某个部门从事工作的长度，所从事某种专业或社会事业的长度，如工龄、教龄、艺龄等。

只以日历年龄的变化来看待个体的老龄化，或者只从日历年龄来定义老年，是一种肤浅和偏颇的看法，容易导致对老龄问题和老年人问题的误解。日历年龄和心理年龄的反差是常常存在的。老年人群的个体差异是很大的。譬如，从年龄的角度划分，可以有少老人（60—69 岁），中老年人（70—79 岁），老老年人（80 岁及以上）。从健康程度来划分，老年人群可以区分为依赖性老人和自主性老人，老老人一般是依赖性老人；也可以区分出自理型老人、半失能老人、完全失能老人。从老年需求的实现层次来说，则有停留在生存性需求层面的老人，也有强烈的发展性需求和价值性需求的老人，等等。老龄化的同时暗藏着高龄化的挑战。在老年生命历程的不同阶段，少老人、老老年人和长寿老人所面临的问题是不同的。这启示我们，不能对老年人群"一刀切"，要看到老年人群当中积极因子和建设性力量的存在。

（二）发展权是老年人的基本权利

老年不是"儿孙绕膝、颐养天年"几个字可以概括的。老年有着巨大的发展潜力，人生的发展实际上就是如何利用和开发时间资源的问题，而老年的一大特点就是有闲。所以，如果有健康上的保证，有发展性需求和价值性需求的内在驱动以及外在的发挥能力的机会和环境，老年期应该会有一个新的发展和提升。

1991 年 12 月 16 日，联合国大会通过《联合国老年人原则》（第 46/91 号决议），这些原则包括了独立、参与、照顾、自我充实和尊严。联合国鼓励各国政府尽可能将这些原则纳入本国国家方案。除了照顾原则以外，独立、参与、自我充实和尊严四大原则都彰显了老年发展的必要性和重要性。老年人的经验、知识、能力和爱心都是社会的宝贵财富。老年人力资源是老龄化社会赖以发展的重要资源。笔者所理解的老年发展是指老年人和社会保持良性互动、增知益能、展示风采、体现价值的过程。大致说来，老年只有两种趋向：要么发展，要么老化。老年人有"闲"就想"事"，有"心"就有"劲"。晚年暮气是在老年发展中被消磨、被冲淡的。

发展权包括了老年人的学习知识权、发展能力权、参与社会权、体验生活权、挑战人生权、实现价值权，等等。

在一个学习化的时代，保障老年人的学习知识权日趋重要。老年人自身的发展在很大程度上是与学习的发展、知识的发展分不开的。学习有益的知识将丰富老年生活，激励老年人生，创造老年价值。只要心智健全，老年人的学习热情一般是十分高昂的，也是非常宝贵的。如何创造条件尊重老年人学习一切人类知识的权利，是学习化时代必须引起关注的大问题。社会在进步，一些老年人的观念也在更新，例如，老年人也乐意参加高考。老年人有平等的权利接受再教育，这是对消极养老、被动老化观念的挑战。

发展能力权也相当重要，小至老年医护中康复性的发展，大至学习、体验和实践，都涉及老年人的能力发展问题。老年能力的发展要从健康自主（自理能力）开始，然后蔓延到学习能力、认知能力、创造能力、承受能力、操作能力等诸多方面。

参与社会权关涉老年人的社会性。将老年人纳入社会发展的体系之中而不是与社会隔离相当重要。老年人虽然离开了单位系统，但并没有离开社会系统。老年人从来就不是社会发展的旁观者。所以离退休并不一定是社会角色的终结，而很可能是社会角色转换的一个契机。在老年人的发展权得到充分尊重的地方，老年人完全可以自由选择社会参与的方式，以新的角色再次参与社会的发展，同时谋求自身的发展。

体验生活权是说老年人有权尝试新的生活，体验新的感受。学习化时代要让老年人跟上时代的步伐，更要鼓励和促进老年人的学习性参与和体验性参与。体验生活不仅是生活的乐趣，也是老年发展的一种体现。

挑战人生权彰显了老年人的尊严和勇气。无论什么样的人生，从物理意义来说，都是以生命的终结为句号的。虽然人的一生终究有落幕的一天，但存在的每一瞬间都有一个价值实现的哲学问题存在着、拷问着我们。这样的问题在老年更显突出，如果说在终极的意义上人生就是面对死亡的问题，那么到了老年期特别是高龄期，死亡就提上了议事日程，是每天都可能触摸和发生的实际问题。如何度过老年？老年也有一个挑战人生的权利，他们可以尝试一些从未做过的事情，甚至可以挑战一切年龄段的人都没有尝试过的事情。也许他们会失败，但他们已经不会太在乎成功本身的功利性，而是挑战本身带来的对人生境界的提升和高峰体验。

实现价值权有可能使老年人登上老有所成的高峰。发展性需求和价值性需求是老年的高级需求，随着老年人生活水平和认识水平的提高，越来越多的老年人开始关注自身的价值实现问题。他们以继续奉献为乐。但这里所说的价值实现是在社会参与和能力发展的过程中展示出来的，而不仅仅局限在家庭内部对晚辈的传统型贡献方式。

最重要的一点是，是否以及如何尊重老年人的发展权检验着一个社会的文明发达程度，同时也说明着一个社会究竟如何看待老年人群在共同迎接人口老龄化挑战中的地位和作用。

老年的获得性发展

老年发展往往肇始于个体的发展，然后反映在群体的结构上。从全面考察人口老龄化的影响出发，“丧失假说”可以进一步扩展为“获得理论”。老年获得包括了老年的生物性获得（健康—能力获得）、老年的社会性获得（角色—关系获得）、也包括了老年的经济性获得（收入—物质获得）和老年的人文性获得（价值—幸福获得）。老年丧失同样包括这些方面。老年正向发展是“老年获得”超过了“老年丧失”。老年负向发展是“老年丧失”超过了“老年获得”。积极的老年发展意味着老年的发展是正向的，消极的老年发展意味着老年发展是负向的。我们的全部努力就是要推迟老年负向发展，延长老年正向发展。

首先是老年的生物性获得，也就是健康发展，就是健康丧失和获得的平衡。老年期是人生的丧失期，不仅会减少收入，还会丧失配偶，更重要的还会丧失健康。进入 21 世纪，随着人口的老龄化，我国将面临着更为严峻的老年精神卫生问题。20 世纪 80 年代，我国精神科医生与美国精神病医生座谈，美国专家谈起老年痴呆症之一的阿尔茨海默氏症时，我国精神科医生当时还从未在门诊见过此病例。但仅仅几年后，随着人口的老龄化，这种病已成为我国精神科门诊的常见病和老年人的医疗卫生保健中最为重要的病症之一。根据北京城区老年期痴呆问题流行病学调查结果，中度和重度痴呆患病率60岁以上人口为1.28%，80岁以上人口患病率高达10%。在老人中还有一种现象值得重视，约有10%的老年人每天靠服一种帮助睡眠的药入睡，而这类药长期服用会造成记忆损害。[1] 患病率上升的不止是老年痴呆症，目前老年抑郁症及过去很少见的老年人酒药依赖率也在上升。

健康老龄化的命题是第一重要的，因为健康是1，其他一切都是0，这就是党在十七大提出的“健康第一”理念，党的十八大又提出“健康中国”新理念。一些离退休老人因长期的失落、孤独，很容易产生抑郁症、恐怖症，导致精神异常。独居的空巢老人更易患老年痴呆症。老年抑郁症的常见表现有：病人往往自我贬低、自我谴责，有明显的自卑感。严重的抑郁症病人终日默坐不动，称抑郁性“木僵”。抑郁症病人在躯体上还可表现为：食欲缺乏、性欲减退、体重减轻、便秘、腰酸背痛等。

老年的健康发展与生活方式和饮食习惯有关。美国前总统卡特退休之后仍然保持充沛的活力和旺盛的斗志，他谈到自己的晚年生活：“晚年是金色的财富，它或许是你一生中最辉煌的岁月。”他还介绍了老人保持活力的十种方法：节制饮食，勤于动脑，锻炼身体，坚持信仰，饲养宠物，老来有伴，积极社交，适当饮酒，保证睡眠，少晒太阳。

有人预言，日本人预期寿命迅速提高的时代可能已经过去，其主要理由是日本人饮食的营养质量在不断下降，其“祸首”就是西方的饮食习惯。“二战”前，日本人吃的主要是鱼、贝、新鲜蔬菜、酱菜，并以米饭为主食。20世纪50年代末，高蛋白牛奶和其他奶制品成了日本人的标准饮食。因此，吃传统的和富有营养的西方混合饮食的日本人寿命都比较长。然而，自20世纪70年代以来，日本的牛肉消费量激增，糖、烈酒和香烟的消费量剧增。与此同时，健康问题也相应多了起来，其中包括心脏病、中风和各种癌症。其中一个原因是人体内脂肪在总热量中的比例在升高。1950年，日本人体内脂肪只占总热量的7%；而到了1998年，已经上升到39%。而日本食品营养学会的观点是：人体热量中脂肪

---

[1]《我国将面临严峻的老年精神卫生问题》，《北京晚报》2001年4月11日。

超过了25%时，就像进入了死亡线，而当降到25%以下时，又可大大降低这一风险。

老年人在心理趋势上往往会有一种退化心理，一些高龄老人会出现一些儿童化的表现。所以人们常形容老人是“老小孩”。男性老年人的“怪脾气”，与进入老年期以后体内的雄激素减少等生理变化有关。

老年人的心理发展是随着自身的健康程度、家庭关系的变化以及自身角色的变化而变化，老年人最害怕丧失却又偏偏面临最多丧失的挑战。老来失子、老来丧偶、老友去世等突发事件对他们往往是沉重打击。老年心理问题不仅仅是心理学的问题，而且是一个社会问题。老年人离开了工作岗位，但并没有离开社会，种种变化使他们变得与社会产生距离，与社会不融合，产生种种心理上的不适应。家庭日趋小型化、核心化，青年人承受着工作的压力以及担负扶养孩子和赡养老人的责任，对老人关心不够，交流少了，势必造成老年人的孤独感，甚至发生心理疾病。

心理衰老被认为是心理失调的前兆，老年人要健康长寿，首先要设法延缓心理衰老。心理学家提出了心理衰老程度的自我测定法：即使戴了眼镜也看不清东西；没有一位年轻的朋友；不喜欢看报刊的“智力园地”之类的内容；不能马上说出“水”的五种用途；别人和你说话必须凑在耳边大声讲；不能马上顺背七位数或倒背五位数；做事情不能坚持到底；看到小说中的有关爱情描写一跳而过；害怕外出；常常看错东西或说错话；喜欢一个人静静坐着；不能想象出天上云块像什么；常常和别人争吵；吃任何东西都感到味道不好；不想学习新的知识和技能；常常把立体图看成是平面图；不喜欢下棋这样的动脑筋的游戏；总以为自己比别人高明；以前的许多爱好和兴趣都没有了；记不清今天的日期；钱都花在吃的方面；老是回顾过去；常常无缘无故地生闷气；不喜欢听音乐；反复讲一件事情；看了影视节目或书刊后，回忆不起来它们的内容；别人的劝告听不进去；对未来没有计划和安排。以上种种心理现象中，有26—28种为极度心理衰老；有21—25种为衰老；有16—20种为比较衰老；有11—15种为有点衰老；10种以下为基本无衰老。

要改变老年人不良的身体状况，首先老年人要了解自己的健康状况，参加健康与疾病评估。定期检查身体，可以早期发现隐疾，早期治疗，而且可以获得心理上的安全感。另外，不要低估生活方式的作用。低热量平衡膳食的方法能缓解或改变每个有害健康的因素。合理饮食、适度锻炼、戒烟、积极参与社会活动是晚年健康的保证。人能改变环境主动调整自己的情绪，变消极情绪为积极情绪。美国临床心理学家艾里斯提出的“情绪困扰 ABC 理论”认为，A 是刺激，B 是对那件事的态度，C 是结果，直接引起 C 的并不是 A 而是 B。意思是说，同一事件可因为不同的看法和态度产生不同的情绪反应，情绪受意识的调节，老人参与社会就会与周围的人和事接触，调整自己的认识，改变心理状态。

其次是老年的社会性丧失和获得，即角色的丧失与获得。角色有家庭里的角色和社会里的角色，有职业角色和非职业角色。退休意味着社会角色的改变，角色改变不仅意味着失掉了某种权力，同时丧失了原来所担当的那个角色的感情，改变了过去长期形成的行为模式。失落感、自卑感、孤独感等负性情感会伴随而来，使人难以适应。工作角色和其他社会角色的丧失可能使某些进取型老人产生老无所用的感觉。角色连带着权力、地位、声望、资源、机会和关系。角色是自我认知的基础。退休之后，老年人的社会角色转变到家庭角色和社区角色。可以肯定的是，积极的社会角色可以赋予老年人以积极的生活体验。

社会老年学著名的活动理论主张，老年人应该尽可能长久地保持中年人的生活方式，用新的角色取代因丧偶或退休而失去的角色，从而把自身与社会的距离缩小到最低限度。在老年社会工作者看来，社会不仅在态度上应鼓励老年积极参与他们力所能及的一切社会活动，而且应努力为老年人参与社会提供条件。老年发展以老年人群为主体，实现自身的价值提升和创造自己的生活意义。要发挥老年人群的积极作用，就要确立老年人群的主体地位。

老年的社会发展指的是老年人要在参与社会发展、贡献自身力量的过程中实现人生的升华。老年的社会发展就是要保持老年期的工作角色和社会角色，并通过扮演这样的角色来获得老年幸福必不可少的成就感。老有所为、老有所用、老有所成是老年发展、老年价值实现的三步曲。现在的美国老年人大多受过较好的教育，因此对自我的认知也有较高水平，他们绝对不会满足于低层次的老有所养。如果老年人有高级需求，那么这些需求的实现对他们整个存在的意义就赋予了充分的保障。核心需求是老年人的价值性需求。因为对寿命影响最大的是精神因素，是对生活意义的感受和对自我价值的认可，只有这些，才可能激发老年人对生命长度的自觉追求。老年人不管处在什么样的知识层次，他们都要为自己的生活找到存在的意义。价值性需求是老年需求的核心内容和终极内容。

常有报道说，70 多岁的老人还去读大学或者读研究生。这是老年发展非常重要和普遍的一种方式，就是终身学习。继续保持学习的角色，对于开阔视野、丰富生活有十分重要的意义。几乎所有的研究都证明了学习对于晚年社会的意义。因此，发展不同层次的老年大学对于解决知识经济时代的老龄问题具有重要的意义。学习可以促进老年人心智的发展，更重要的是通过学习对生活有了更多、更新的了解。

老年是人生最后的一段岁月，而且极有可能在平均预期寿命不断延长的未来成为生命周期最长的一个阶段。如何度过这段岁月，正在成为越来越多的老年人不可回避的共同话题。人生有夕阳，事业无黄昏。由于时代的影响，当前大多数老年人的社会责任感和奉献精神比较强，普遍存在着发挥余热的思想。退休前做什么是工作，退休后做什么是爱好，退休为老年人自由全面的发展提供了可能。老年的境界归根结底体现在老年价值的实现上，而老有所为和老有所成的人生实践才真切地展示了老年岁月最完满的境界。

志愿服务起源于 19 世纪西方国家宗教性的慈善服务。相比年轻的志愿者，老年人的时间更从容。美国有许多老年人自愿到学校、医院、活动中心、图书馆、监狱等地方做义工，并不要什么报酬。通过服务于社会，不少老年人广交朋友，领略乐趣，增进健康，可以说是一举多得。美国密歇根大学用7年时间对1200名高龄老人的研究发现，每年担任义工40小时的老人，比不做义工的老人寿命长。较多的社会互助和体能活动使老年人受益。

20世纪80年代，我国民政部号召推进社区志愿服务，天津市和平区新兴街成立了我国第一家社区志愿者协会。志愿者有三个特征：自愿、无偿、公益。志愿者也叫义务工作者（简称"义工"），是指任何人自愿贡献个人的时间和精力，在不为物质报酬的前提下，为社会扶贫济困、扶弱助残、帮老助幼、支教助学、抢险救灾、环境保护、科技传播、社区服务、大型公益活动等提供服务。志愿者是利他精神与利己精神的结合。人一旦退休，就可能失去原有的社会关系，怎样来维系社会关系？做志愿者是其中的一个路径，通过社会关系网可以使自己重新融入社会。

老年志愿者虽然不求有形的物质或金钱的报酬，但潜意识中仍然渴求精神和感情的无形回报，以此证明自己是有用的并因此获得归属感。事实上，许多志愿者为别人提供的服务是可以得到"报酬"的，这就是"时间银行"。

"时间银行"最早由上海市虹口区提篮桥街道开设，在自愿的前提下，将志愿者为他人提供服务的时间累计储存起来，当志愿者生活难以自理时，再由其他志愿者为他提供同等时间的志愿服务，用爱心和行动实现"我为人人、人人为我"的目标。这种以社区为单位的"时间储蓄"在上海市推广后，迅速发展到太原、南京、杭州、广州、哈尔滨等地。杭州市长庆街道的老年志愿者俱乐部，将"时间银行"的"定期"回报换算成了"活期"，即在每位志愿者第一次加入时，发给一张有电子记贷功能的志愿卡，凭此卡可以免费获得俱乐部的所有设施和俱乐部提供的电影欣赏、音乐舞蹈教学、娱乐比赛等各项服务，同时，还可以享受由街道辖区单位志愿提供的培训讲座、健康测试等服务。在获得服务的同时，志愿者也要每月不少于一定时间为其他志愿者和社区提供服务。这种以服务换服务并阐释了"助人自助"的模式，可能是社区志愿服务管理的方向所在。

中国社会工作协会社区志愿者工作委员会提出志愿者需具备五大条件：自愿，不图物质报酬，服务于社会公益事业，奉献自己的力所能及，非本职职责范围内。对于老年人申请志愿者，要强调第四点，就是只要求奉献他们自己的力所能及。志愿服务不强调捐钱捐物，而是捐服务。参加志愿服务活动，一般是通过招聘的方式，填写志愿者注册登记表，注册后才能从事志愿服务活动。未经注册或登记的志愿者，即使参加了志愿服务活动，也不能成为真正意义上的志愿者。志愿者组织是长期的、固定的，既利于志愿服务组织统一安排活动，防止资源的浪费，更是对志愿者合法权益进行合理保护的需要。

志工和义工是老年人积极的再社会化途径，对于老年人晚年的精神寄托，道德升华和价值实现有重要的意义。中国需要在老年人群中传播和发扬老年志愿者文化，鼓励老年人的精神自养。志愿者活动可以在形式上非常多样化，但值得肯定的是，它的本质是老年的道德发展和老年的价值发展。我们相信，越来越多的老年志愿者行动不仅可以树立积极的老年人形象，而且可以帮助充实老年人的生活，提高老年人的素质。

“追求老年价值、提升老年境界”正在成为一个成功的老龄化社会的追求。有社会责任感、有崇高追求的老年人不仅是自己人生幸福的酿造者，而且是社会优秀文化代际继承最好的代言人。他们的存在实在是整个社会的福音，是整个人类的财富。造就这样一个老年人群，是每一个中国人当下就该担当起的任重而道远的历史使命。

“参与社会发展，实现老年发展”具有战略性意义。老年是一个相对的概念，长寿是充满活力的中年生命的延伸，老年要到 80 岁甚至 85 岁才是录取线，这是激动人心的积极有为的老年观，是符合 21 世纪发展潮流的老年观。老年人需要做的是在岁月流失的过程中如何保持生命的质量与尊严以及生存的意义和生活的乐趣。

在实践中提出的问题有：（1）缺乏安全保障措施和相应的保险制度，是许多志愿者组织最担心的，他们怕活动中哪位志愿者出了危险，没办法向他们的家属交待。（2）老年志愿者缺少专业技能、志愿服务理念的培训。老年志愿者服务意识、服务态度和服务方式影响着服务者和被服务者的关系，同时也影响着服务质量和老年志愿者的形象。（3）老年志愿者的活动项目与年轻志愿者相比，多数服务还停留在表层的简单的服务项目上，等等。

丧失与获得可以分几个维度来看：

首先，老年的社会性丧失和获得除了上述的社会参与或者社会脱离之外，也包括了亲友的丧失与获得。老年的婚姻发展值得关注。2000 年，我国 60 岁以上的丧偶人口有 4500 万人，而且这个数字还在随人口老龄化的加快而增加。2000 年《婚姻法修正案（草案）》第一次将老年人再婚问题列入其中，明确提出：儿女干涉父母再婚是违法行为；子女应当尊重父母的婚姻权利，不得干涉父母再婚以及婚后生活；子女对父母的赡养义务，不因父母的婚姻关系变化而终止。但老年再婚并不是容易的事情。因为老年人身上有很多羁绊和固化的东西，要让两个陌生的老人彼此适应并不容易。医家认为，一个人的性格在 25 岁时就基本定型，到了老年期往往难以改变。老年再婚能否成功的一个关键正是性格上的调适。老年再婚当然是新生活的开始，所以重要的是要有心理上的准备，最好是社会能够介入，有科学有效的老年婚姻指导来实现老年的婚姻发展。

其次是老年的经济性丧失与获得，主要指经济收入的丧失与获得。经济收入的丧失可以从养老金替代率得到证明。[1] 老年贫困多是因为经济能力的贫困所致。由此产生年龄歧视现象，弃老问题和虐待老人现象就是典型例证。在代际关系中，子代的经济理性可能超越文化规范下的孝道伦理。经济收入保障是老年人的“老本”，从而提出了一个有保障的老龄化命题。

再次是老年的人文性丧失和获得，即理想道德的丧失与获得。老年是人生的又一重境界。只要人类生活在这个社会里，就始终有一个道德诉求的问题。这是一个如影随形的问题。中国人讲“晚节”，说明到了老年期，由于丧失事件的冲击，很可能给老年人的心理发展带来不利的暗示，

---

〔1〕 柳清瑞等：《基于部分积累制的养老金替代率水平研究》，《市场与人口分析》2003 年第 4 期。

结果可能缩小老年人的心理发展空间，“晚节不保”的挑战是随时存在的。

积极的老年态度是“给岁月以生命，同时给生命以岁月”。更重要的恐怕是“给岁月以生命”，而且是有质量的寿命，健康预期寿命概念就是要说明这个问题。孔子曾经说：老年人戒之在得。如果说老年人的道德堕落是人文性丧失，那么老年人的道德发展就是一种人文性获得。中国先贤教导我们：仁者寿。科学研究证明，人的善恶观念会影响寿命长短，品性善良的人平均要比品质恶劣的人长寿。从心理角度来分析，乐于助人可以激发人们对他的友爱感激之情，从中获得的内心温暖缓解了日常生活中常有的焦虑，从长期来看，有益于增强人体免疫力。反之，一个常对他人心怀敌意的人，其心脏堵塞的可能性增大；容易愤怒的人，会导致血压升高。做贼心虚，容易失眠、烦躁，精神压力增大。老年的心理发展实际上就是要不断提升老年的道德境界。现在的老年人比较重视身体的健康，却一定程度上忽视了心理的健康。随着低层次养老问题的逐步解决，老年人的心理保健问题将更多地与养老的质量相关联。

最后，老年的人文性获得也是一种老年价值的发展。老年人可以为社会的发展作出巨大贡献，但在许多国家和地区，他们被排除在为社会作贡献的人群之外。老年人受到忽视主要是由于人们往往认为老年人脆弱需要照顾的陈腐观念造成的。实际上，很多老年人非但不需要他人照顾，反而为他人提供照顾，比如帮助子女照看下一代。老龄不仅是经验和智慧的象征，而且还使人们根据自己的信仰和愿望，取得更大的成就。

老年期的个性特征是孤独、焦虑，活动性和适应性减退，喜欢舒适和安全，爱回忆往事等。一方面是出于对过去经历的留恋和肯定，另一方面也是宣泄自己的心事，希望得到别人的理解和尊重。但也有一些老年人将昨天的烦恼变成了今天的负担，可能增加寂寞感和忧郁情绪。这种不良的心理状态可导致大脑功能或者神经系统的机能紊乱，容易使各种疾病乘虚而入。怎样从回忆中走出来，摆脱这种爱“想当年”的情绪呢？最好的办法是重新投身工作或者从事自己感兴趣的活动。如果一个人终日无所事事，就会胡思乱想。开拓生活，多做有意义的事，能从做事本身体会到老年的价值。

总的来说：(1) 老年发展的潜力是巨大的，空间是可观的。老年发展不仅是老年人的福音，更是社会和家庭的福音。(2) 老年发展并不是一个独立的过程，这意味着老年发展所涉的诸多方面是互相关联的，同时老年发展与家庭的发展和社会的发展又是不可分割的。(3) 老年发展不完全是个人的作为，更是社会应该承担的人道责任和历史使命，在未来老龄政策体系的设计中有关老年发展的政策问题需要得到相当的重视。(4) 老年发展是一个统摄全局的问题，它关联着老年人的生活质量和老年人家庭成员的感受以及整个老龄化社会的发展程度。(5) 以人为本是可持续发展的基本原则，这里的“人”自然不应当忽视越来越庞大的老年人群。

老年发展与老龄化的性质

老龄化存在着一个性质问题，它的发展方向决定了我们必然会给出不同的价值判断。例如，“负向老龄化”和“正向老龄化”的分类。

如果老龄化的发展是一种消极的态势，可以定义为“负向老龄化”；相反地，如果老龄化的发展是一种积极的态势，可以定义为“正向老龄化”。老龄化的消极发展，就是老年的丧失和衰退。老龄化的积极发展，就是老年的发展和开发。

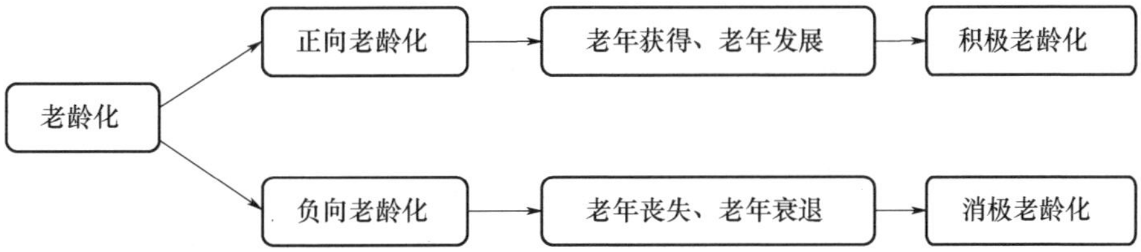

图 8-1　老龄化的性质

正是因为对老龄化有了价值上的判断，所以就出现了这一组重要的基础性概念，即正向老龄化与负向老龄化，积极老龄化与消极老龄化，成功老龄化与失败老龄化。成功老龄化就是一个积极老龄化遏止消极老龄化的过程，否则，就是失败的老龄化。成功的老龄化是对老龄化的综合考察，它的对立面是失败的老龄化。其实任何一个老龄化都是积极老龄化与消极老龄化综合而成的过程。不断壮大积极老龄化的力量，并且用积极的力量来遏止消极的力量，这就是成功老龄化。成功老龄化考虑了老龄化的正反两面，考虑的是老龄化的净值。倡导积极老龄化更多停留在行为层面上，而倡导成功老龄化则更多落实在结果层面上。我们需要做的是强化老龄化的正面、弱化老龄化的负面，并要为积极和成功的老龄化提供环境支持。譬如，健康的老龄化、学习的老龄化、积极的老龄化、和谐的老龄化、快乐的老龄化。

老年发展考察的是整个老年期。老年丧失如果大于老年获得，老年发展就呈现出退化；老年丧失如果小于老年获得，那么老年发展就表现出进化。一般在低龄老年阶段，存在着正向的老年发展；到高龄老年阶段，会出现比较明显的负向老年发展趋势。成功的老龄化就是要通过个人、家庭和社会的共同努力，尽可能长时期地维持老年的正向发展和老年的积极发展。老年发展理论主张帮助老年人继续拥有老年资源。老年的社会性丧失和老年的社会性获得这是两种力量的平衡，此消彼长。

人口老龄化之后更严峻的挑战是老年人口高龄化。高龄化的冲突可能是显性的，也可能是隐性的。如果没有孝文化的支持，高龄阶段家庭养老功能可能严重弱化甚至名存实亡。高龄化是社会持续发展道路上充满潜在挑战的阶段。高龄的含义一般是指在 80 岁及以上的年龄。增龄的规律是到了高龄阶段老年人的依赖性就明显增加，因为随着时间的推移，老年人的健康状况和自理能力都有下降的趋势。根据丧失理论假说，高龄是完全丧失而且是不可逆丧失的阶段，是等待死亡、触摸死亡的阶段，是对自己的一生终结算的阶段。老年的生命周期到了高龄阶段有明显的变化，一方面是自有养老资源的减少；另一方面是依赖性养老需求的刚性增加，主要是对照料和医疗的需求明显扩张。照顾原则被放到了第一重要的位置。

如果长寿是以健康的恶化相伴随的话，那对个人、家庭还是社会来说都是一件可怕的事情，是意义逐步丧失的长寿。但如果老年人缺乏权力、威望和地位的话，家人可能会放弃照顾原则，视老年人为累赘，在心理上嫌弃，在言语上怠慢，甚至在精神和肉体上予以虐待。由于这些现象是发生在家庭内部的，所以家庭养老功能的隐性弱化和内部缺位很容易被人所忽视。

很多人主张家庭养老，殊不知家庭养老的质量不是说有家庭、有儿女甚至儿女有钱、在居住安排上两代人合住等条件就足以保障。事实上，我们只是在维持家庭养老的形式和传统，却对生命周期中家庭养老内部代际关系的微妙变化缺乏了解甚至置若罔闻，家庭养老体系中老年人遭遇的内在损害是社会所忽视的。家庭养老制度的内在缺损，需要从道德上、资源上和制度上加以弥补和修复。

营造促进老年发展的社会环境

如果老年是由发展期和衰亡期构成的，那么促进老年发展就是要尽量延长老年的发展期。老年发展理论的提出，说明处在生命周期中后期的老年阶段，并不是老龄化这么一个单向的过程。老年发展与通常意义上的老龄化可以并行不悖。如果人生是一个不断攀登的过程，那么老年就应当是继续上台阶的过程。积极的老年发展就是老年资源、老年资本的积累和增殖现象。成功的老龄化则要克服和超越一系列带有必然性的丧失事件所带来的负面影响。

（一）老年的选择性

首先，从历史趋势看，21 世纪无疑是更崇尚个性化选择的社会，是价值观多元化的时代，应当允许老年人作出符合自己情况和意愿的选择。“老有所为”可能是出于经济上的需要，也可能出于情感上的需要——譬如，有些老人通过没有报酬的义工活动来寻找生活的乐趣和精神的寄托。奋斗了一生，绚烂归于平淡，“老而不为”，悠哉游哉，只要老年人有这个条件、有这份情怀，那是应当表示理解的。总之，无论哪种选择，只要能保障老年人的生活质量而对社会又无不良影响，我们就要尊重老年人群的差异性，就要理解老年人不同的价值取向。

其次，从个人生命周期的角度看，在不同的人生阶段，老年人的追求是不同的。在低龄阶段，老年人一般比较活跃，健康状况也容许，“老有所为”的比例就会高一些；而到了中高龄阶段，老年人渐趋衰弱和老迈，体能和斗志逐渐丧失，“老而不为”的比例自然会有所上升，这是一个规律。所以，我们很难机械地将“老有所为”和“老而不为”对立起来。鼓吹“老有所为”和主张“老而不为”，只能说各有各的道理，实难一言以蔽之。

不过，从社会进步的角度说，中国要建设一种健康积极、努力向上的老年文化，其中老年价值的实现是它的灵魂所在。对“老有所为”来说，年龄的高低并不是问题的关键，重要的是老年人的健康状况、心态或者说价值观。笔者对“老有所为”的理解就是老年人价值的实现活动和过程，而不仅仅是老年人通过从事经济活动来获得收入。社会在关注老年人基本需求的同时，还必须同时关注老年人精神文化需求的满足和老年人力资源的开发利用。其中，“老有所为”应当成为成功老龄化的立足点。

（二）制度性退休和功能性退休

帮助老年人消除负面的社会形象是社会要做的一项工作。理解老龄化对社会的影响要从理解老年人和老年这个生命周期阶段开始。在国际上，传统的老年人形象也是消极的（negative）、脆弱的（frail）、无能的（disabled）和依赖别人的（dependent）。在快速现代化的进程中，老年人有被边缘化的风险。

在现实生活中，老年人介入参与正规的和非正规的活动。在维持传统的连续性和稳定性方面，老年人的地位特别突出。老龄化是生命的延伸、传统的继承。当寿命延长，老年人的作用就变得更加重要。无论是个人还是社会，都要赋予老年人以生产性和有意义的角色。

在个体的层面上，寿命的延长必须同个人在家庭、社区和工作单位活动中所获得的满意度和成就感相联系。这种介入是终身的过程。在社会层面上，生产性老龄化的准备要包括这样的步骤，譬如终身教育和机会均等的分配，尽可能使老年人介入尽可能多的社会经济和社区活动。

笔者提出两个相关的概念来进一步认识老年发展问题，即“制度性退休”和“功能性退休”。制度性退休是退出了制度框架里的就业领域；功能性退休则以老年人的健康状况、能力条件和主观意愿为前提的退休。功能性退休可能发生在制度性退休之前，但更多的情形是发生在制度性退休之后，现实生活中存在着很多的“退而不休”的现象，就是因为制度性退休并没有完全剥夺老年人的发展权和发展的空间。

在我国，离退休人员的年龄范围一般指男性60岁以上，女性55岁以上的人员。而美国对退休人员年龄不再设限，只要身体条件允许，老年人就可工作到休息的年龄为止，采用的实际是“功能性退休”的概念，包含了老年人个体的多样性选择。正如美国前总统卡特所说，退休就是“从法定义务中解放出来”。

目前，我国一些地方也开辟了老年人才市场。对于企业来说，选择谁，考虑更多的是成本问题。用年轻人，更具开拓性但存在社会保险问题，老年人不需考虑社会保险。通过市场调节，中老年人才成为整个人才市场的重要补充。用人单位除了看中老年人才的质高价廉之外，更看重退休者的敬业精神。

制度性退休和功能性退休之间存在着一个“时滞”。而市场经济作为能力本位的经济也为那些健康的、积极的、有能力的老年人开辟了发展的空间。时间和空间都具备了，就出现了一个老年发展的特定时空。成功的老龄化过程就是结合了老年人多方面发展的过程。其中老年人的社会化和学习化是特别值得重视的两个方面。归根结底是老年人的继续社会化和再社会化的问题。让老年人与社会保持联系和融合，这是基本的途径。

老年发展是前因，也是后果；是手段，也是目标。积极老龄化是促进老年发展的一个手段。根据联合国的观点，决定积极老龄化的有三个因素或者说支持积极老龄化的有三根支柱，就是老年参与、老年健康和老年保障。老年发展作为人类发展的一个表现，是社会发展的重要组成部分或者说目标之一。

从个体的角度看，积极老龄化意味着老年人能按照自己的需要、愿望和能力参与社会发展，并得到充分保障、安全和照料。简单说，就是尊重自己的愿望并发挥才干。从社会的角度看，积极老龄化意味着要改变对老年人的旧观念，承认他们是社会发展的积极贡献者，并为他们提供参与发展的机会。简单说，就是承认老年人的能力并提供机会。所以，对个人来说，积极老龄化是一种需要；对社会来说，积极老龄化是一种责任，要保障机会的供给，要为满足老年人的发展性需求提供环境支持。积极老龄化将个人的需要和社会的责任联系了起来。积极老龄化的前提概括来说有四点：健康、能力、意愿和机会。但有些条件并不是十分严格的，譬如健康和能力。

完整的健康是三位一体的概念。但部分的健康也不影响人们参与社会。极端的例子是英国著名物理学家霍金，他身体残障十分严重，但思维活跃却非常人所及，这不影响他继续在物理学上作出贡献。对老年人也是同样道理。香港学者齐铱教授在北京大学讲演的时候也谈到过一个观点：有病并不一定不健康。不同的能力可以有不同的参与方式和参与强度，但不改变参与的实质。其实健康本身在一定程度上也包含了能力的因子。

真正影响老年人参与社会的可能是个人意愿和社会环境两大因素。如果个人不愿意，那么基本是“一票否决”。社会能否提供相应的机会，也具有相当的影响力。所以如果一定要排序的话，那么影响积极老龄化的因素分别是：意愿、机会、健康和能力。

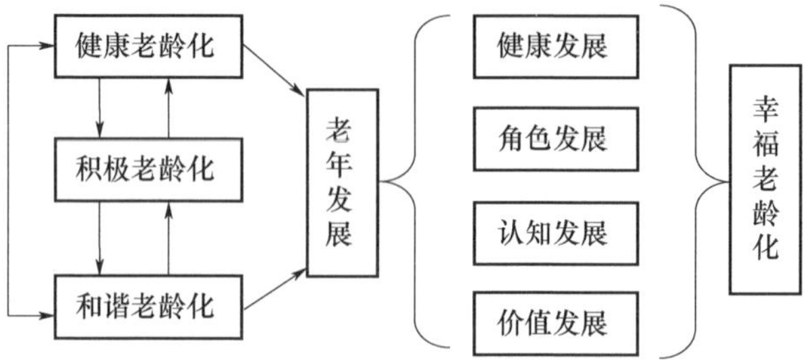

图 8-2　老年发展的理论框架

积极老龄化可以促成老年的健康发展、角色发展、认知发展和价值发展。但要看到，积极老龄化虽然是重要的促进老年发展的途径，却不是唯一重要的。无论是健康老龄化还是积极老龄化，说的都是行为模式或者说生活方式，但还没有涉及老年自身的变化、发展的状况。健康老龄化、积极老龄化以及和谐老龄化都将促进老年发展。但显然，老年发展是将过程和结果整合在一起的概念。

老年人口中也有强势群体。强势群体是有参与能力和参与热情的群体，保持了足够的独立、尊严和价值。弱势群体的特征则相反。两个亚群的区分再次提醒老年人口是一个异质性很强的群体。

首先看政策。是鼓励还是阻止老年人参与社会。不同的政策导向将导致老年人不同的社会参与度。政策表明的是政府的态度。但积极老龄化的政策最终还要转化为一种环境支持的力量。环境可分为硬环境和软环境。文化观念、文化氛围营造的就是一种软环境。

其次看环境。是否老年友好。有没有适宜老年人的活动空间和相关设施。有没有老年人再社会化的环境条件。有没有老年人参与社会发展的适合空间。

再次看文化。我们需要塑造什么样的老年形象。这是老年文化变革一个核心的话题。在我们的文化传统中，有些因素是不利于老年人参与社会发展的，譬如，将老年人定位在受体角色上的文化指向。积极的老年文化的建设要从相信老年人的能力和尊重老年人的权利开始。

刚健有力的老年文化有这么几个基本点：自立自助、自强不息、帮扶儿女、奉献社会。在对待老年的态度和有关老年的文化上，存在着两大误区：一是受体的角色定位误区，就是只将老年人看作被关怀、被照顾的对象，却忽视了老年人群身上存在的能动性、积极性和创造性。老年人应该被视为人力资源中可贵的一部分。二是养老的需求定位误区，就是将老年人的需求只看作是一个老有所养的问题，以为解决了老有所养的问题就等于解决了老年人的问题，这在农村表现突出。在城市，则将老有所养等物质性需求与社会发展的初级阶段相对应，而将老有所为等精神性需求与社会发展的高级阶段相对应。其实，这些需求是不能割裂的，而且老年人的需求实际上是一个复杂的结构，包含着丰富的内涵。

最后看人口。人口老龄化是一个人口自然淘汰的过程，特别是人口高龄化的确是使人口强势群体转化为人口弱势群体的结构性力量。随着老龄化程度的加深，一系列丧失事件的冲击将导致老年弱势群体的扩大。虽然趋势很难改变，但速度和程度可以在特定的政策—环境—文化的框架里有所改变。

老年发展的支持系统包括了老年发展的动力系统、老年发展的支持系统和老年发展的评价系统的整合与互动。动力要解决的是老年人自身的价值认识以及社会对老年发展的价值肯定，老年发展的环境支持包括了一切政策、制度和物质方面的支持，老年发展的评价系统则要建设刚健有为的老年文化。

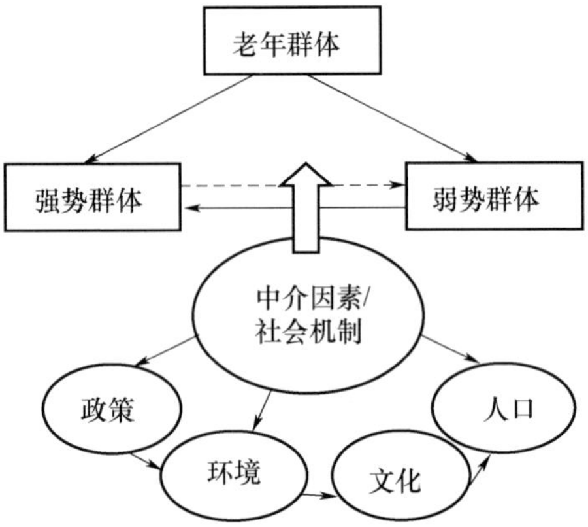

图 8-3　老年发展的支持系统

老年发展是对积极老龄化的战略延伸。老年发展与积极老龄化有什么联系和区别?

第一，老年发展是说老年的一种状态，这与积极老龄化是相通的，在老年期整个生活有新的发展。如果我们用“老年发展”来理解生命周期的最后阶段，就可以得到积极的启发。

第二，积极老龄化的核心是社会参与，至于健康和保障都是为“参与”服务的，或者说是支持“参与”的。老年发展的核心是“发展”，但发展涉及多个方面，参与只是促进老年发展的一个方面。

第三，积极老龄化重视的是过程，老年发展重视的是结果。老年发展说明了老年人群可以作为一种积极的因素、建设性的因子存在。老年发展与积极老龄化是互补的概念，是目标与手段的关系。积极老龄化的结果是老年获得了新的发展。积极老龄化是老年发展的一个重要途径，但不是唯一的途径。追求老年发展可以看作是积极老龄化的一个目标。

第四，有病并不一定不健康。有些老年病是器质性的，但心理和智力还保持了足够良好的状况。所以即使是部分健康也可以支持积极老龄化的过程。健康本身是一个多维度的概念。所以说，健康并不是积极老龄化的必要前提。

第五，支持老年发展有这么几方面：健康老龄化、积极老龄化、和谐老龄化、尊严老龄化、效益老龄化、幸福老龄化。最后，就是成功老龄化。老年发展期的延长在很大程度上取决于环境的支持。尊重老年人发展权、促进老年人社会化、实现社会持续发展值得重视。

（三）建设积极的老年文化

活到老、学到老、做到老，是中国积极老年发展文化的基本内涵。尊重老年发展权、推进成功老龄化的战略取向符合以人为本的可持续发展要求，健康、有能力的老年人群无可辩驳地是老龄化社会动力机制中极其重要的内源性力量，需要我们从战略的高度来看待这种建设性力量的存在和发挥。对老年人的发展权尊重不仅要体现在社会老年观的变革上，更重要的是要体现在具体法规、制度和政策的落实和保障上。只有认真赋予老年发展权以充分的法律保障，才能够使尊重变成现实而不是无奈。成功老龄化的实现必然以老年发展为实质性标志，但要以良好的人文环境、制度环境为依托。

积极老龄化是人类对人口快速老龄化的积极回应。很多国家和地区的变革表明，社会现代化过程一展开，传统社会的结构就变得很脆弱，数代同堂的大家庭是个幻像，发展中国家的贫困老人不能再依赖传统的家族关系。发展中国家应该提供条件让老年人积极参与经济建设，为老年人提供自我创造收入的条件，让他们能融入社会，以应付人口老龄化带来的社会震荡。世界卫生组织人口老龄化与保健署前署长卡拉什指出："绝对有必要制定政策，让这些较年长者能成为家庭中、社区中、社会中，以至经济中的资源。"[1]

文化的灵魂是审美的认识和追求。文化的本质是以文涵化、以德教化，是人们对真、善、美的认知和追求。简单说，文化涉及的就是如何生活、如何做人的问题。而就在这"如何"的过程中，体现了人们对生活和生命的思考以及追求。哲学家早已揭示，在人性最原始的本能中，就包含着审美的意识和追求。老年文化是人们对于老年这一段人生岁月的价值性的思考和追求，就是如何度过老年生活、如何做一个老年人的问题。

如何看待老年？如何度过老年？这是老年价值观的核心问题。其中，老年人的老年价值观是"老年价值问题"的关键。老年不是被动养老的岁月，而是可以继续发光发热的日子。我们要警惕陷入"没有质量的长寿"误区。老年人不仅要活得长，而且要活得好，但好的标准不仅仅是健康不健康。健康长寿并不是终极目标，健康是重要的，但不是唯一重要的——这只是医学标准，更重要的是人文标准，即满意和尊严。其中，满意是个人的体验，尊严是社会的评判。满意与尊严都与老年人的生活体验和生活意义紧密相关。重要的是寿命的质量而不是寿命的长度，应该在健康、满意和尊严的条件下实现长寿的目标。

孤独终老是人口老龄化在精神层面的巨大挑战。老年是丧偶最多的时期，所以再婚对很多老年人来说是不可避免的。老年人对婚姻的需要是伴和性的结合，一般会随着年事的增高而增强对伴的需要并淡化对性的需要。孤独是人类最大的敌人，亲密关系是人类保持身心健康的基本前提，也是需求结构中的主要内容。人不能离群索居，人的脆弱在情感上。有婚姻的人一般来说健康程度要高于离婚者和独居者，这是因为婚姻与家庭提供人们情感上的支持与安全感。老年人群是最怕孤独又相对

---

〔1〕《世界卫生组织官员：发展中国家应发挥老年人作用》，《联合早报》2000年2月16日。

孤独的人群。

老年人再婚有很多实际的羁绊，例如，有财产的老年人再婚时往往遭到子女的反对。实践证明，老年婚前财产公证值得提倡，可为婚后财产问题消除隐忧。所以，同居对某些老人来说其实恰恰是理性的决策，但他们这么做却与现实的法律有了冲突，那么在这种情况下我们就该区分是让老年人顺从法律还是让法律为老年人的生存空间打开新的通道。如今是价值观和生活方式多元化的时代，同居不是罪恶。

我们要格外注意的是老年人的文化价值和社会价值，要重视“文化老人”的人文资源。因为人是文化的主体，老年人的文化价值表现在老年人是一种已经成熟的文化的代言人。立言、立德，这就是老年人的文化遗产。譬如，著名女作家冰心老人留下了“有了爱就有了一切”等的文化遗产。

综上所述，我们要尽力为老年人的社会发展提供广阔的空间。

其一，尽一切可能发展老年教育事业。譬如社区大学、老年大学。提倡全社会教育资源的共享。老年教育的重要性已经被大家所认可。总的来说，是供不应求的局面。“活到老、学到老”这种终身教育的理念已经化为越来越多的老年人的人生实践。在信息时代和知识社会，老年人群将成为学习化人生当然的先锋人口。让老年人跟上时代的步伐，成为时代的共建者和共享者，这是成功老龄化的重要表现。

其二，尽一切可能开拓老年活动空间。社区在这方面要扮演重要的角色。居家养老加上社区服务的养老方式已经被越来越多的城市老人所接受。社区对多数老人的生活质量会产生重要的影响。所以社区能否为老年人的社会发展提供机会和物质条件是一个很现实的问题。老年人的精神满足很多来自社区的文化娱乐活动。社区文化养老大有可为。

其三，尽一切可能创造老年工作权利。“工作着是美丽的，奉献着是快乐的”，这将成为有强烈价值实现需求的老年人共同的心声。为此，我们要消除老年再就业、续就业的任何歧视性政策和制度因素，让老年人成为统一有序的竞争性劳动力市场平等的一员。在人口学中，老年只是日历年龄的一个特定标志，却并没有说明人们的生理年龄、心理年龄和社会年龄的发展状况。随着社会对老年人需求的增多以及老年发展程度的提高，退休年龄延长以及老年起点的推后都是十分自然的事情。

其四，尽一切可能赋予老年参与机会。老年人参与的机会越多，其潜能激发的可能性就越大。事实上，所谓的共融、共建和共享是通过老年人具体的参与过程体现出来的。随着社会保障水平的提高，老年人将不再过多地为衣食住行等基本的生活需求而担忧，进一步地必然发展出对精神满足和价值实现的强烈渴望。老年人所扮演的社会角色很多是非工作角色，正是这些非工作角色使得老年人的人生境界得以提升。老年发展要追求“给生命以岁月”，更要达到“给岁月以生命”的更高境界。

第八章

新人口战略

人口就是国家的命运

中国进入了“人口还债时代”

养老安全是重大国家安全问题

财政补贴持续性受到挑战

少子老龄化视角下的养老困局

生育政策改革的“前生后世”

实现有准备的老龄化

人口就是国家的命运

先贤告诫我们，人法地，地法天，天法道，道法自然。自然之道有化育万物、成就人类的伟力。天地之大德曰生，文明之大道曰育，生育、养育、教育共同成就人口的未来和民族的未来。少年强则国强，人口优则国优。一国之实力取决于人口资源之投资和开发，一国之未来则在少年人口之储备和养成。坦率说，中国已经危机四伏，若再不从错误的人口问题观和人口治理观中觉醒，必将雪上加霜，遭受规律严惩。到时候，内忧外患，措手不及，远水解不了近渴，必悔之太晚。

法国思想家孔德曾言：人口就是一个国家的命运。含义深邃。人口观包括了如何看待人口问题和如何治理人口问题。人口转变规律告诉我们，人口不会无限增长，人口增长是阶段性的现象，到低生育率阶段，中国要认识到“人口转变增长”一去不复返了。所谓“人口爆炸”只是阳光灿烂前的一抹暗云，终究散尽，不必耸人听闻，也不必惊慌失措。20 世纪 80 年代初曾有预测说，到 2050 年，中国人口可能达到 40 亿人。这完全有违人口转变规律，与事实不合，纯粹是人口恐吓，危言耸听，自己吓唬自己。现在看来当初对人口规律认识是多么肤浅和片面，科学只是求索真理的方法和过程，本身并不等于真理，有些所谓的“科学”

其实是借了科学的名义，并不对事实、逻辑和良知有起码的尊重，“发现”的必然是谬误，远离的必然是真理。历史经验表明，不成熟的科学不仅无补于认识事实的真相，反而混淆是非，引向歧路，所以要尊重但不能迷信科学。科学进步的标志就是广开言路，择善从之，不断逼近事实的真相，尊重人民的意志，服从客观的规律。中国要重新认识人口的性质和力量，重新选择人口的治理方式，重新探寻人口的大道。

其一，要树立人口人本观。人口人口，一人一口，“人”体现了人口的社会属性，“口”体现的是人口的自然属性。从内在的角度看，人口问题实质上是人心道德问题，是人欲满足问题；从外部的角度看，人口问题实质上是资源匹配问题，是发展共享问题。人口是社会生活的主体，是社会生存的基础，是社会发展的动力。人乃天地之秀，人是第一可宝贵的。人的发展是最重要的发展，人的投资是最根本的投资。在这个意义上，以人为本，以人自由、全面、有保障的发展是现代人口治理的中心和归依。

其二，要树立人口整体观。人口的数量—素质—结构三位一体，不可分割。人口优化包括强数量、强素质、强结构三个方面。数量强意味着人口发展的可持续性和抵御风险的能力，素质强标志着人口发展的实力和优势，结构强标志着人口的性别平等、生态平衡、代际协调。婴幼儿、青少年是人口之本，依赖性老年人口是人口之末。无论本末，他们都是有尊严的生命，生命互相依存、相互关怀和彼此温暖，需要尊重、爱护和成长。

其三，树立人口战略观，人口是慢变量、长过程，有成长周期和转变规律。一个自然天成、平衡协调的人口阴阳互持，新老继替，生死平衡，持续发展。人口安全就是要高度重视人口、人力和人才的战略储备，超低生育率所隐含的人口风险恰恰与此背道而驰。新生人口是未来人力生成和人才产出的母体和源头，没有人口的出生和增长，就没有新一代人力和人才的储备，就缺乏应对任何人口风险、牺牲和损失的战略准备。人口问题是战略问题，需要及早谋划，高度重视人口储备。人口安全是国家安全的基础。

其四，要树立人口资源观。人立尔后万事举，人口是一国最重要的资源，具有能动性、创造性和再生性。人口的创造力要远大于人口的消费力。人口在成长期需要健康、教育和道德投资，让人口最大限度成为优质资源，转化为可资利用的人力资源和人才资源。人口天然就是资源，但人口能不能成为含金量高的资源，在很大程度上取决于养育和教化。人口红利收获的大小早晚取决于人力资源的开发和人力资本的投资。

其五，要树立人口力量观。人口蕴藏着丰富的人力、劳力、军力，集生育力、生产力、服务力、创造力和战斗力等于一体。在人口失衡、社会失序的危境中，人口也可能表现出巨大的破坏力。例如，长期的性别比失衡导致“狼性人口”的产生，危及社会稳定。从时间序列和生命历程看，如果说少年人口是后备力量，是第一波力量，那么青壮人口是中坚力量，是第二波力量，老年人口是剩余力量，属于第三波力量。人口过度老化将导致积极人口力的丧失，所以倡导适度生育率、合适之家、人口代际均衡和适度老龄化很有必要。

其六，要树立人口优势观。要保护人口的优势，同时警惕人口的劣势。从比较看，人口的数量优势是人多势众、人力充沛。人口的素质优势要看国民平均的健康发展水平、道德发展水平和文化素养发展水平。人口的结构优势则正看活力指数（劳动力资源储备情况），反看缺工指数（用工短缺情况），微观则看失独伤独指数。人口的结构优势也看人口、人力、人才的转化情况，人力生成率和人才产出率越高则人口优势强，反之则弱。

其七，要树立人口发展观。历史经验表明，人口增长史就是一部生命史，在其幼年阶段带来了挑战，在成年阶段却带来福报。从历史的大视角出发，只要经得起人口抚养、教育、医疗和就业的考验，任何人口增长都是活泼泼生命的成长，给家庭带来欢欣，给国家带来希望。人口发展的另一要义是人口问题转型，中国正从数量型人口问题转向结构型人口问题，从增长型人口问题转向萎缩型人口问题，从单一型人口问题转向复合型人口问题。为此，人口问题观和治理观需要与时俱进，以人为本、以民为贵，保护家庭、生态平衡，优化人口、持续发展。

事实胜于雄辩，持续的低生育率必然会导致人口的衰微甚至消亡。警钟需要长鸣！生育文明是人类文明的根本，现代生育文明的要义是自主生育、适度生育和优化生育。我们为人民请命，何尝不是在为中华民族续命?！让人民自己主宰自己的命运，让生命之花在文明的春风和阳光中次第开放，让任何强词夺理的行政干预早日彻底退出生育自主天经地义的私权领域。让公权力严格守护天赋人权的边界，做人民私权利的保护神而不是践踏者。还权于民，保护家庭，科学引导，服务保障，以社会公正、和谐、团结和实力为追求，是中国人口走上平衡、协调、优化、可持续发展光明大道的根本前提。

中国进入了“人口还债时代”

中国早在20世纪90年代初就实现了低生育目标。其时人口内在自然增长率转为负值，人口开始积累负增长惯性，对这种静悄悄的人口革命，一般人是感知不到的。人口内在自然增长率呈现负数标志着中国人口增长的方向性改变，即从内在趋势来看，中国人口开始积累下降的势能，逐步达到零增长直至负增长。也就是说，中国人口变化有外在和内在两种趋势，内在趋势才真正代表人口的未来，中国不应该被人口的“表面增加”所迷惑而忽视人口的“内在缩减”。从1990年起到人口峰值出现，中国人口一直处在惯性增长阶段，表现为自然增长率为正值而且总人口不断增加，然而在此表象下，31个省、自治区、直辖市已经呈现出一致的人口再生产缩减态势，积累着巨大的负增长惯性势能，预言中的“人口雪崩”是早晚要发生的大事。

计划生育的初衷就是控制和降低高生育率，那为什么低生育目标实现之后，计划生育依然故我？也许“总量逻辑”可以解释这种国家行为。由于人口增长惯性尚未释放完毕，所以虽然生育率开始持续低于更替水平，但人口总量继续膨胀，所以计划生育得到了维系。还有一个原因是1982年计划生育被确立为基本国策的定位，使得一般性的意见撼动不了计划生育的地位。基本国策的定位是希望“天下第一难”能够得到最大程度的政治支持，顺利破题，其实背后是2000年实现人均GDP达到800美元、尽快实现四个现代化的政治雄心。令人扼腕的是，“人均”的概念将哪怕是最必要的人口增长也完全负面化了。从此之后，中国打响了一场没有硝烟却血泪横飞的人口控制之战，这是国家针对家庭、政府针对人民、当下针对未来而因此注定没有赢家的罕见“战争”。在民主的力量难以制衡权力的时候，权力就会傲慢地凌驾于民主之上。何况，计划生育已经长成了一棵利益纠缠、盘根错节的大树，社会抚养费制度为计生部门的权力寻租提供了制度性保障，至少有几十万干部靠计划生育吃饭。1990年以后，高生育率的问题实际上已经解决，计划生育开始迷失在负意义、负价值、负能量的历史征程中。

强制性计划生育在减少人口增量的过程中造成了巨大的“人口内伤”，独生子女政策是人类历史上最极端、最缺乏远见的人口政策，它对一个人口大国宏观和微观人口结构造成的巨大损伤可谓史所仅见，它对中华民族带来的灾难性影响极其深广，难以承受和消除。独生子女家庭“失独”现象从零散出现到形成规模，拉开了“后计生人口问题”的历史序幕，接踵而至的还有持续少子化背景下出现的生产性、服务性和防卫性三类人力资源短缺、男性可婚人口过剩而女性短缺，加之长寿化背景下出现的老年高龄化、空巢化、失能化和孤独化带来的老无所养、老无所依、老无所欢问题。

如果说20世纪90年代初出现的低生育率具有统计意义，那么2000年以后出现的超低生育率就具有人文意义了。也就是说，进入21世纪之后的超低生育率已经是一种全新的文化现象，是很多家庭自觉选择的结果，是内生性、稳定性、持续性低生育率。很多调查都发现，绝大多数家庭理想子女数在1—2个之间，平均在1.8个左右。2006年8月，第六次全国人口和计划生育抽样调查显示，农业户口和非农业户口育龄妇女的平均理想子女数分别为1.78个和1.60个，东部、中部和西部地区育龄妇女的平均理想子女数依次为1.70个、1.74个、1.77个，差距缩小。1997年时的全国性调查发现也与此类似。零点研究咨询集团于2010年4月进行了“中国城市和农村居民生育意愿调查”，调查发现，现实条件对人们生育子女的意愿影响明显，经济基础和住房成为重要生育前提，预期生育年龄也将因现实因素而推迟2.1年；让子女有个伴并在将来减轻子女赡养老人的压力，是人们希望多生育一个子女的首要出发点；而如果生育两个子女，一男一女最为相宜。但实际生育率因为生养条件和生育能力的局限，只会低于1.8个。总体而言，意愿生育水平已经明显低于更替水平，但略高于政策生育率。意味着放宽生育政策，并不会有强烈的反弹。在发达地区和小众人口，意愿生育率已经低于政策生育率，意味着“弹簧”（计划外生育的愿望）的弹性几乎丧失。那么当下放宽生育政策，实际上对生育率回升已经没有多大帮助，当然从权利回归的角度说，意义非凡。目前所观察到的低生育率已经相当稳定。让人担心的与其说是中国生育率的反弹，不如说是中国生育率的低迷。

2000年“五普”的总和生育率只有1.22，2010年“六普”时仅1.18，近年的数据基本在1.3以下。这些数据告诉我们，中国已持续进入超低生育率主导的人口萎缩新时代。在农村，生第二个孩子的多半是在老一辈人的劝说之下才生了第二胎。还有的年轻人第二胎怀孕后主动做流产，原因是养不起。有的地方，计生干部也因为完不成罚款指标，主动登门劝说年轻人生二胎，罚款打折，但收效甚微。计划生育早已异化为逐利工具，然而“工具性计生”无疑违背了人道主义和社会正义。部分70后非独家庭希望生育二胎的意愿对国家来说是振兴人口的“最后机遇”，可以预见的是，80后、90后、00后因为生养成本高、养育能力弱等综合因素的作用，生育第二胎的愿望将进一步弱化。这种生育意愿代际弱化倾向可以看作是一个规律性趋势，因此，全面开放生育，也大势已去。实际上，一切有生育二胎及以上意愿和能力的人口，对中华民族可持续发展来说都是张艺谋一样有人口产出贡献、给国家未来带来利益的人群。

婴幼儿人口在本质上是种子型人口、希望型人口，也是潜力型人口，应该善待。为了人口的成长，负担是暂时的，也是必要的，人口红利则是长久的，也是可预期的。

上述这一切都昭示着“人口萎缩时代”的历史使命，这就是首先要重新认识人口增长的性质和价值，以及人口的复兴和振兴对于国家安全和发展的重大意义。其次要直面计划生育的代价和风险以及林林总总的“新人口问题”，维护生育的公平与正义，为家庭计划留出权利空间，为家庭发展提供政策空间。应该积极构建家庭友好的人口政策和社会政策体系，一方面要预防、控制和减少独生子女风险家庭，及时调整生育政策回到鼓励奖励一对夫妇至少生育两个孩子的路线上来；另一方面则要关怀、服务和保障计划生育困难家庭，包括计划生育手术后遗症家庭，孩子伤病残亡的痛苦家庭，儿女不在身边的空巢家庭，存在养老风险的老年家庭，性和生殖健康的问题家庭，难以找到配偶的独男家庭，等等。

“还权于民，赋权于民，造福于民”，是人文中国、和谐中国和幸福中国的核心价值取向。“后计划生育时代”呼唤人本、人文和人权的回归，在意愿低生育普遍出现的新时期，为加强家庭发展的安全和年轻人口的储备，“鼓励生育、保护家庭、优化人口”是符合中华民族利益的战略抉择。

养老安全是重大国家安全问题

“安全”对应的英文名是 Security。也就是说，Security 一词既可以理解成“安全”，也可以理解成“保障”。有保障，就有安全；没有或缺乏保障，就是不安全。“安全”的反义词是“风险”。有保障就意味着无风险。“安全”表示没有危险、恐惧、不确定性以及免于担忧的状态，同时还表示有预防和保护的各种措施。安全概念系列可分出两支，即传统安全与非传统安全。传统安全是指以政治、军事和国土安全为中心的国家安全。非传统安全是指区别于传统的安全概念，又会对国家安全造成实质影响的更加广义的安全，是涉及人口、经济、文化、科技、社会和环境等各个领域的综合性安全。在非传统安全的概念谱系中，“养老安全”令人瞩目。

养老安全需要及早提到国家安全的高度来认识和预防。老龄问题的核心是养老问题。然而，对于未来养老，国人普遍有担心甚至恐慌！养老不是轻松的话题，而是越来越沉重。在全国政协官网2013年选登的342份政协提案中，31份关注“养老”，约占总数的十分之一。我国人口老龄化形势日趋严峻，呈现出高龄化、失能化、空巢化等诸多特征。养老风险包括了收入保障风险、日常照料风险、失能失智风险、孤独抑郁风险等等，首当其冲的是收入保障安全问题。

2010年3月，《英才》杂志发表北京师范大学金融学教授的文章，如果继续无度发钞，在北京、上海等一线城市，预备1000万元人民币来养老，恐怕未必够。分析认为，一个1987年退休的职工在当年估算其养老金的数目，3万元已算奢侈；一个2007年退休的职工积累100万元就足以在退休后安享晚年；一个将在2027年退休的职工，可能需要300万—500万元的积蓄。在退休之前，一个人需要积攒多少钱才能安度余生？这不是一个容易回答的问题。这要看每个人退休后的生活预期、所在地的养老成本，以及不同的生存年限等综合因素。

从宏观来看，我国属于“未富先老”，原因是“一胎化”政策主导下的人口转变超前于经济发展。这一基本国情意味着应对老龄化的经济实力相对弱，如养老金缺口问题。人口老龄化加快使得养老基金已经出现了大的资金缺口。在微观上，大多数人没有对自己的养老风险给予足够的重视。复旦大学保险系“2011年度假期学生社会实践”面向广大上海市民进行问卷调查，探寻民众对养老风险的认知与防御。有69%的受访者表示自己很难估计自己的未来，70%的受访者更加关注自己的现有生活而不关注未来生活，有75%的受访者表示自己没有除了法定养老金之外的其他养老计划。老年失保失养的风险是存在的。例如，1995年，家住浙江台州椒江区的黄大伯月工资只有70元，他花了200元“巨资”

给老伴和儿子都入了农村社会养老保险。17 年过去了（2012 年），黄大伯一打听，他老伴要么选择一次性领走总共 300 块钱的养老金，要么接受每个月只能拿到 2 元的养老金。当时的这种养老保险由民政部门推出，叫“老农保”，实际上是一种农民储蓄积累式的养老保险。按照当时的年利率测算出每月 12 元的养老金，但近年银行利息一直在下调，结果就导致了“2 元钱养老金”的问世。明眼人看出，这是物价上涨、通货膨胀导致“养老金缩水”！非公务员都可能变成“黄大伯”！物价上涨可能会让我们的晚年生活失去保障。

养老金替代率下降导致名义养老金减少。养老金替代率是指劳动者退休时的养老金领取水平与退休前工资收入水平之间的比率。据称，1999 年之前，中国企业职工养老金的替代率总体维持在 75% 以上，之后逐年下降，2014 年已下降至 40% 以下，而且不同人群养老金替代率的巨大差异也引起了各方广泛关注。企业员工和社会个体劳动者一般退休人员仅能拿到原工资的 40% 左右，且有下降趋势；公务员退休金按退休前职务工资和级别工资之和以一定比例计发，养老金替代率可以达到 80% 甚至 100% 。“退休双轨制”存在明显的养老金待遇差别，是社会不公的重要领域。人力资源和社会保障部 2014 年 10 月 24 日披露的最新数据显示，企业退休人员基本养老金连续 10 年调整，现在已经超过月均 2000 元；但相较于不断上涨的公务员及事业单位退休金，养老金差距过大问题尚难改变。

个人账户空账运行表明养老金体系渐入困境。由于养老金收支的平衡性差，实际还是现收现付制，现在的在职职工养活现在的退休职工，未来还是没有足够的储备。中国社会科学院发布的《中国养老金发展报告 2012》显示，2011 年，养老金个人账户空账高达 2. 2 万亿元。2010 年，中国养老金个人账户空账额为 1. 76 万亿元。短短一年，空账额增加了近 5000 亿元。中国社会科学院编撰的《中国养老金发展报告 2011》显示，从 1997 年各级财政开始对养老保险转移支付算起，补贴规模迅速扩大。财政补贴越来越多，负债额也越来越大，在 2002 年的时候才 400 亿元，现在是700亿—800亿元。随着人口老龄化日趋严重，经济增长将减速，财政收入的增长也会相应趋缓。

财政补贴持续性受到挑战

大河有水小河满，大河无水小河干。我国养老金体系统筹层次低，导致调剂余缺的能力相对弱。根据中国社会科学院《中国养老金发展报告2012》，2011年参加养老保险人数为2.84亿人，但14个省份养老金收不抵支，缺口达767亿元。根据中国银行和复旦大学团队完成的《化解国家资产负债中长期风险》预测，预计2050年养老金缺口将达到当年财政支出的20%以上。领钱者增多，缴费者减少，少子老龄化趋势下的养老风险增加！

严重的人口少子化意味着四个减少，即社会财富创造者减少、三产服务提供者减少、养老保险缴纳者减少和老年照料支持者减少。生育少子化导致劳动力不足！我国每年人口的增加数从1978年的1800万人降低到2014年的约600万人，年轻人口的比例迅速降低。0—14岁少儿人口占全部总人口的比例从1982年的33.6%逐步下降到2010年的16.6%，今后仍将下降。2012年，15—59岁劳动年龄人口第一次减少345万人，以后逐年下降。这是令人不安的人口前景。从“老劳比”（即65岁及以上人口除以15—64岁劳动年龄人口，通常称“老年赡养比”）变化看，2020年接近20%，2025年接近23%，趋势不断升高，到2050年预期超过50%。人口发展的代际失衡问题日趋突出。

归根结底，养老金问题是两个因素决定的：其一，社会能够生产的财富量（人口经济学视角）；其二，社会能够分配的财富量（人口社会学视角）。没有养老金的收支平衡和积累剩余，再好的养老金制度也是摆设。养老制度包括了两大子制度的配合，即生育制度和保险制度两者需要相得益彰。前者解决年轻人口的养老供给，后者解决养老资金的保值、增值。

少子老龄化存在着难以克服的结构性养老风险。“一胎化”政策导致了少子老龄化以及老少、老劳代际人口的倾斜失衡，也就是说养老金的缴纳者减少，而养老金的领取者增加，一旦过了养老金缺口难以弥合的拐点，隐伏的养老金财务危机就会公开爆发，导致很多社会养老保险者陷入老无所养的巨大风险。现在的青壮年人口、青少年人口都是潜在的养老高风险人群，一是家庭养老或者儿女养老不可靠（独生子女不啃老就不错了），二是社会养老不保险（养老金缺口已经危机四伏），三是自我养老不可待（积蓄有限而且随通胀缩水、老年时收入减少甚至无收入）。

所以，如果持续的超低生育率、严重的人口少子化和扩展的老年长寿化趋势继续下去，预料年轻人口的供给不足和老年人口的养老压力将夹击并压垮中国本已脆弱不堪的养老金体系，导致大面积的老无所养和人道主义危机。有远见的适度生育制度保证代际人口均衡，确保养老金的缴纳者与养老金的领取者能保持良性的平衡发展。在这个意义上，全面放开并鼓励生育、提振生育率以弥补年轻人口储备不足，通过老少人口代际均衡实现适度老龄化具有重大战略意义。

“有备而老”才能确保养老安全。有准备的老龄化才是成功的老龄化，包括健康老龄化、积极老龄化、适度老龄化、和谐老龄化、有保障的老龄化和有尊严的老龄化。首先，在时间上必须未雨绸缪，打出提前量，积累“养老资源”和“养老资产”；其次，加强多重保障，有针对性降低养老风险；最后，以社会公正的名义推进养老金制度并轨改革并提高养老金替代率，继而提高养老金保障的有效性。

少子老龄化视角下的养老困局

我国存在着日趋严峻的养老金收支失衡危机，其实质是人口少子化危机。养老金的“收”与“支”都与人口因素有关。前者与劳动力人口供给萎缩和就业参与率下降有关，后者与有资格领取养老金的老年人口总量的增加有关。问题在于，人口少子化、长寿化趋势和养老金危机的内在关联性还没有得到应有的重视。和日本一样，中国少子老龄化的挑战既来自老年的长寿化，更来自生育的少子化。事实表明，中国早就跌入了“超低生育率陷阱”，鼓励生育迫在眉睫。中国的养老金危机有双重含义：一是人口老龄化关系到养老金缴费与领取的失衡；二是老年人口高龄化将影响养老金获得与支出的失衡。缓解养老金危机需要采取综合有效的应对措施，即上策是开放鼓励生育，中策是充分有效就业，下策是延迟退休年龄。

（一）养老金危机实质是少子化危机

2015 年 3 月 10 日，人力资源和社会保障部部长尹蔚民就社会保障的相关问题回答中外记者提问时坦承，养老保险基金未来收支平衡面临巨大的压力。我国养老保险基金的收支平衡问题，不仅涉及制度内一些因素，比如参保人数、待遇水平、抚养比；[1] 同时也涉及制度外的一些因素，比如人口老龄化、城镇化和经济增长。其中，人口老龄化对养老保险基金收支平衡影响巨大。尹部长认为，要解决养老金收支失衡这个问题，确实需要综合施策、长短结合、多管齐下。至少可以采取以下措施：一是加大扩面征缴的力度。二是要实施职工养老保险的全国统筹。三是采取渐进式的延迟退休年龄的政策。四是要多方面的筹措养老保险基金。五是做好结余养老保险基金的投资运营。

从人口大势看，养老金收支逐步失衡将使中国掉入全局性养老困境。冰冻三尺非一日之寒，养老金收支逐步失衡是静悄悄的养老危机，就像难以察觉的“温水煮青蛙”，是 1980 年以来持续超低生育率和人口少子化的恶果。所谓少生多少人的“人口红利”其实是“人口负债”。毫无疑问，代际人口平衡是养老金收支平衡的基本人口学条件。所以要保持养老金收支平衡，最根本的办法是保持代际人口的持续均衡，保持适度老龄化的人口动态，确保支撑老年人口的年轻人口不至于过分萎缩。

养老金的“收”与“支”都与人口因素有关。前者与劳动力人口供

---

〔1〕 笔者认为，比诸老年人口抚养比的说法，老年人口赡养比的概念更能说明问题的实质。

给萎缩和就业参与率下降有关，后者与有资格领取养老金的老年人口总量的增加有关。

首先看“收”。养老金扩面征缴的潜在危机直接与劳动力人口供给萎缩和就业参与率下降相关，长期的低生育率导致劳动年龄人口供给减少，导致养老金的缴费出现危机。始于2012年，我国劳动年龄人口绝对数下降将成为长期趋势。《社会蓝皮书：2015年中国社会形势分析与预测》指出，中国劳动力总量供给和经济增长速度从双增长转向双下降，导致人力资源市场供求同时下降。按总和生育率1.5测算，在2020年之前，劳动年龄人口减幅相对较缓，年均减少155万人；之后一个时期减幅将加快，2020—2030年将年均减少790万人，2030—2050年将年均减少835万人。这是非常可怕的难以逆转的“人口雪崩”前景。

农村劳动力在经过前期大规模转移后，供给增长速度持续降低。2013年全国农民工总量达到26894万人，比上年增加633万人，增长2.4%；与2012年相比，少增加350万人，增幅下降1.5个百分点。未来中国农村劳动力转移规模的增长幅度还将继续减少。几年前，农村劳动力转移就已经过了“刘易斯转折点”，很多乡村已经没有可以转移的青壮劳动力。估计2015年，我国50岁及以上的高龄农民工超过3600万人。

随着劳动年龄人口的持续减少，年轻人的养老负担不断提升，老年人口赡养比有朝一日会演变为让年轻人不堪重负的养老痛苦指数，而农村养老危机将更为普遍和深刻，第一代农民工将面临养老困境，养老危机将在不久集中爆发。比较而言，延迟退休年龄毕竟是退而求其次的无奈做法，强制退休的做法更是剥夺了高龄在业者早日颐养天年的权利，极容易带来新的社会不满和冲突。

其次看“支”。受到三方面力量的驱动，养老金支出呈现刚性增长的趋势。第一方面随着人口老龄化的快速发展，领取养老金的老年人口数量惊人增长。2015年，我国60岁以上的老年人口已经超过16%，到2020年将达到19.3%，到2050年将达到38.6%，老年人口规模可能达到4亿人之多。与此相关联的，就是老年人口赡养比的不断趋高。目前，在职职工和退休职工之间的老年人口赡养比是3.04∶1，也就是3个人养1个人，到了2020年将下降到2.94∶1，到2050年将下降到1.3∶1。[1]第二方面随着老年人口余寿的增加，老年人领取养老金的年限也在相应地增长。第三方面，养老金待遇又有刚性增长的趋势。从2005年至2013年，中国已连续9年调整企业退休人员基本养老金水平。与2005年调整前月人均700元人民币的水平相比，2013年调整后企业退休人员月人均养老金达到1893元。2014年1月1日起，国务院将企业退休人员基本养老金水平再提高10%，并向其中有特殊困难的群体适当倾斜，全国7400多万企业退休人员将因此受益。2015年各地企业退休人员基本养老金水平继续有所提高。

由上可见，养老金的收支缺口日趋扩大已是定局。事实上，在2014年社保的各项数据中可以看出逐渐积累和扩散的养老问题之端倪，这两年各项社保基金的收入增幅均开始低于支出的增幅。尤其是部分地区的养老保险收入增幅低于支出增幅，社会上开始出现焦虑的声音。这是养老大危机即将来临和爆发的前兆！

2015年3月9日，黑龙江省长陆昊在“两会”发言中提到，黑龙江省养老金赡养比已经达到了1.42∶1，今年没有问题，明年、后年可能会出现困难。很多人对今后的养老感到焦虑，说明不少人目前花销大、储备少、生活压力大，对养老信心不足。期间，“搜狐健康”进行的样本量超过2500人的一项调查发现，七成以上的人承认自己在为养老发愁，其中40岁以下的占75%。中国社会现在还处于转型阶段，各种社会保障制度、养老体系还在不断完善，因此必然存在一些尚未解决的问题。加上近来物价上涨，人们的收入与支出存在一定差距，也容易导致对未来的迷茫。总体来说，人们对养老的担忧，是对未来缺乏安全感的表现。这其中的原因是多方面的，既包括物质上、经济上的，也包括精神上、照料上的。

根据报道，李克强总理承诺，对于养老金的正常缺口，国家会尽力

---

〔1〕 人力资源和社会保障部部长答记者问相关报道。

支持，不能忘记那些为共和国建设付出努力、作出过贡献的老工人。这番话语可以说给人希望，令人宽慰。但国家有态度不等于国家有能力，国家养老补贴能有多大范围、多长时间、多大力度？这些都是未知数，也是难寄厚望的。因为在可预见的将来，养老危机是全局性、全国性的，而不仅仅局限于一省一地。在未富先老的大背景下，可以说大众人口的“养老困境之忧”远甚小众人口的“养老安全之喜”。

在根本上，养老金收不抵支的缺口是在业劳动力人口和退休老年人口此消彼长、代际失衡人口大势的反映。养老危机实质是年轻人口亏损和萎缩的危机。真正的麻烦在于，国家还没有深刻认识到人口少子化、老年长寿化趋势和养老金危机的内在关联性，而且少子老龄化和长寿老龄化又是大势所趋、难以逆转。由是观之，开放和鼓励生育是何等紧迫！

结合人口年龄金字塔判断，我国的人口老龄化既是顶端老龄化，也是底部老龄化；或者说，既是长寿老龄化，更是少子老龄化。一个是老年人口活得更长，另一个是少儿人口生得太少。概括来说就是少子高龄化。日本少子高龄化可谓前车之鉴，中国和日本一样，少子高龄化的挑战既来自老年的长寿化，更来自生育的少子化。正如日本副首相兼财务相麻生太郎2014 年12 月7 日在札幌市的众院选举助威演讲中，就伴随少子高龄化而来的社保费用增加问题所表示的：“许多人形成的印象似乎是错在老人，但问题在于不生孩子。”[1] 随着日本老年人口比例越来越高，日本政府在养老、医疗等方面的社会保障负担日益沉重。日本总人口正在滑向财政警戒水平，目前有四分之一的日本人年龄超过65 岁，到2033 年这一比例将会达到30%。

中国早就跌入了“超低生育率陷阱”。在政策层面上，1980 年9 月25 日《中共中央关于控制人口增长问题致全体共产党员、共青团员的公开信》之后实施的“一胎化”政策，追求的就是超低生育率目标，有些地方甚至出现过“无婴月”。在统计层面上，2000 年“五普”总和生育率开始低于1.3，只有1.22，2010 年“六普”跌至1.18。在意愿层面上，

---

〔1〕《日本副首相麻生称社保增加问题在于不生孩子》，中文国际—中国日报网2014 年12 月8 日。

侯佳伟等通过对1980—2011年期间开展的227项关于生育意愿调查的结果进行了系统梳理，结果发现：人们的生育意愿不仅很低，而且越来越低，甚至生育水平的下降快于生育意愿的下降，出现实际生育子女少于理想子女数的局面。理想生育率大概在1.6—1.8之间，政策生育率大概是1.47，而实际生育率却低于1.3。[1] 根据国家统计局的数据，2011年、2012年、2013年我国的总和生育率分别是1.04、1.26、1.23，远远低于更替水平，属于极度危险的超低生育率。这一事实证明了“发展是最好的避孕”。

“单独二孩”政策出台后明显遇冷，说明中国形成了稳定的意愿性、内生性低生育率。内生性低生育率形成的原因有：（1）政策强制力因素—强计生政策的压制。长期的高压政策极大地弱化了生育率的反弹特性。（2）经济驱动力因素—高生养成本的约束。生得起养不起成为普遍现象。（3）文化诱导力因素—新生育观念的引导。在年轻一代中，小家庭偏好、对“孩奴”角色的恐惧已经非常普遍，夫妇本位的决策模式成为主流，传统的家族主义普遍式微。

生育是劳动力供应母体。超低生育率的远期效应不可忽视。养老问题与生育问题在中国表现得如此紧密，以致于可以看作是一枚硬币的两面。中国的养老困境实际上是“超低生育率陷阱”的反映。

（二）养老金危机预期的社会影响和人口应对

老龄问题包括两个方面，即发展问题和人道主义问题。在可预见的将来，这两大问题将同时爆发并且日趋严峻。“养老困境”捆住的不仅是大批老人的晚年生活，而且将捆住国家发展的步伐。养老金危机的双重含义表现在：一是“人口老龄化”关系到养老金缴费与领取的失衡，二是“老年人口老化”将影响养老金获得与支出的失衡。“人口老龄化”是指老年人口占总人口比重不断攀升的过程，“老年人口高龄化”是指亚健康、有照料依赖性、有病患之苦的高龄人口占老年人口比例上升的过程。

---

〔1〕 侯佳伟、黄四林、辛子强等：《中国人口生育意愿变迁：1980—2011》，《中国社会科学》2014年第4期，第78—97页。

首先是“名义保障”和“有效保障”的背离问题将日趋严重。很多老年人将只拥有名义保障，养老金的保障作用将大打折扣。我国现行基本养老保险制度其实质是企业职工自己为自己缴费养老，目前单位与个人缴纳的养老保险费用在工资总额中占比高达28%，换来的却是不足50%的养老金替代率（养老金占退休前工资的百分比），也就是退休金不及工作时收入的一半。

数据显示，我国养老金替代率由2002年的72.9%下降到2005年的57.7%，此后一直下降，2011年为50.3%。世界银行建议，要维持退休前的生活水平不下降，养老替代率需不低于70%；国际劳工组织建议养老金替代率最低标准为55%。我国企业养老金的替代率在国际警戒线以下。今后老无所养、老无所依的养老风险将大面积爆发。养老保障制度因缺乏活水源头而形同虚设，有名义保障而无有效保障的“制度空壳化”现象将严重损害“制度公信力”。

其次是“超低生育率”与“极端老龄化”的同时出现将使国家人口陷入可怕的恶性循环，国家难以摆脱人口失衡所带来的社会失重问题。少子老龄化和长寿老龄化两种力量的此消彼长，将导致代际人口关系的失衡发展。全局性、持续性的人口失衡带来的负面影响将是灾难性的，很难控制和消除。

缓解养老金危机需要采取综合有效的应对措施，结合尹部长谈到的这几条，笔者认为可分上、中、下三策。

上策是鼓励奖励生育。这是最根本、最重要的措施，中国需要人口储备来应对持续低生育率、人口少子化和人力资源短缺所造成的人口亏损危机。鼓励生育可弥补人口亏损，增加人力储备，但需要时间提前量。中国要摆脱末端治理模式，就要从源头入手。缓解养老金危机需要提前20年左右储备年轻人口的战略资源。换言之，2015年出台人口新政，那么所产生的人口补偿效应也要在2035年前后才能呈现出来。

中策是充分有效就业。千方百计提高人力资源就业率和缴费率，包括提高劳动力人口在业率，增加老年人口再就业率，适当引进国外年轻有技能的劳动力。

下策是延迟退休年龄。在当下的社会架构中，延迟退休的做法恐怕多少会带有强制性，而很难像学术理论界所提倡的那样实施弹性退休，因为弹性延迟退休主要对潜在退休者有利，而强制延迟退休主要对消解养老金压力有利。国家会倾向于选择延迟退休推迟领取养老金的强制模式。但如果这么做，会导致潜在退休者的普遍不满，本来可以提前享受“幸福时光”，现在却要继续劳作，这会导致消极怠工、尸位素餐，何况延迟退休终究有年龄和能力的边界，不可能无限延长。中国青年报社会调查中心于2013年9月，对2.5万余人进行的一项调查显示，94.5%的受访者明确表示反对延迟退休，仅3.2%的受访者表示支持。人民网在2013年底的调查也显示，有超九成网友反对延迟退休。

然而，延迟退休的制度安排已然是箭在弦上不得不发。中国当前的法定退休年龄为男性60岁，女性55岁（干部）或50岁（工人）。根据国际劳工组织对160多个国家的统计，50岁是全世界最早的退休年龄。据了解，目前欧美发达国家普遍的退休年龄为65岁左右，而发展中国家男性退休年龄多为60岁，女性为55—60岁。人力资源和社会保障部权威人士表示，关于延迟退休的政策，2016年会出台草案并向社会征求意见，修订之后会在2017年正式出台。出台以后，会有一个五年左右的过渡期，到2022年的时候才会正式实施。但必须指出，跟杀鸡取卵的强制一胎政策一样，以老当少的强制退休政策也是目光短浅的举措，效果将十分有限甚至得不偿失，不应寄予厚望。

生育政策改革的“前生后世”

如果中国早在1980年就普遍实施“二孩正好”的柔性计划生育政策，生育率也将逐步下降，诸如性别失衡、失独无后、人力短缺、未富先老等问题将大大缓解。历史教训和国际经验都表明：全面放开二胎生育新政，在微观上可以减少政策性独生子女的诸多风险，提高计划生育家庭抵御风险的能力特别是养老能力，在宏观上有助于优化人口的性别、年龄结构，遏制和改变生育率过低的态势，实现人口长期均衡发展。

人口是慢变量，生育改革关系国运民生。无论对国家还是对家庭来说，人口的表象是“数字”，本质都是“生命”、“尊严”和“希望”。所以，回归生育的本来面目，造福于家，复兴于国，是不可阻挡的大趋势。

以笔者之见，肇始于2014年的中国生育政策改革大致要经过四个阶段：

其一，改革试探期。2013年底公布的“单独二孩”新政，理由主要有：提高计划生育家庭抵御风险的能力，实现适度低生育水平，有助于人口长期均衡发展。改革的理由很恰当，但改革的力度还不够，改革太小心，没有也不可能达到预期效果。在全国1100万对单独夫妇中，只有139万对提出申请，2014年新增婴儿不过47万，政府预期的年增200万的“婴儿潮”并没有出现。截至2015年5月，再生育申请人数每月平均8万—9万人。事实表明，对于处在长期低生育率状态的人口大国来说，“单独二孩”政策所发挥的补偿性生育作用可以说极其有限。

其二，改革过渡期。由于人口问题观和人口治理观转变得不彻底，以及采取的是渐进式改革的策略，所以预期中的改革就是“全面放开二胎”，虽然对70后的非独家庭来说，这已是迟到的改革，但毕竟是生育公平性的一个补正，值得期许。从目前的态势看，虽然“全面放开二胎”已经落地。但基于中国年轻人口的生育意愿已被高生育成本时代彻底改变，估计对超低生育率和年出生量不会有明显的改变。符合二胎政策要求的非独家庭有多少？其中有生育意愿的有多少？提出申请的有多少？落实在行动上的有多少？成功生下二胎的有多少？“全面放开二胎”的预期效果并不乐观，遇冷几乎是必然。

其三，改革觉醒期。“全面开放二胎”很可能的一个结果是：在生育主力人口代际递减和生育意愿代际弱化的双重驱使下，中国可能会陷入更深的“超低生育率”。预期中国将开始倡导自主、自由的生育，“一个少了，两个不多”将成为生育理念。但人口负增长的大幕一旦拉开，人口负惯性势能将如期释放，人口减少、人口安全等问题也将显现。

其四，改革振兴期。进入2020年后，鼓励生育和振兴人口或将成为时代强音。但目前出现的人口少子化、老龄化、少劳化和集聚化趋势，到时将在更大范围蔓延。在此情况下，国家或许将颁布“国家人口振兴计划”，努力重建生育文化，寄希望于“婴儿潮”的生机和年轻人口增加所带来的改变。由于人口问题的转型具有缓慢性、滞后性和不可逆性，因此需要高瞻远瞩，早为之谋。

实现有准备的老龄化

（一）国家层面“共建、共融、共享”的制度文化建设

老年人是小康社会的共建者，是和谐社会的共融者，更是福利社会的共享者。我们需要三个未雨绸缪：一是患不富，所以需要老年人共建丰裕社会；二是患不均，所以主张老年人共享社会成果；三是患不和，所以主张多元共生、和谐共进。这些都是和谐老龄化的题中应有之义。和谐老龄化配合健康老龄化、积极老龄化可以保障老龄化中国收获新的持续的人口红利。[1]

快速发展的人口老龄化对尚不健全的养老保障体系带来了巨大的资金压力。我国现行养老保险制度的覆盖面有限众所周知，不少农村人口仍处于社会化和共济性的社会保障体系之外。我国老龄问题的重心和难点在农村。我国农村人口老龄化的程度高于城市老龄化程度。2000年，我国农村80岁以上高龄老年人为900万人，占农村老年人总数的9.8%；2009年底，农村80岁以上高龄老年人增加到1100万人，占农村老年人总数的11.3%。此外，还有部分失能老人1894万人。预计到2045年，我国农村80岁以上老年人占农村老年人总数的比例将超过22%。由于农村物质基础比较薄弱，农村老人的社会福利和保障待遇较低，农村人口

[1] 穆光宗：《论“和谐老龄化”》，《光明日报》2007年4月3日。

老龄化面临的问题更为严峻。

农村老龄化的养老—照料的双重危机已经爆发。人口流动加深了农村人口老龄化程度，“赡养责任人口”的大量流失增大了应对难度。大量农村青壮年劳动力外出务工，在降低城市老年人口比例的同时提高了农村人口老龄化程度，增加了农村老年人与儿女分居比例和空巢比例。2010年，我国人均GDP已超过4000美元，但城乡居民收入比从1986年的1.86扩大到2010年的3.23，农村人口更是典型的未富先老、未备先老和孤独终老，需要提前从战略上应对。人口结构具有强大的惯性，将长时期影响中国社会的方方面面。所以，应对老龄化必须留出提前量，在战略上未雨绸缪。

首先，要巩固传统家庭养老制度。以生育率的适度回升重建农村家庭养老制度，加强家庭养老功能。生育政策和养老政策密不可分，从政策上改变“限制性生育”为“鼓励性生育”是负责的也是有远见的。国家新修订的老年人权益保障法强调了家庭养老的基础作用，作为子女赡养人有经济上供养、生活上照料、精神上抚慰，照顾老年人特殊需求的义务。但生育的独子化、家庭的小型化以及人口的流动都导致农村家庭养老—照料功能的严重弱化。很多农村计划生育家庭的父母将面临老难所依、老难所养、老难善终等多重挑战。

放开生育管制、鼓励两胎生育有助于缓解老龄化的速度和程度。考虑到独生子女家庭本质上是风险家庭以及中国已经多年进入“超低生育率陷阱”的两个事实，中国的人口新政非大智慧大勇气不可为，恐怕不能局限于普遍允许二胎，而且需要探索引进生育的社会成本部分替代生育的家庭成本的机制，降低农村家庭内部生养孩子的压力，提振平均的生育水平，遏制少子化和人口亏损的态势，恢复生育的自然生态和人口生产的活力，提高农村家庭自我养老的保障能力，缓解2030年以后老龄化高峰到来之际的养老大危机。双子生育主导下的适度老龄化，将通过提升和保障年轻人口的养老支持力，从源头上遏制老龄化危机的深化。

其次，要对接城乡养老保障制度，实现养老公平与效益的双赢。构建城乡统筹的养老保障体系是有效应对农村人口老龄化的重要切入点。构建城乡统筹的养老保障体系，不仅是保障和改善老年农民生活的需要，也是破解“三农”问题的需要，已然成为应对农村人口老龄化的关键。虽然农村人口老龄化程度高于城市，但是城市应对人口老龄化的能力明显强于农村，为此要强化国家对农民的“福利养老责任”，对接城乡统一的社会养老保险制度，制定和落实农村老年福利制度，保障农民国民养老福利待遇。

重点是建立和完善低收入老人的高龄津贴制度，困难老人的养老补贴制度，失独老人的社会（机构）养老制度，失能、半失能老人的护理补贴制度，而且要注意制度的衔接，使之体系化，避免碎片化、重叠化和低效化。民政部近年来采取了一系列措施，每年都把社会养老服务体系建设作为民政工作的重中之重。这个社会养老服务体系被概括为：“以居家为基础，社区为依托，机构为支撑。”到“十三五”期间，加快以社区为中心的老年照料服务体系的建设越来越迫切。社区为老服务的覆盖率在城市要达到100%，在农村要达到50%，任务艰巨。为此，要进一步加大政府对广大农村地区的养老投入，同时扩大社会参与，充分发挥市场配置资源的作用。

如果说“未富先老”命题的核心价值主张是，提醒我们面临的挑战的巨大性以及未雨绸缪加快社会财富创造和养老资源积累的紧迫性，那么“边富边老”的新命题则提出了关怀老年、财富共享、和谐共生的重要主张。事实上，各级政府也是这么实践的，如离退休金水平的提高。无论是旧命题还是新命题，都涉及经济效益和社会公平两大问题。它们各有各的依归，各有各的价值，却完全可以统一在“健康老龄化”、“积极老龄化”以及“和谐老龄化”的三大战略中。

“未富先老”提醒我们要做大财富蛋糕，从这个意义上讲，这一命题与主张公平地切分蛋糕的“边富边老”共享观是相辅相成的。最应该警惕的是，我们不能从“未富先老”这种严峻的事实中读出为政府不作为辩护的遁词。特别需要指出的是，社会共享不能忘记对农村老年人的关怀和反哺。农村老龄化超前于城镇，造成农村养老负担比城镇更大。青壮年人口大量流入城镇，引发农村老龄化、少儿化、女性化“三化”并存，农村老年人不但要自我养老，还要担负隔代抚育重任，农村家庭养老功能严重弱化，而养老保险、低保、新型合作医疗等制度建设与城镇相比仍有很大的差距。

从事物的内在联系来看，两大命题分别关注的了人口老龄化过程中的关键问题，一是经济效益问题，二是社会公平问题。我们要做两篇文章，在蛋糕做大之后，要锦上添花，保障老年人公平分享社会发展成果的权利和机会；在蛋糕不够大的时候，则要保障老年人基本的生活条件，最低生活保障制度的做法就是有力的证明。归根结底，养老保障水平要与经济社会发展水平相适应，养老保障方式要与人口老龄化的阶段和老年人口的特点相适应。把握住这两个互相适应来设计和运作有中国特色的养老保障制度体系。建立科学合理的财富分配制度，使人口的结构变化与社会财富的创造、累积和分配达到和谐、适应、共生的良性状态。

“成功老龄化战略”的基点是维系住老年人个体和外部世界建设性的平衡关系或者说良性的互动关系，并在这个过程中使老年人的价值实现最大化——从“老有所为”到“老有所用”进而到“老有所成”。与此同时，使整个社会在生产性老龄化的推动下去实现人的全面发展、代际之间的公平和公正以及人口与政治、经济、文化、生态全面的协调发展。在社会总体可持续发展的框架里，我们需要关注的不仅仅是自然的生态，而且是社会的生态甚至心态的秩序。积极的老年文化是社会可持续发展必需的内在力量。

政府是第一责任主体，政府需要肩负起基础设施建设、服务体系建设、文化伦理建设的三大责任。

政府有责任了解老年人和家庭的需求及其变化，进行养老服务体系的建设。在快速的人口转变背景下，全球社会正在从核心家庭的老年照护转向专业机构的老年照护。政府要努力打造有强大公共财政支持、有强大质量监督体系、家庭化、有品质的老年护理体系。机构养老不仅仅是养老地点的选择，更重要的是有养老服务品质的保障，因为它更专业。社会化养老供不应求，由此提出了一个加快机构养老服务体系建设的重大任务。

党的十八届五中全会提出了“共享发展”的新理念，我们既要面对“未富先老”的事实，同时也要在“边富边老”中寻找解决问题的契机。中国已经成为世界上最大的经济体之一。近年中央为退休长者提高退休金水平的报道常入眼帘。老年人过去是贡献者，现在理应是共享者，现在各地各级政府为老年人办好事、办实事都可以理解为老年社会福利的发展，都体现了老年人共享社会发展成果的宗旨。

共建、共融、共享是构筑和谐老龄化社会的重要原则。老年人的再就业是他们的基本权利。在市场经济条件下，如果年轻人竞争不过老年人，说明老年人依然有价值可以创造，或者说有些岗位是适合老年人的，老年人就业有拾遗补阙的作用。鼓励老年人的再社会化和社会参与，实现健康老龄化、积极老龄化以及和谐老龄化，就可以收获“人口转型红利”或者说“老年人口红利”。政府要为老年人的社会参与创造良好的政策环境和社会环境。全社会都要树立积极的老龄观。在实际生活中，老年人再就业不是多了，而是少了，大批健康老年人处在赋闲状况。老年人再就业有利于社会发展，即使有与年轻人争饭碗现象也符合市场法则。

当然，政府的作用是多方面的，还包括文化建设、法律建设、制度建设等很多长期的任务。特别是对“无后老人”要给予特别的关爱和帮助，满足他们可能卑微却迫切的要求，共建一个老年友好的国家、人道和谐的社会。

战略应对人口老龄化挑战需要有基础性考虑、全局性设计和长远性安排。概括而言，我们需要秉持“积极应对，化弊为利；提前应对，有备而老；科学应对，对症下药；全面应对，统筹治理”的态度取向来构筑具有本国特色的人口老龄化应对战略。如果我们在全社会能准备好四大应对的态度，并在诸多方面做好准备，就可以在较大程度上确保老人安享晚年以及社会和谐发展两大目标。

正确对待人口老龄化，我们应该树立的“科学老龄观”是辨证的：一方面，要充分认识到挑战的严峻性、后果的严重性、话题的严肃性；另一方面，要坚持以积极、主动、乐观的态度去看待和回应。水木清华有一句箴言：行甚于言。“积极应对、化弊为利”的主张意味着我们不能悲观失望，而是需要直面挑战，积极回应，不消极等待。人口老龄化带来的挑战可能转化为无法化解的巨大压力，也可能转化为社会发展的内在动力。古典经济学认为，需求引致生产，消费促进生产，事物都是相互联系的，也是可以转化的。巨大的为老服务市场需求昭示着巨大的老龄产业的发展空间。老龄化社会的商机无限。根据估计，我国未来养老市场潜力可能达到数万亿元人民币，帮助创造数千万个就业岗位，成为经济发展的重要推动力。

老年人口并不完全是依赖性人口，他们身上蕴藏着巨大的潜力，可以为迎接人口老龄化挑战作出自己的贡献。人口红利包括了非常重要的“老年人口红利”。事实上，很多老年人还在继续为家庭、为成年儿女、为社会发展作出直接或者间接的贡献。老年人不是负担、包袱和问题的代名词。在理念上，那种把老年人当作负担和包袱的观点是片面而且有害的，不仅不利于社会的发展，而且还会加大负面作用。因为，老年人口的存在一定会表现出他们的影响力，他们的影响力是正是负，取决于我们如何对待这一群体，这就要求社会高度重视老年人的正面作用，并将负面作用想方设法进行转化。老年人口红利的实质，是老年人可以继续为社会创造各种有形或无形的财富。

“老年人口红利”概念的提出，实际上就是“老年价值”的再发现，具有十分积极的意义，它改变了社会上对老年群体过于消极的评价，重塑了老年人积极正面的社会形象。一是有助于老年人正面认识自身价值，做暮年烈士，生命不息，奋斗不止。可以提高老年人的生活和生命质量。二是对社会来说，积极老龄化也就是“产出性老龄化”，老年人可以继续为社会创造财富。同时，也提醒决策制定者、政策执行者要重视老年人的尊严、价值和参与，关注行为层面的“老有所为”，更要关注心理层面的“老有所用”以及价值层面的“老有所成”。

从生命历程的观点出发，成功的老龄化一定是有准备、有储备的老龄化。[1] 无论是准老年人、家庭、社会和政府都需要为重度老龄化的到来做好准备。概括来说，我们需要做好几个方面的准备工作：

其一是思想准备。我国人口老龄化的特点是悄然无声却一步紧似一步。中国的人口每日每时都在推进人口老龄化的进程，而且高龄化问题、重度老龄化问题必将更加突出。国际社会提出了很多理论与主张，著名的有健康老龄化和积极老龄化，健康、参与、保障三大原则等。老龄化不可怕，可怕的是没有准备好。严峻的事实提醒我们，需要实现有准备的老龄化。人口老龄化是必然趋势，但程度有高低，规模有大小。基础养老设施、服务体系、养老制度包括生育储备都需要提前做好准备。时不我待，我们需要尽可能提前做好准备工作，从容应对。

其二是健康准备。发展以人为本，人以健康为本。健康是身体、心理和社会适应的完好状况，而不仅仅是没有疾病和虚弱。我们要从全生命历程的观点出发推进“健康老龄化”，准老年人和年轻人都要为生命老年期的到来做好能力储备工作。[2] 长寿不等于健康。[3] 1997 年，世界卫生组织在年度报告中曾经指出：“单纯寿命的增加而不是生命质量的提高，是没有价值的，即健康寿命比寿命更重要。”身心健康构成了活动能力的基础。健康的生活方式包括了健康意识、健康行为和健康产出。我们要倡导中青年人口“储蓄健康，应对老龄”。健康准备的实质是生活方式的理性选择和科学建设。

其三是生育准备。家庭养老是最基本、最可靠的养老方式之一，我们需要维护和光大这个优良的传统。“4—2—1”家庭结构问题将困扰日趋老龄化的中国社会。中国的人口政策因为缺乏人口的战略储备而给未

---

〔1〕 穆光宗：《从“未备先老”到“有备而老”》，《中国社会工作》2010 年第 7 期。

〔2〕 中国老年学学会：《实现健康老龄化》，中国劳动出版社 1995 年版。

〔3〕 王梅：《活得长≠活得健康》，中国经济出版社 1993 年版。

来预留了巨大的社会隐忧。破解未来的养老问题，需要提前做好政策调整和相关的制度安排。我国的人口生育政策应该朝适度生育、优化人口的方向努力，尊重天赋人权、提倡性别平等、鼓励普遍二胎，同时允许多胎。中国需要适度生育和人口振兴战略，尽快实施性别平等、城乡统筹、生育不少于两胎的长远政策，这是缓解重度老龄化冲击的治本之策。

其四是家庭准备。中国先贤教导我们的祖先：父母在，不远游。这是流行于农业社会家庭的养老文化。传统文化往往有其核心价值，这就是古今不变的对父母的敬爱。在少子高龄化和独子老龄化时代，“父母在，不远游”出现了新的含义。家庭需要提前作出战略性的居住安排。老龄化程度较高的日本、新加坡等地成功地实践过“端过一碗汤去不凉”的居住安排模式，其特点是分而不离、分而不疏。长久以来，西方社会为了两代人各自的私密空间倡导和实践过“有距离的亲密”（Intimacy but at a distance）；中国为了应对高龄时代的照料危机，我们认为需要及早提倡“便于照料的距离”，即最好能与父母保持一个相对近的居住距离。例如，虽然分开居住却在同一个地方，这样便于照顾晚年的父母，以尽人子之责。

家庭实际上是一个亲属网络，在人口流动频繁的当今社会，网络家庭日趋普遍，更需要建设好子家庭和母家庭的关系。[1] 在应对父母高龄化、儿女老龄化的挑战过程中，家庭始终是一个基本的单位，只有力量凝聚而不是分散的家庭才可能在高龄化的冲击下经受住考验。

其五是物质准备。物质储备意味着老龄社会要有物质基础，老年人要有经济基础。现在多投资点社会基础设施，就是为未来的重度老龄化减压。今天的年轻人就是今后的老年人，所以一些社会活动设施的投资表面上看用得人少，今后用得人却多。为未来社会的预先投资，实际上是为老龄化社会的可持续发展奠定物质基础。经济学家认为，基础设施的投资实际是在为未来储蓄。特别是建筑和公共设施应该考虑便于老年

---

〔1〕［澳］哈尔·肯迪格等：《世界家庭养老探析》，中国劳动出版社 1997 年版；中国老龄协会、中国老年学学会：《中国的养老之路》，中国劳动出版社 1998 年版。

人的行动和出入，一个有老年关怀的社会环境是无障碍的。中国已经进入快速老龄化的阶段，但并非所有政府部门都做好了应对的准备。

我们的目标是建设一个成功的、幸福的老龄社会，为此，提出“老龄友好”“老龄关怀”理念十分必要。这种老龄理念需要全社会的认同，更重要的是及早转化为政府的作为，才可能真正做到提前应对，有备而老。

其六是文化准备。建设和谐的老龄社会、实现和谐有保障的老龄化是我国的战略方向。在社会变迁的过程中，传统的孝道正面临着重要的变革，其演变方向引起了关注。[1] 出路何在？我们需要继续倡导血亲孝，同时发展仁道孝，从纵向和横向两个角度建构坚强和谐的代际关系，探索“文化养老”的新路径。[2] 例如，除了已经有的源自西方的父亲节、母亲节和我国传统的敬老节、重阳节外，还可以向国际社会学习设立“祖父母节”。好的节日本身就是一个文化标识和文化灯塔，可以起到引导人心、强化伦理、发展文化的重要作用。

成功老龄化的文化储备要以尊老、敬老、安老为核心的文化取向，发扬光大孝道文化和养生文化，通过健康老龄化、积极老龄化以及和谐老龄化的制度创新和制度安排，建设好和谐的身心关系、人际关系（代际关系和代内关系）和天人关系，就一定可以持续实现成功老龄化和幸福老龄化的目标。例如，自2010年始，我国由民政部统一施行高龄养老津贴制度，全国80岁以上的老年人可享受高龄津贴，就是制度层面的重要准备。

（二）社区层面的居家养老服务体系建设

无论是单位、集体还是社区组织，都是老年人另一个“家”。他们直接面对老年人和家庭，是需求与服务的桥梁，其主要职责是帮扶、关怀和服务。中国需要培育无数个老年友好的组织并形成致密的体系。居家

---

〔1〕 中国老年学学会：《中华孝文化专辑》，五洲文明出版社2004年版；陈功：《社会变迁中的养老和孝观念研究》，中国社会出版社2009年版。

〔2〕 穆光宗：《“文化养老”之我见》，《社会科学论坛》2009年6月上半月刊（总第191期）。

养老不能没有社区为老服务。社区组织在组织居家养老服务商、促进社区居家养老服务方面扮演了重要的角色和作用。

居家养老，是中国目前采用的主要养老模式。很多老人感叹：子女有自己的事业和家庭，因此，只能解决老年人特别是高龄父母的紧急问题，难以承担长期照料老人的重任，只是在一定时期（如需要高额医疗费用）提供支持。2006 年 12 月，国务院新闻办发布的《中国老龄事业的发展》白皮书指出："加快为老社会服务体系建设，是保障老年人不断增长的社会服务需求的重要举措。近年来，中国政府大力发展社区为老服务，不断改善老年人居家养老的支持环境。同时，积极推进机构养老服务，努力满足老年人多样化的为老社会服务需求，初步形成以居家养老为基础、社区服务为依托、机构养老为补充的为老社会服务体系。"国务院办公厅印发的《社会养老服务体系建设规划（2011—2015 年）》指出，由于现代社会竞争激烈和生活节奏加快，中青年一代正面临着工作和生活的双重压力，照护失能、半失能老年人力不从心，迫切需要通过发展社会养老服务来解决。

目前，中国城市居民养老方式的选择已日趋多元化，呈现出个人养老、家庭养老和社会机构养老等多种模式并行的状况。在此基础之上，一种以强调社区服务为主，结合个人与家庭养老的新型养老方式，即社区居家养老，赢得了众多市民的欢迎。所谓社区居家养老，是指老人住在家庭里，在继续得到家人照顾的同时，由社区承担养老工作或托老服务，如社区办老年饭桌、送餐上门、家庭病床、料理家务和"急救铃"等。在收费方面则以福利为主，根据老人的生活条件适当交一定的费用，对于生活十分困难的老人则实行无偿服务。

在社区居家养老模式下，老年人可以生活在自己所熟悉的住所和环境中，政府可以不必花过多的资金建设集中的养老机构和设施，只是这种模式要求老年人所生活的社区提供各种上门服务，如为老年人提供购物、清扫、护理等日常的生活照料。

中国是典型的"未富先老"的国家，当前我国社会福利事业的现状与人民群众日益增长的福利需求的矛盾将更加突出，要解决这个问题，就要努力实现积极老龄化，创办积极老龄化养老机构。为老年群体的老有所为提供广阔的天地和施展才华的舞台。为了做到老有所为，就要挖掘老年人的潜能，使其转变为社会有用的资源。他们具有宝贵的才能和经验，能够融入社会，力所能及地参加社会、经济、文化、政治、教育、体育等活动。

老有所为是积极老龄化的核心，老年人在进入老年后老有所为的时间越长，不仅能减轻社会和家庭对老有所养的负担，而且能够继续为社会作贡献。例如，福建省福州市遵循投资主体多元化、服务对象公众化、运行机制市场化、服务方式多样化和服务队伍专业化与志愿者相结合原则，试办积极老龄化养老机构。采用民办公助方式，引入民间资本进行运作。政府划拨土地（山地、坡地、滩涂等）2000 亩，民间筹资 5000 万元，按国际三 A 级标准设计，首期建成 500 张床位，总床位 1000 张的规模养老机构。该养老机构分设住宿膳食区、娱乐体育区、文化艺术区、医疗保健区、科研教育区、种植果蔬区、养殖动物区、工艺制作区等，力争将其建成我国功能最完善、项目最齐全、标准最规范、服务最周到的积极老龄化养老机构的示范点，为老年人口的老有所养、老有所医、老有所教、老有所学、老有所为、老有所用、老有所成、老有所乐提供综合整体配套设施和服务，构建和谐的老龄社会和老年社区。该养老机构采用会员制方式接纳各界老年群体参加，并向全社会吸收工程技术和管理人员以及各行业能工巧匠，担任各“老有所为”项目的带头人，以充分发挥老有所为的作用。老年人可根据自己的特长、爱好参加管理或者生产。

老年人并不是生活的旁观者，而是在创造自己的生活。“同伴互助养老”的探索是积极有益的。在实际生活中，早有一种男女搭伴的养老方式，就是不结婚但住在一起的养老方式，求的是异性老人之间的情感慰藉和生活照应。河南省荥阳市等地推出孤寡老人组成“类家庭”的做法则是同性别的，是一种“同伴互助养老”。这是一种政府公益建房、老人自愿结合、同伴生活互相帮助的养老方式。简单说，就是大伙儿合住有个伴，平时可互相照应，而且大家都不太孤单。“同伴互助养老”在各地都有一定成效，笔者在湖北省调研时也遇到过“类家庭”这样的养老组合。小分散、大集中的做法可以使效率和效益双赢。这种来自实践的探索，在理论上提出了一个问题，就是如何利用市场机制来有效解决养老资源的利用效率问题。

孤寡老人组成“类家庭”的做法能否成功取决于：（1）老人自己能否做到自愿、自主、自理；（2）老人之间能否做到互信、互助、互惠；（3）政府帮助、地理适中、个人结合等因素需要有一个很好的结合。这种就近安置、集中养老的方式，既节省资金又满足了很多老人不愿离家的心愿，还为老人们的精神交流创造了条件，是养老方式上的一个有效探索。首先是多功能性特点，多方面都照顾到了，方方面面都站得住脚。其次“类家庭”的名字也透出玄机，说明了老年人对家的渴望，对家的依赖，对家的亲近。家人是人际心理距离最短的群体，因为是利益共同体。没有家就创造一个“家”，这正是“同伴养老”或“抱团养老”的亮点。

总之，只要老人高兴，就是一件好事。但可能会有一些矛盾和冲突，因为毕竟是“类家庭”而不是真家庭。这些矛盾需要消灭在萌芽状态。对一些老人合适的办法不一定适用于其他老人。今后能不能扩展到其他老人，需要考虑这些老人的意愿和特点。一般来说，这种“同伴养老”适用于低年龄的、合群的、生活能够自理的老人。根据荥阳市的探索，这是一种家庭养老和社会养老相结合的方式，在养老的照料功能上类似于家庭的互助养老，在养老的财政支持上则是社会的补贴养老。这种养老方式今后可能遭遇的一个挑战是随着同伴老人的年龄增大，互助的能力下降而养老的照料需求上升，那么依靠老年群体自身的力量将难以支持高龄化的需要，也就说需要相对专业的照料了，“同伴互助养老”可能难以为继。政府需要适当考虑老年人口年龄和功能因素对养老方式的不同要求。

老年人的社团组织发展是一个重要的话题。老年人需要在松散但具有凝聚力和亲和力的组织中获得友谊、社会支持和自我肯定。在一个积极向上的老龄社会里，老年人群必然会成为积极的生活主体，他们会主动寻找生活的意义和老年的价值。老年人的社团发展有两种方式：一种是自发的，另一种是有组织的。老年人成立联谊会，可以在一个社团的影响下实现老有所学、老有所乐和老有所为的目标。老年人的个体力量也许是弱小的，但老年群体的力量绝对是不容忽视也是不应当忽视的。老年人团体容易互相影响并且对社会产生影响。在社团的发展中，老年人容易产生趋同性的价值观并进而影响他们的行为选择。

在社区文化的建设过程中，老年人社团的积极发展已经起到相当良性的示范效应。我们已经看到老年人社团发展的端倪，兴利除弊是必须考虑的价值取向。老年人发展就是要保持和发展人类的社会性，让老年人融入社会而不是与社会相隔绝，并且在各种各样的社会参与中获得欢乐、健康和价值。老年人融入社会既可以是在同代人中进行，也可以穿透代际之间的隔阂实现良性互动。

社区是老年人的家，居家养老成为许多老年人晚年居住安排的现实选择。所以，社区在驱除老年孤独方面要承担起更多的责任，全国各地的大小社区都需要加强精神赡养功能。譬如，提供老年活动场地和项目，提倡新的五个“老有”——老有所学、老有所为、老有所成、老有所用、老有所乐，开展老年交游活动、亲情陪护活动，等等。在天地人和的和谐格局中让越来越多的老年人实现个体层面的健康老龄化和积极老龄化，进而实现社会总体的幸福老龄化。

（三）个体层面有准备的老龄化

积极老龄化战略是一个系统工程，也是一个国家、社区和个人（家庭）共同实施的大战略，不仅要靠国家和社会的力量，我们每个人在中青年期和准老年期也应作出积极的回应。“健康储蓄”和“态度准备”是有准备的积极老龄化的重要前提。流行观点认为，老龄问题与老年人和老年期有关，这固然不错，但生命历程的事实表明，老龄问题不仅仅与老年人和老年期有关。

从整个生命历程出发，本项研究观察到了两种老龄化：（1）老年期的显性老龄化，最重要的是年龄标识和退休认定。60 岁或者 65 岁一般被认定为老年的年龄起点，或者以退休作为事实上的进入老年的标志，包括了低龄阶段的积极老龄化和高龄阶段的依赖老龄化。（2）前老年期的隐性老龄化。前老年期的漏损和老年期的丧失共同构成了老年期的终极挑战。从隐性漏损到显性丧失，逐步放大了老龄化对个体、家庭和国家的挑战。老龄化是一个过程，考虑了时间这个维度，我们就不能仅仅考虑老年期的丧失。

无论是隐性漏损还是显性丧失，都涉及健康资源、生育资源、收入资源、社会资源和态度资源等几个方面。积累资源，防范风险，是从整个生命历程出发实现积极老龄化的重要思路。我们的口号是："积极老龄化，从年轻开始。"在生活方式的层面上，就是要管住嘴、净化胃、善待心、迈动腿和愉悦神。理念决定行动，态度决定一切。笔者从个体的层面提出"有准备的老龄化"，就是主张要在全体国民中倡导健康储蓄和资源积累，以应对老年期的老年风险。老年人的战略应对需要有一个时间上的提前量，最好在前老年期就做好应对准备，主要是积累养老资源以应对老年的不时之需，包括健康资源、经济资源、人际资源。健康、经济和人脉是老年人应对老龄化挑战最重要的个人资源和社会资源，是老年人的养老本钱，笔者称之为"老本积累战略"。例如，健康老龄化的战略意义在于前老年期的健康投资，在于全生命周期的推进。

"健康储蓄"是指通过积极的生活方式建设身心健康、储备健康存量，以应对老年期健康丧失的挑战。老年期的健康与前老年期的健康有相关的关系，所以将视角延伸到前老年期，放在整个生命历程（life course）的框架来讨论"健康老龄化"命题是必要的。越来越多的研究表明，一些慢性疾病（如糖尿病和心脏病）的初始危险，在童年早期甚至更早就开始了。国内外研究都强调年龄因素的重要性，包括年龄与老年人口的社会经济特征之间的关系，年龄与老年人痴呆病、糖尿病的关系，以及年龄在老年人的心理认知和身体活动中的显著影响等在神经医学分析和病理分析中的作用和地位。大量的年龄研究结果表明，现实老年人口健康长寿不仅仅和现实的老年阶段社会经济状态有关，也与老年人口幼年时期、成年时期的社会经济状况及生活特征有密切关系。因此，在生命各个阶段进行干预，创建支持性的优良环境和促进健康的选择是很重要的。

健康老龄化是我们的目标。健康老龄化是1982年维也纳第一次老龄问题世界大会提出的新概念；2002年马德里第二次老龄问题世界大会将“促进老年人健康”再度确立为全球社会的政治目标之一。在实际生活中，有很多病理性老龄化现象。我国很多地区调查显示，至少有三分之二的老年人患有不同程度的疾病。根据2000年中国城乡一次性抽样调查，我国老年人自认为健康的比例大约是50%。根据北京市老年病医疗中心2000年对北京城乡地区抽样调查，老年人各种慢性病的患病率达到74%左右，有两种以上疾病的老年人比例从1992年的35.3%上升到1997年的41.9%。1997年调查发现，老年人中存在对生活有明显影响的残疾（视力、听力、躯体功能等障碍）率是25.2%，5%的老年人日常生活完全需要依赖他人照料，而且随年龄增高依赖率也增高。

伴随着现代化和人口老龄化，疾病模式正在从营养不良和传染病为主向慢性非传染病为主转变。流行病学转变是指伴随现代化进程所发生的疾病和死因模式的变化过程以及后果。这其中就有人口老龄化的影响。因为一般地老龄人口慢性病的患病率要高于年轻人群，所以老龄人口规模和比例的上升会引起慢性病的增多。人口老龄化带来了巨大的医疗负担和普遍的生活质量问题。不少老年人医疗存在困难，社会要为老年人提供基本的医疗保障。根据2000年中国城乡一次性抽样调查，城市老人62.3%享受国家规定的公费医疗。农村有不少老年人贫病交加。

健康老龄化要求整个生命历程的“健康储蓄”，要求良好的生活方式。健康是金子，但开掘金子的钥匙掌握在我们自己手里。可喜的是，老年体育人口在增多。2002年11月，在海南三亚召开的首届世界养生科学大会，主题是：科学、健康、长寿、和谐与共享，提出了“养生产业”的新概念。

“态度准备”就是积极的老龄化态度，顺应岁月变迁，把握生命航向，再创人生意义。我们需要在健康老龄化、积极老龄化以及和谐老龄化所构筑起来的“成功老龄化”的战略框架里找寻“老年孤独”问题的出路，简单说就是要倡导老年人以及老年群体积极的“精神自养”和家庭、社会两个层面“精神赡养”的结合。“健康自立、有所作为”应该成为积极的自我养老文化的两个基本点。文化建设需要人口载体，所以积极的自我养老需要在更多的老年人中获得文化认同。享受孤独是为了宁静致远，消解孤独是因为老有所乐。尽量减少孤独对老年健康的伤害，尽量提升闲暇时间对老年人生的价值。马克思说过，时间不仅是人的生命的尺度，而且是人的发展的空间。所以，老年的生活质量在很大程度取决于如何利用闲暇时间。笔者提出老年发展理论的初衷是要赋予老年人的晚年生活以积极的内涵。“爱”是老年发展的原动力。乐天知命、喜接盛年、人间有情、心中有爱、阳光暮年。乐龄的潜力在前老年。从老龄到乐龄，这是一次美妙的变革。乐龄的提法更新了年龄文化，一扫老年阶段的“文化灰霾”。“乐龄”的提法创造了积极快乐的年龄文化，也是老年人积极的年龄定位和老年感受。帮助老年人快乐无忧地度过老年，已成社会和家庭的共同职责。发现乐龄之美：余暇、悠闲、活跃。乐龄不仅是一种文化追求，而且是一种人口界定，并非所有老年人都是乐龄人口。中国需要推动积极的老年文化建设，乐龄的说法使老年人穿上了一件亮丽的“文化衫”。就乐龄文化达成社会共识，倡导活跃乐龄、成功乐龄的老年主张，使社会各界对人口老龄化抱一种积极乐观的态度。

参考文献

［意］马西姆．利维巴茨：《繁衍：世界人口简史》（第三版），北京大学出版社 2005 年版。

［美］摩斯（EdwardL. Morse）：《六十亿人口的世界》，台湾商务印书馆 1981 年版。

［英］W. H. B. 考特：《英国经济简史》（A Concige Economic hlistory of Britain），剑桥 1954 年版。

［美］段纪宪：《中国历代人口社会与文化发展》，中国科学技术出版社 1995 年版。

游允中：《六十亿世界人口》，中国人口出版社 2001 年版。

刘志仁：《世界人口增长趋势及其对我们的启示》，《时事报告》1994 年第 7 期。

邬沧萍：《社会老年学》，中国人民大学出版社 1999 年版。

熊必俊：《制定新世纪老龄行动计划应对全球老龄化挑战》，《老龄问题研究》2002 年第 6 期。

杨伟国：《人口老龄化加速，欧洲就业压力增大》，《求是》2005 年 7 月 4 日。http：//www. chinahrd. net/news/info/15376。

穆光宗：《论“和谐老龄化”》，《光明日报》，2007 年 4 月 20 日第三版。

马寿海：《世界人口移民新态势》，《人口与经济》2003 年第 5 期。

［美］斯蒂芬·卡斯尔斯，风兮：《21 世纪初的国际移民：全球性的趋势和问题》，国际社会科学杂志（中文版）2001 年第 3 期。

马雷克·奥科尔斯基、祝东力：《跨国移民的最新趋势和主要问题：从中东欧的角度看》，《国际社会科学杂志（中文版）》2001 年第 3 期。

佟新：《人口社会学》，北京大学出版社 2006 年版。

罗纳德·斯凯尔顿、祝东力：《亚太地区跨国移民之动向》，《国际社会科学杂志（中文版）》2001 年第 3 期。

里瓦·卡斯托里亚诺、刘北成：《移居、跨国社群和公民身份》，《国际社会科学杂志（中文版）》2001 年第 3 期。

华金·阿朗戈、黄为葳：《移民研究的评析》，《国际社会科学杂志（中文版）》2001 年第 3 期。

阿赫梅特·伊斯杜伊古、张大川：《从土耳其的过境移民看国际移民体制的政治学》，《国际社会科学杂志（中文版）》2001 年第 3 期。

杜放、郑红梅：《美国流动人口管理及对我国的启示》，《特区经济》2006 年第 8 期。

侯松岭、喻慧:《当代发达国家移民政策的特点》,《当代亚太》2005年第1期。

张利萍:《战后美国人口流动的新变化及对我国的启示》,《山西大学学报(哲学社会科学版)》2008年第4期。

赵广俊:《赴美生子潮晃动国籍出生地原则》,《法制日报》2007年9月3日。

高祖贵、姚琨:《国际移民问题概况、影响及管理》,《国际资料信息》2007年第8期。

麦克尔·麦金尼斯:《多中心治道与发展》,上海三联书店,2001年版。

[美] 戴维·H. 罗森布鲁姆、罗伯特·S. 克拉夫丘克:《公共行政学:管理、政治和法律的途径》,中国人民大学出版社2002年版。

金旭:《欧盟移民政策探析:管理、政治和法律途径的多元分析》,《中国行政管理》2006年第8期。

傅义强:《欧盟国家的移民问题与移民政策》,《世界民族》2008年第1期。

王强:《加拿大移民法律及其对我国的启示》,《武警学院学报》2009年第1期。

约翰·索尔特、詹姆斯·克拉克、黄仕琦:《UNECE地区的国际移民:模式、趋势与政策》,《国际社会科学杂志(中文版)》2001年第3期。

姜海珊:《人口老龄化对国际移民政策的影响》,《南京人口管理干部学院学报》2009年4月第25卷第2期。

张善余、彭际作等:《总量开始减少的欧洲人口形势分析》,《欧洲研究》2005年第2期。

国际劳工组织:《在全球经济中为移民工人谋求公平待遇》,国际劳工大会第92届会议,2004年9月。

程亚文:《开放的社会生机无限》,《南方都市报》2010年7月7日。

MalcolmPotts, 1984, Population Growth And Politics, British Medical Journal (Clinical Research Edition), Vol. 289, No. 6446 (Sep. 15, 1984), pp. 641-642.

Radhakamal Mukerjee , 1941, Population Theory and Politics , American Sociological Review, Vol. 6, No. 6 (Dec. , 1941), pp. 784-793.

Jason L. Finkle and C. Alison McIntosh, 1994, The New Politics of Population, Population and Development Review, Vol. 20, Supplement: The New Politics of Population: Conflict and Consensus in Family Planning (1994), pp. 3-34.

A. F. K. Organski, 1961, Population and Politics in Europe, Science, New Series, Vol. 133, No. 3467 (Jun. 9, 1961), pp. 1803-1807.

Deirdre Wulf, 1981, Population and Politics in the Americas, International Family Planning Perspectives, Vol. 7, No. 3 (Sep. , 1981), pp. 122-124.

Yohannis Abate , 1978, African Population Growth and Politics, A Journal of Opinion,

Vol. 8, No. 4, Africa 2000 (Winter, 1978), pp. 14-19.

Politics of Population and Development, Economic and Political Weekly, Vol. 29, No. 38 (Sep. 17, 1994), pp. 2470-2472.

United Nations (2009D) . Population Division. Eighth Coordination Meeting on International Migration. New York, 16-17 November.

A tsushi Kondo. The Development of Immigration Policy in Japan, Asian and Pacific Migration Journal, Vol. 11, No. 4, 2002.

WEINER, M. 1997. Japan' s Minorities: The illusion of Homageneity. London. Routledge.

Matthew Connelly, 2006, To inherit the Earth. Imaginingworld population, from the yellow peril to the population bomb, Journal of Global History (2006) 1, pp. 299-319.

Ester Boserup: The Conditions of Argicultural Growth, London, Allen and Uniwin, 1965; and Population and Technological Change, The University of Chicago Press, 1981.

R. A. Dodgshon and R. A. Butlin, A Historical Geography of England and Wales, London, 1978.

United Nations (1997) . Population Division. International Migration and Development. The Concise Report. (ST/ESA/SER. A/164) . New York.

United Nations (1998) . Population Division. WorldPopulation Monitoring, 1997. International migration and development. New York.

United Nations (2006) . Commission on Population and Development. World Population monitoring, focusing on international migration and development. Report of the Secretary-General. Thirty-nine session. 3-7 April. (E/CN. 9/2006/3) .

United Nations (2009A) . Population Division. World Population Prospect, the 2008 Revision. (ST/ESA/SER. A/287) . New York.

United Nations (2009B) . Population Division. International Migration Report 2006: A Global Assessment. (ESA/P/WP. 209) . http: //www. un. org/esa/population/publications /2006_ MigrationRep/report. htm) .

United Nations (2009C) . Population Division. Trends in International Migrant Stock, the 2008 Revision. (www. un. org/esa/population/publications/migration/UN-migStock_ 2008. pdf) .

United Nations (2009D) . Population Division. Eighth Coordination Meeting on International Migration. New York, 16-17 November. (http: //www. un. org/esa/population/meetings/eighthcoord2009/eighthcoord2009. htm).

United Nations High Commissioner for Refugees (2005) . 2004 Global Refugee Trends. (www. unhcr. ch/statistics. Accessed 13 September 2005) .